图说精益管理系列

精益生产管理实战手册

图解精华版

杨 华 编著

化学工业出版社
·北京·

随着工业4.0时代的到来以及"中国制造2025"行动计划的不断推进，许多企业开始更加重视管理的精细化、精益化，希望通过实施精益管理全面提高生产系统的运作效率，保证生产计划的高效执行，有效降低企业的制造成本。

《精益生产管理实战手册》（图解精华版）结合先进的精益生产方法和中国制造业企业发展的实际情况，帮助企业系统调查影响生产效率的因素，寻求好的工作方法，使各生产要素均能高效运作，达到提高生产效率、缩短交期和降低成本的目的。

《精益设备管理实战手册》（图解精华版）围绕生产管理这一核心，分为三部分：第一部分精益生产管理理论，首先讲述精益生产管理的基础，而后介绍生产管理概念与工具；第二部分精益生产管理的实施，本部分从计划管理、生产控制、品质管理、设备管理、采购与仓储、安全管理、成本控制、智能制造全方位详细介绍精益生产管理的实施方法；第三部分更是精选了16个案例供读者参考学习。

《精益品质管理实战手册》（图解精华版）适合在企业中从事生产管理工作的管理人员、企业培训师、咨询师以及高等院校相关专业的师生阅读。

图书在版编目（CIP）数据

精益生产管理实战手册：图解精华版/杨华编著.
北京：化学工业出版社，2018.8（2025.11重印）
（图说精益管理系列）
ISBN 978-7-122-32485-6

Ⅰ.①精… Ⅱ.①杨… Ⅲ.①精益生产-生产管
理-图解 Ⅳ.①F273-64

中国版本图书馆CIP数据核字（2018）第136534号

责任编辑：高 震 刘 丹　　　　　装帧设计：王晓宇
责任校对：王 静

出版发行：化学工业出版社（北京市东城区青年湖南街13号　邮政编码100011）
印　　装：北京盛通数码印刷有限公司
710mm×1000mm　1/16　印张16½　字数290千字　2025年11月北京第1版第9次印刷

购书咨询：010-64518888　　　　　　　售后服务：010-64518899
网　　址：http://www.cip.com.cn
凡购买本书，如有缺损质量问题，本社销售中心负责调换。

定　价：59.80元

中国制造在改革开放40年来取得了长足的发展和进步，得益于巨大的国内市场、明显的成本优势、快速提升的基础设施以及适合新兴市场的产品。中国制造在全球诸多品类中都占据了领先的市场份额。然而近年来，市场和竞争格局的变化，对中国制造提出了更加严峻的挑战，迫使中国制造的竞争重心向中高端产品和中高端市场转移。

中国制造应该如何制胜中高端产品和中高端市场呢？关键在于产品的创新、品牌的打造、可靠的品质以及合理的成本。为了实现这些目标，从精益品质管理的角度来说，中国制造需要从硬件和软件两方面入手。

首先，在硬件上提升生产工艺和装备水平，即通过大幅投资生产工艺和生产设备来提高产品质量和生产效率。

其次，在软件上提高生产管理水平，普及卓越绩效、六西格玛、精益生产、质量诊断、质量持续改进等先进生产管理模式和方法，即通过完善内部管理手段和提高管理能力来实现产品质量和生产效率的提升。

中国制造业转型升级已经到了非常关键的时刻，只有依靠管理能力方面的软性实力提升，才能真正实现差异化、可持续的转型升级。中国企业需要根据自身特点来灵活运用精益原则，推动精益要素与管理机制的有机结合，这样才能找到切合实际的生产管理转型之路。

当然，有一些企业已经开始推动精益理念并且使之落地生根：原中国南车集团公司采取先试点、后铺开的方式，由易到难，通过精益管理实现高端制造和高品质、低成本的发展目标；中国国际海运集装箱（集团）股份有限公司在内部实施精益管理后又带领供应商一起学习和实施精益管理，积极构建精益供应链体系；中国兵器装备集团公司调动全体员工参与精益生产和精益管理，着力培育精益文化；长安汽车股份有限公司则确立了"品质、精细、锐意进取"的发展原则……但是从中国制造企业的数量之多和规模之巨来看，大部分中国企业的精益之旅尚处于起步阶段。

基于中国企业精益管理的现状，为适应智能制造和管理升级的需要，我们组织相关制造业咨询专家，结合制造业实际情况，组织编写了图说精益管理系列丛书；具体包括：

◇《精益班组管理实战手册》（图解精华版）

◇《精益仓储管理实战手册》（图解精华版）

◇《精益采购管理实战手册》（图解精华版）

◇《精益安全管理实战手册》（图解精华版）

◇《精益成本管理实战手册》（图解精华版）

◇《精益品质管理实战手册》（图解精华版）

◇《精益生产管理实战手册》（图解精华版）

◇《精益设备管理实战手册》（图解精华版）

本丛书的特点是内容深入浅出、文字浅显易懂，注重实操性，接地气，具有很强的借鉴意义。作者将深奥的理论用通俗的语言讲出来，让初次接触精益管理的企业管理人员也能看得懂、看得明白。同时，本系列图书利用图解的方式，能使读者阅读更轻松、理解更透彻、应用更方便。另外，本系列图书特别突出了企业在管理实践过程中的实际操作要领，读者可以结合自身情况分析和学习，并直接应用于工作中，具有很高的参考价值。

《精益生产管理实战手册》（图解精华版）一书首先讲述精益生产管理理论，介绍精益生产基础知识、精益生产管理概念与工具，再一一介绍精益生产管理的实施内容——计划管理、生产控制、品质管理、设备管理、采购与仓储、安全管理、成本控制、智能制造等，同时提供一些实战案例供参考。

本书由杨华编著，参与编写和提供资料的还有郑时勇、王玲、王毅、王跃进、张平、张勇、张众宽、张艳红、李小强、李国新、赵辉、赵慧敏、杨丽、杨杰、杨雯、鲁跟明、姜崇斌、鞠晴江、齐小娟、刘艳玲、陈鹏，全书由匡仲潇统稿、审核完成。在此对他们一并表示感谢！由于编著者水平有限，不足之处敬请读者指正。

编著者

目录

Part
1

Part 1

第二部分　精益生产管理的实施

Part 2

Part
2

Part
2

Part
2

Part 2

第三部分　精益生产管理实战案例

Part 3

Part
3

导读 如何做好精益生产管理

小刘是一家机电配件厂的生产部基层管理，现在正作为该厂的代表，参加由市总工会举办的"××市优秀员工精益生产管理"的培训。

"大家好，我是杨华，是这次负责给大家培训的老师。在今后的三天里，将由我和大家共同探讨学习。如果不介意，就请叫我'杨老师'吧！在座的各位都是来自各公司，相信都是公司的佼佼者！所以，今天很荣幸能与各位共同分享知识和交流经验。"杨老师做了简单的自我介绍，随后又说，"好了，现在轮到各位做自我介绍了！请大家放松，相信通过这三天的学习，我们彼此都会成为好朋友，所以不必拘谨。"

"好的，请第二排穿白衬衣的帅哥做一下自我介绍，大家欢迎！"有一位学员举了手，杨老师便叫他做自我介绍。

"大家好！很高兴认识各位，我叫张××，我来自××公司，我们公司是一家塑胶模具厂。以后大家就叫我'小张'吧！希望在这三天的学习中，我们都能成为好朋友！"学员小张开了一个很好的头。

"我叫刘××，很高兴认识大家，我所在的公司是一家机电配件厂。以后大家就叫我'小刘'吧！"学员小刘的自我介绍言简意赅。

……

大家纷纷做完了自我介绍。

"听完大家的自我介绍，我觉得都说得很好，不愧都是各家公司最棒的员工！现在，我们开始进入正题。今天，我们的第一堂课，就是请大家讨论'如何才能做好精益生产管理'。"杨老师说道。

"我认为做好精益生产管理，首先要做好精益生产计划，并且在生产各环节实行精益管理。""我认为精益生产，一定要……"大家都纷纷发表自己的看法。

"OK！现在请各位用一句话概括，将你们所认为的精益班组所需要的条件写在纸上。我会进行一个小小的统计！现在，请写好之后交给我，然后休息10分钟，咱们继续讨论。"

……

"好的，我刚才已经将大家的看法做了一个小小的汇总并进行了分类。

对精益生产的要求，主要包括以下七个方面，即：生产计划、生产过程控制、品质管理、生产设备、采购与仓储、生产安全、生产成本。我将在接下来的课程中，一一同大家共同学习讨论。"

备注：人物简介

（1）杨老师：杨老师是××咨询公司首席顾问，多家培训机构的签约培训师，服务过多家大型企业。杨老师授课诙谐幽默、针对性强，能把管理当故事讲。通过理论与实际的整合，形成了一套可行的、实战的精益生产管理运作模式，受到各地企业界和政府部门的热烈响应，并得到一致好评。

（2）小刘：小刘是某家机电配件厂的一名生产部基层管理，这次作为该厂的优秀员工来参加此次优秀员工培训。

（3）其他员工：在本书情景导入中的小李、小张、小王等均为参加本次培训的优秀员工。

第一部分

精益生产管理理论

第一章　精益生产基础知识

情景导入

休息15分钟后，大家又回到了教室，杨老师示意继续上课。

杨老师："上节课我们讨论了'如何做好精益生产管理'，那么这节课中，我们一起来了解一下精益生产。"

台下学员们陷入思考。

杨老师："我想问问大家，大家对精益生产了解多少呢？"

小李："厂里可以见到精益生产的宣传标语，但是我觉得我公司离精益的目标还很远。"

杨老师："你公司是怎么做的呢？"

小李："我公司并没有系统地培训过什么是精益生产，只是挂一些宣传标语，呼吁大家减少浪费。虽然精益生产的核心就是减少浪费，但是我觉得精益生产并不只是减少表面上的浪费。我觉得精益生产应该是全公司上上下下参与的，比如管理层做计划如何实施精益生产，员工来执行，而且不能只是发布任务，还要跟进是否做到了。"

杨老师："你说得很对，看来你对精益生产还是有些了解的，并且你是希望在公司实现精益生产的。"

小李："是的，我觉得精益生产是很好的生产方式，不管是对公司还是员工。减少浪费就等于降低了成本，成本降低了收益就提高了。"

杨老师："很好，平时关注一些精益生产的知识吗？"

小李："平时工作之余喜欢看看书，上网了解一些新资讯，以前没参加工作时候就接触过精益管理理念，工作之后自己有时候也会琢磨一下。"

杨老师："小李同学这种爱学习的精神非常值得我们大家学习呀。"

这时，台下的学员们为小李鼓起掌。

小李不好意思地笑笑。

杨老师："好了。了解到了小李的想法，估计大家所在公司的问题也都是差不多的。"

"是的。"学员们说。

杨老师："那么，我们这次培训的主题就是精益生产，这节课我们就先学习精益生产的一些基础知识。"

第一节　精益生产的认知

> 实施精益生产，能够极大程度地提升企业的运营效率、生产效益，为企业节省成本，创造更多收入。
>
> 讲师的话

一、精益生产的产生

1.精益理念的起源

精益理念源自精益生产（lean production），是衍生自丰田生产方式的一种管理哲学。丰田公司在不断地探索新的生产模式的过程中发现，小批量生产比大批量生产成本更低，而造成这种现象的原因有两个，如图1-1所示。

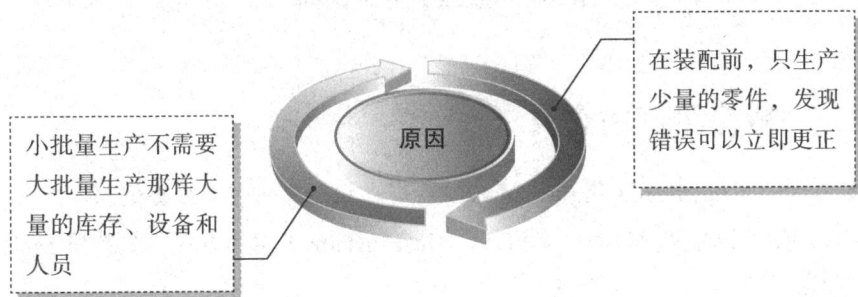

在装配前，只生产少量的零件，发现错误可以立即更正

原因

小批量生产不需要大批量生产那样大量的库存、设备和人员

图1-1　小批量生产成本更低的原因

根据这两个原因，丰田公司得出结论，应该将产品的库存时间控制在2小时以内，这就是JIT（Just In Time，准时生产方式）和零库存的雏形，也就是精益理念的起源。

2.精益生产方式的形成

精益生产方式的形成过程可以大致划分为四个阶段，具体如图1-2所示。

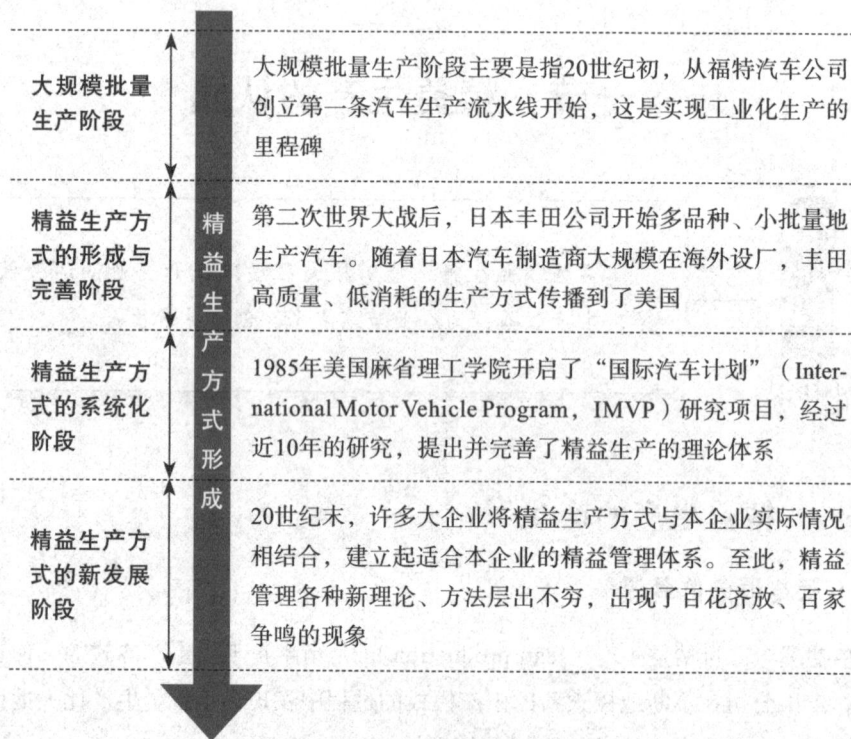

大规模批量生产阶段	大规模批量生产阶段主要是指20世纪初，从福特汽车公司创立第一条汽车生产流水线开始，这是实现工业化生产的里程碑
精益生产方式的形成与完善阶段	第二次世界大战后，日本丰田公司开始多品种、小批量地生产汽车。随着日本汽车制造商大规模在海外设厂，丰田高质量、低消耗的生产方式传播到了美国
精益生产方式的系统化阶段	1985年美国麻省理工学院开启了"国际汽车计划"（International Motor Vehicle Program，IMVP）研究项目，经过近10年的研究，提出并完善了精益生产的理论体系
精益生产方式的新发展阶段	20世纪末，许多大企业将精益生产方式与本企业实际情况相结合，建立起适合本企业的精益管理体系。至此，精益管理各种新理论、方法层出不穷，出现了百花齐放、百家争鸣的现象

图1-2　精益生产方式的形成

二、精益生产的含义

精益生产（Lean Production，简称LP）是美国麻省理工学院数位国际汽车计划组织（IMVP）的专家对日本"丰田JIT（Just In Time）生产方式"的赞誉之称，具体如图1-3所示。

即所有经营活动都要有益有效，具有经济性

即少而精，不投入多余的生产要素，只是在适当的时间生产必要数量的市场急需产品（或下道工序急需的产品）

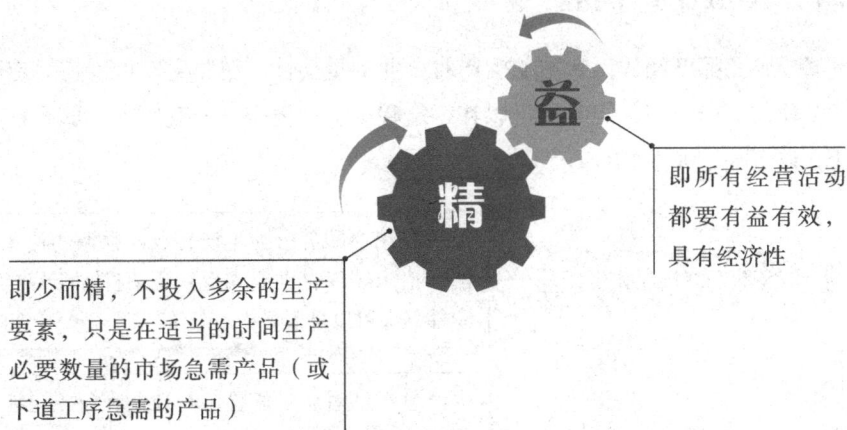

图1-3 精益生产的含义

精益生产是当前工业界最佳的一种生产组织体系和方式。

精益生产既是一种以最大限度地减少企业生产所占用的资源和降低企业管理和运营成本为主要目标的生产方式，同时它又是一种理念，一种文化。

讲师提醒

实施精益生产就是决心追求完美的历程，也是追求卓越的过程，它是支撑个人与企业生命的一种精神力量，也是在永无止境的学习过程中获得自我满足的一种境界。其目标是精益求精，尽善尽美，永无止境地追求七个零的终极目标。

三、精益生产的核心思想

浪费问题已经严重制约国内生产企业的发展，资源投入与产出比例不相匹配，成本居高不下，且产品质量不能保证。

精益生产是精益管理思想产生的源泉，精益管理思想和浪费直接对立，其核心思想就是最大限度地细化工作流程、消除浪费和一切非增值活动，以最小的投入获得最大的产出，向市场提供成本最低、质量最好的产品，以满足市场的需求，简言之，精益生产就是最大限度地消除浪费，就是通过消除那些被认为是有浪费的活动来为顾客创造更多价值的一种工具、活动或过程。

四、精益生产的特点

大部分企业都已经认识到精益生产对企业的重要性。精益生产可以在一定程度上提高企业的生产效率，同时还可以在一定程度上增强企业的竞争力。那么精益生产有什么特点呢？如图1-4所示。

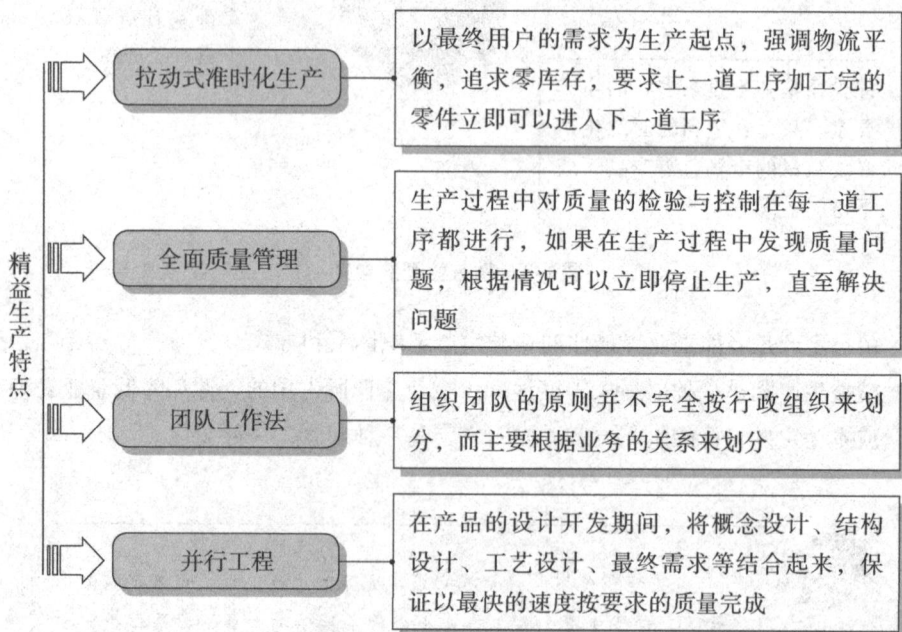

精益生产特点

拉动式准时化生产 — 以最终用户的需求为生产起点，强调物流平衡，追求零库存，要求上一道工序加工完的零件立即可以进入下一道工序

全面质量管理 — 生产过程中对质量的检验与控制在每一道工序都进行，如果在生产过程中发现质量问题，根据情况可以立即停止生产，直至解决问题

团队工作法 — 组织团队的原则并不完全按行政组织来划分，而主要根据业务的关系来划分

并行工程 — 在产品的设计开发期间，将概念设计、结构设计、工艺设计、最终需求等结合起来，保证以最快的速度按要求的质量完成

图1-4 精益生产的特点

五、精益生产的终极目标

精益生产的终极目标可以概括为七个零，具体如图1-5所示。

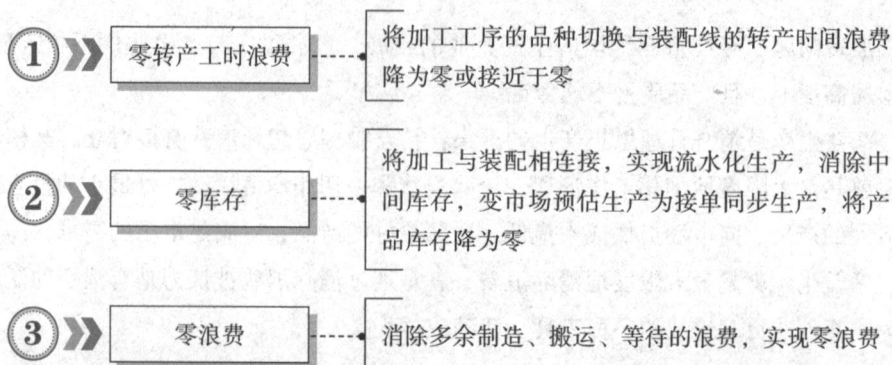

① **零转产工时浪费** — 将加工工序的品种切换与装配线的转产时间浪费降为零或接近于零

② **零库存** — 将加工与装配相连接，实现流水化生产，消除中间库存，变市场预估生产为接单同步生产，将产品库存降为零

③ **零浪费** — 消除多余制造、搬运、等待的浪费，实现零浪费

④	零不良	不良不是在检查位检出，而应该在产生的源头消除它，追求零不良
⑤	零故障	消除机器设备的故障停机，实现零故障
⑥	零停滞	最大限度地压缩前置时间LT（Lead Time），为此要消除中间停滞，实现零停滞
⑦	零灾害	最大限度保证安全，避免灾害发生

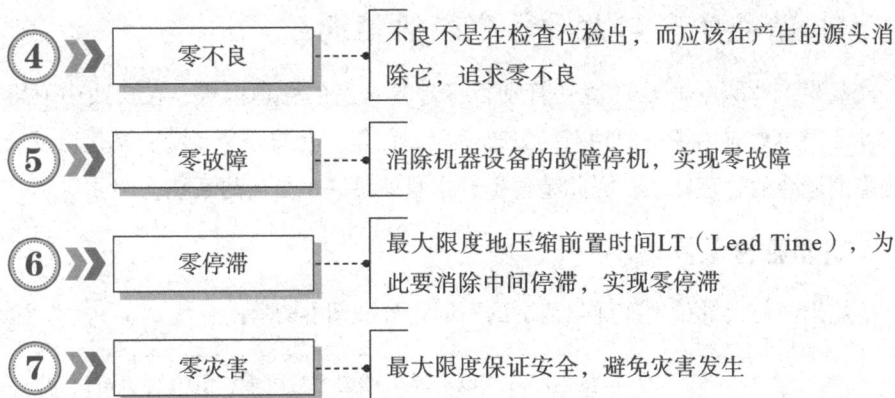

图1-5 精益生产的终极目标

学习小札

第二节 精益生产注意要点

大部分的企业都已经认识到了精益生产对企业的重要性。精益生产在一定程度上会让企业的生产效率提高，但是企业实行精益管理时也要注意一些问题。

讲师的话

一、精益生产与大批量生产的差别

精益生产作为一种从环境到管理目标都是全新的管理思想，在实践中取得成功，并非简单地应用了一两种新的管理手段，而是一套与企业环境、文化以及管理方法高度融合的管理体系，因此精益生产本身就是一个自治的系统。

1.优化范围不同

精益生产与大批量生产优化范围的不同之处如图1-6所示。

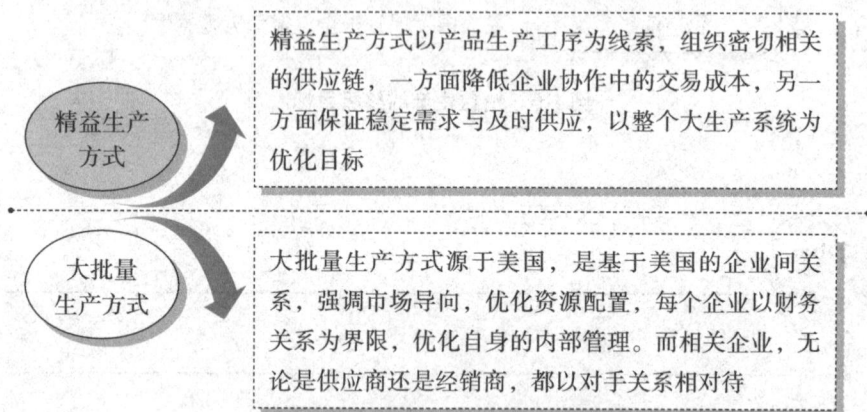

精益生产方式以产品生产工序为线索，组织密切相关的供应链，一方面降低企业协作中的交易成本，另一方面保证稳定需求与及时供应，以整个大生产系统为优化目标

大批量生产方式源于美国，是基于美国的企业间关系，强调市场导向，优化资源配置，每个企业以财务关系为界限，优化自身的内部管理。而相关企业，无论是供应商还是经销商，都以对手关系相对待

图1-6　精益生产与大批量生产优化范围的不同之处

2.对待库存的态度不同

精益生产与大批量生产对待库存态度的不同之处如图1-7所示。

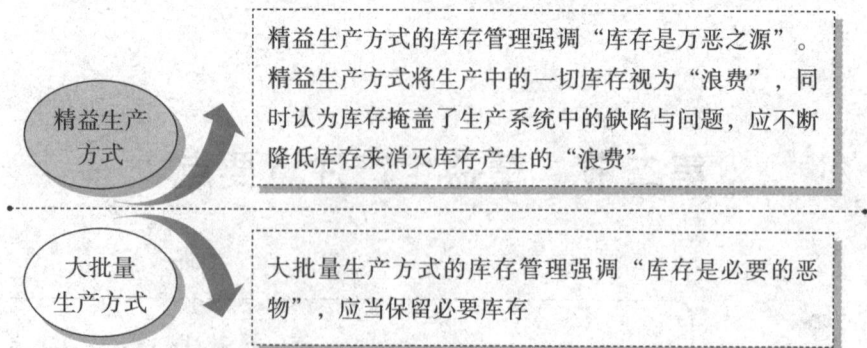

精益生产方式的库存管理强调"库存是万恶之源"。精益生产方式将生产中的一切库存视为"浪费"，同时认为库存掩盖了生产系统中的缺陷与问题，应不断降低库存来消灭库存产生的"浪费"

大批量生产方式的库存管理强调"库存是必要的恶物"，应当保留必要库存

图1-7　精益生产与大批量生产对待库存态度的不同之处

3.业务控制观不同

精益生产与大批量生产的业务控制观不同之处如图1-8所示。

精益生产方式

精益生产源于日本，深受东方文化影响，在专业分工时强调相互协作及业务流程的精简（包括不必要的核实工作）——消灭业务中的"浪费"

大批量生产方式

传统的大批量生产方式的用人制度基于双方的"雇佣"关系，业务管理中强调达到个人工作高效的分工原则，并以严格的业务稽核来促进与保证，同时稽核工作还防止个人工作对企业产生的负效应

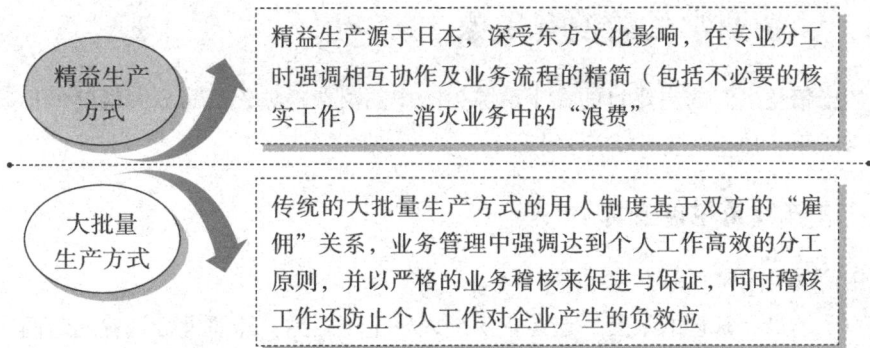

图1-8 精益生产与大批量生产的业务控制观不同之处

4.质量观不同

精益生产与大批量生产质量观的不同之处如图1-9所示。

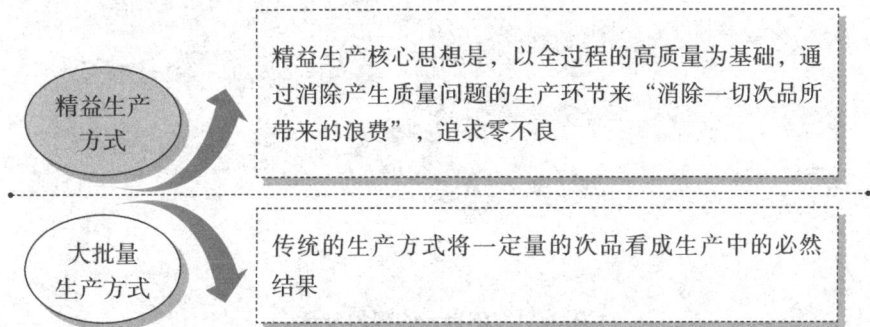

精益生产方式

精益生产核心思想是，以全过程的高质量为基础，通过消除产生质量问题的生产环节来"消除一切次品所带来的浪费"，追求零不良

大批量生产方式

传统的生产方式将一定量的次品看成生产中的必然结果

图1-9 精益生产与大批量生产质量观的不同之处

5.对人的态度不同

精益生产与大批量生产对人态度的不同之处如图1-10所示。

精益生产方式

精益生产强调个人对生产过程的干预，尽力发挥人的能动性，同时强调协调，对员工个人的评价也是基于长期的表现。这种方法更多地将员工视为企业团体的成员，而非机器。充分发挥基层的主观能动性

大批量生产方式

大批量生产方式强调管理中的严格层次关系。对员工的要求在于严格完成上级下达的任务，人被看作附属于岗位的"设备"

图1-10 精益生产与大批量生产对人态度的不同之处

二、企业常见的浪费现象

实施精益生产的主要目的在于消除生产中的浪费现象，从而最大限度地提升企业管理水平，使生产工作有序进行。

1.生产现场中的浪费

生产现场中常见有七大浪费。

（1）不良、修理的浪费。这是指工厂内发生不良品，需要进行处置的时间、人力、物力上的浪费，以及由此造成的相关浪费，如图1-11所示。

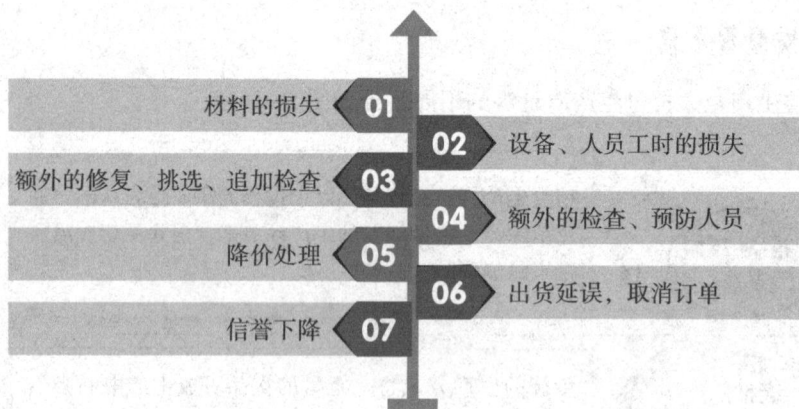

材料的损失 **01**

02 设备、人员工时的损失

额外的修复、挑选、追加检查 **03**

04 额外的检查、预防人员

降价处理 **05**

06 出货延误，取消订单

信誉下降 **07**

图1-11 不良、修理的浪费

（2）加工的浪费。加工的浪费也称为"过分加工浪费"，一方面是指多余的加工，另一方面是指过分精确的加工。如实际加工精度比加工要求高，造成资源的浪费，需要多余的作业时间和辅助设备，生产用电、气压、油等能源浪费，管理工时增加等。

（3）动作的浪费。生产现场作业动作的不合理导致时间浪费，如物品取放、反转、对准，作业、步行、弯腰、转身等。

（4）搬运的浪费。搬运是一种不产生附加价值的动作。搬运的损失分为放置、堆积、移动、整列等动作浪费；物品移动所需要的空间浪费、时间的浪费、人力工具的占用等。

（5）库存的浪费。库存量越大资金积压越大。库存包括：零部件、材料的库存，半成品的库存，成品的库存，已向供应商订购的在途零部件，已发货的在途成品。库存浪费的主要表现如图1-12所示。

1	产生不必要的搬运、堆积、放置、防护、寻找等浪费的运作
2	使先入先出作业困难
3	占用资金（损失利息）及额外的管理费用
4	物品的价值衰减，变成呆料、废料
5	占用空间，影响通过，且造成多余的仓库建设投资的浪费
6	掩盖问题、能力不足被隐藏

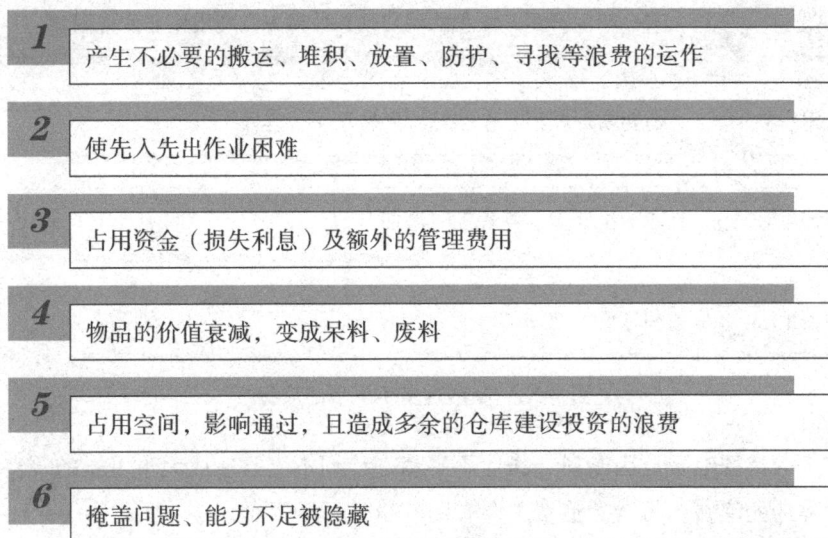

图1-12　库存的浪费

（6）制造过多（早）的浪费。精益生产强调"适时生产"。必要的东西在必要的时候，做出必要的数量，此外都是浪费。而所谓必要的数量和必要的时间，就是指顾客（或下道工序）已决定要的数量与时间。

制造过多与过早的浪费在七大浪费中被视为最大的浪费，其原因如图1-13所示。

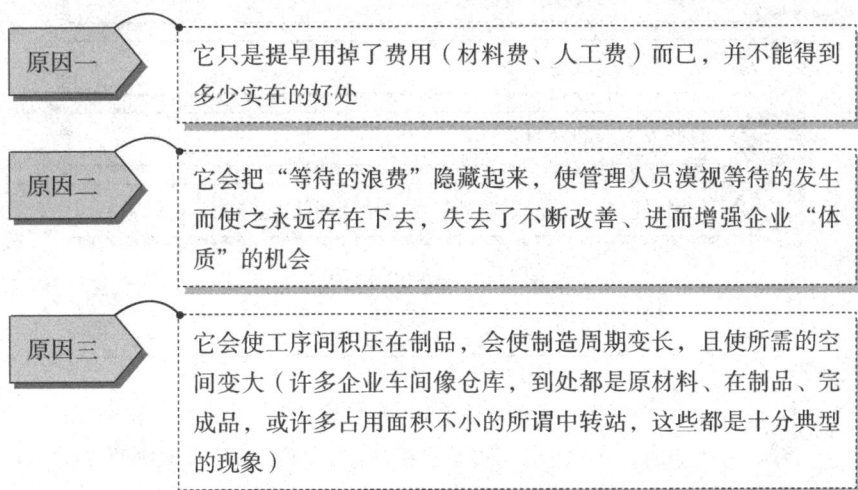

原因一	它只是提早用掉了费用（材料费、人工费）而已，并不能得到多少实在的好处
原因二	它会把"等待的浪费"隐藏起来，使管理人员漠视等待的发生而使之永远存在下去，失去了不断改善、进而增强企业"体质"的机会
原因三	它会使工序间积压在制品，会使制造周期变长，且使所需的空间变大（许多企业车间像仓库，到处都是原材料、在制品、完成品，或许多占用面积不小的所谓中转站，这些都是十分典型的现象）

图1-13

原因四	它会产生搬运、堆积的浪费，并使得先入先出作业变得困难
原因五	需要增加踏板、包装箱（周转箱）等容器
原因六	库存量变大，管理工时增加
原因七	利息负担增加

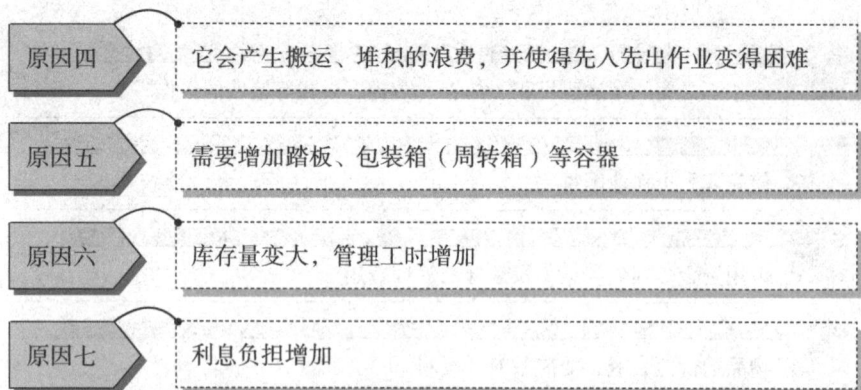

图1-13　制造过多（早）的浪费

（7）等待的浪费。因断料、作业不平衡、计划不当等造成无事可做的等待，也称之为停滞的浪费。等待的浪费主要有图1-14所示的几种。

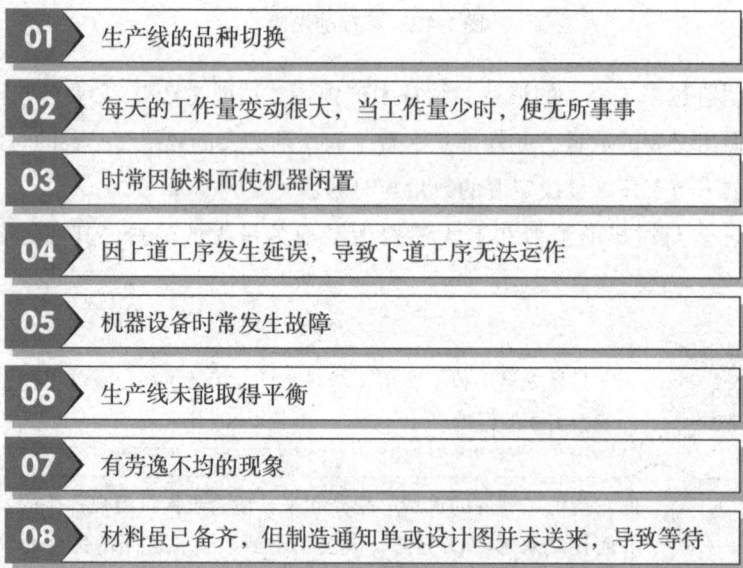

01	生产线的品种切换
02	每天的工作量变动很大，当工作量少时，便无所事事
03	时常因缺料而使机器闲置
04	因上道工序发生延误，导致下道工序无法运作
05	机器设备时常发生故障
06	生产线未能取得平衡
07	有劳逸不均的现象
08	材料虽已备齐，但制造通知单或设计图并未送来，导致等待

图1-14　等待的浪费

讲师提醒

事实上，现在还存在第八种浪费，那就是员工智慧和创造力浪费，这是指员工由于从事的工作单调乏味而导致创造力丧失，这也是一种巨大的浪费。

2.管理工作中的浪费

现场出现浪费，一定是管理出现了问题，现场的浪费源于管理的浪费。管理上的浪费，分类如下：

（1）配置的浪费。配置的浪费如图1-15所示。

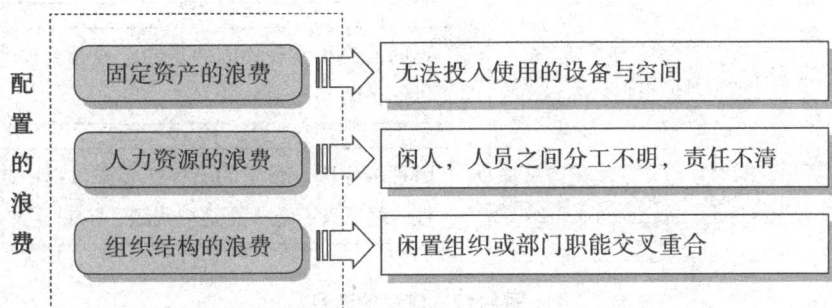

图1-15 配置的浪费

闲置的资产需要花时间、人力与财力维护，闲置的组织与人员还会引起各种纠纷，这些都会进一步浪费企业的资源。

（2）计划的浪费。计划的浪费如图1-16所示。

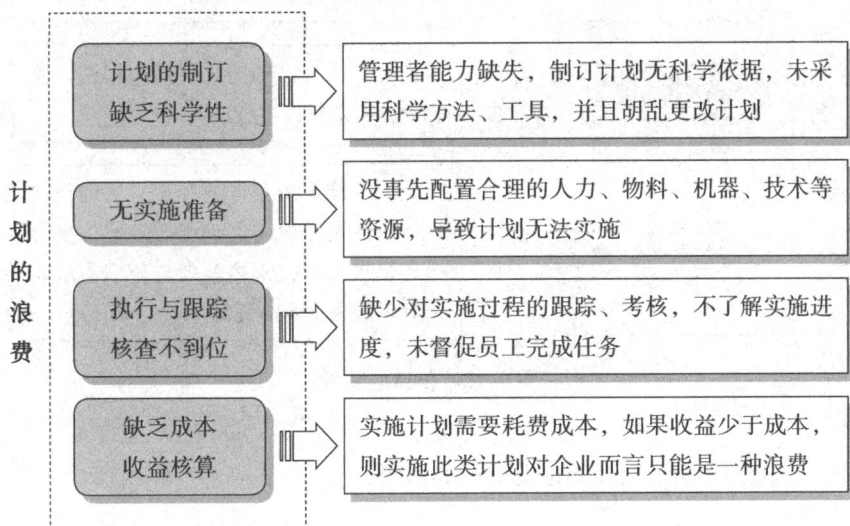

图1-16 计划的浪费

上述计划的制订、准备、追踪、审核都不到位，造成人力资源、物料资源、时间资源的极大浪费，大大增加企业的经营成本。

（3）流程的浪费。流程的浪费如图1-17所示。

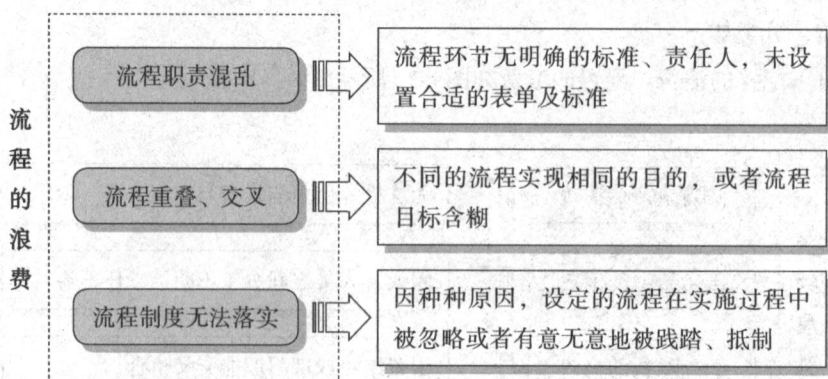

流程的浪费

流程职责混乱	流程环节无明确的标准、责任人，未设置合适的表单及标准
流程重叠、交叉	不同的流程实现相同的目的，或者流程目标含糊
流程制度无法落实	因种种原因，设定的流程在实施过程中被忽略或者有意无意地被践踏、抵制

图1-17　流程的浪费

（4）信息的浪费。信息的浪费如图1-18所示。

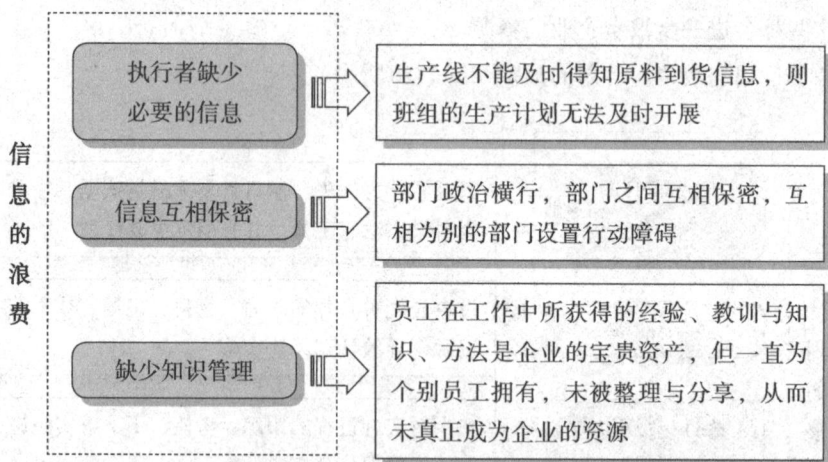

信息的浪费

执行者缺少必要的信息	生产线不能及时得知原料到货信息，则班组的生产计划无法及时开展
信息互相保密	部门政治横行，部门之间互相保密，互相为别的部门设置行动障碍
缺少知识管理	员工在工作中所获得的经验、教训与知识、方法是企业的宝贵资产，但一直为个别员工拥有，未被整理与分享，从而未真正成为企业的资源

图1-18　信息的浪费

（5）沟通的浪费。沟通的浪费如图1-19所示。

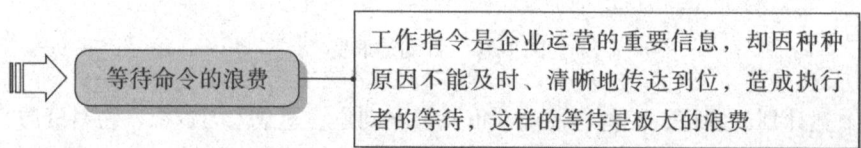

| 等待命令的浪费 | 工作指令是企业运营的重要信息，却因种种原因不能及时、清晰地传达到位，造成执行者的等待，这样的等待是极大的浪费 |

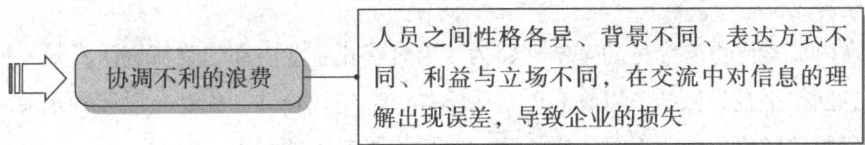

图1-19　沟通的浪费

三、精益生产与供应链的管理

精益生产的基本思想是保持物质流和信息流在生产中同步，实现将正确数量的物料，在正确的时间投放到正确的需求点，并持续地降低成本，提高效率。

为实现这一目标，精益生产主要强调两点：其一，尽量消除所有浪费；其二，强调在现有基础上持续地强化与深化。

精益生产虽然是针对企业内部的一种管理模式，但是作为一种管理思想，在提高整个供应链对需求的响应时间、降低供应链的物流成本、实行按需及时供应等方面，具有重要的借鉴意义。

1.供应链管理在精益生产中的应用

（1）物流总成本控制。供应链各个环节都会发生物流费用，其影响因素很多。因此，物流成本控制是一项综合性的系统控制，只有采购、仓储、投入、消耗以及产品产出的整个供应链环节实行全过程的管理，才能有效地控制物流总成本。

建立健全完善的物流网络控制体系是基于精益生产供应链管理进行有效成本控制的重要途径。对物流总成本实行系统的控制，必须建立一个协调便利、功能齐全的网络控制体系。根据物流成本系统控制的特点和要求，物流网络控制体系由组织保证、过程控制、考核核算、信息反馈等子系统组成。

（2）内部配送体系构建。传统的仓储以及物流供应体制存在诸多弊端，已不适应基于精益生产供应链管理高效运作的要求，不利于进一步挖潜增效，也严重影响了企业战略目标的实现。

对于领用单位，为了降低物流费用以及经营风险，要求改变企业内部的物流营运模式，提高物流运作效率，迫切需要企业内部能够实现多品种、小批量、多批次送货，并且能够缩短送货周期，提供完善优质的一体化送货服务。

因此，改革供应管理体系，实行内部物流配送制，已成为实施精益生产必然的战略选择。

在内部实行物流配送的基本思路为：整合优化企业内部的物流资源，最终形成以信息网络平台为依托，以物料配送为主体，以现代仓储为配套，以多种运输方式为手段的"四位一体"无缝运作模式，具体如图1-20所示。

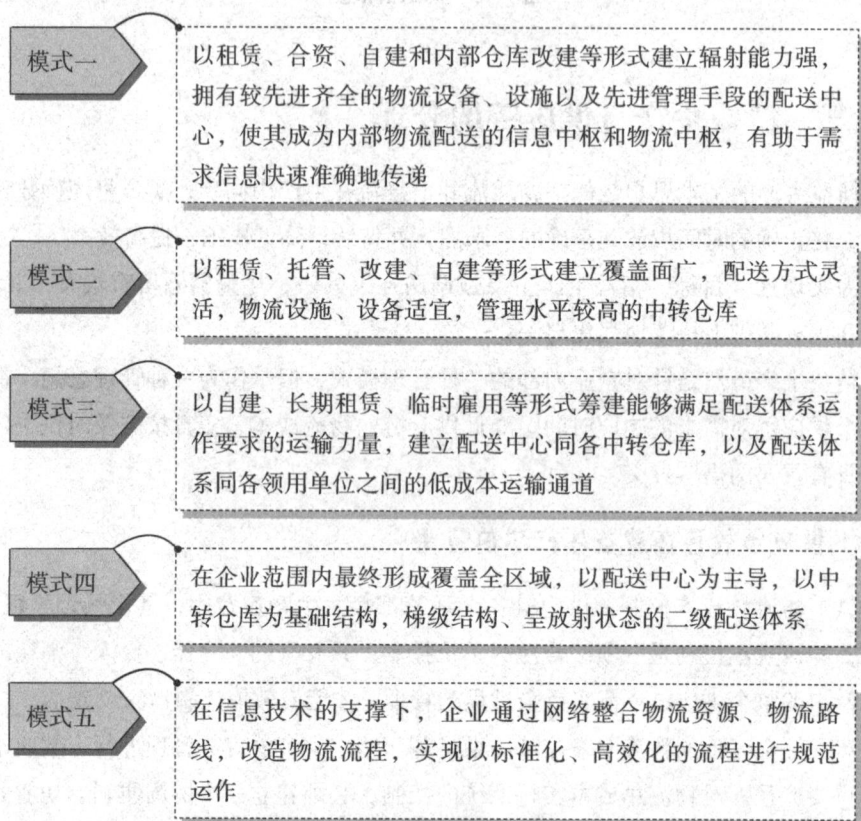

模式一	以租赁、合资、自建和内部仓库改建等形式建立辐射能力强，拥有较先进齐全的物流设备、设施以及先进管理手段的配送中心，使其成为内部物流配送的信息中枢和物流中枢，有助于需求信息快速准确地传递
模式二	以租赁、托管、改建、自建等形式建立覆盖面广，配送方式灵活，物流设施、设备适宜，管理水平较高的中转仓库
模式三	以自建、长期租赁、临时雇用等形式筹建能够满足配送体系运作要求的运输力量，建立配送中心同各中转仓库，以及配送体系同各领用单位之间的低成本运输通道
模式四	在企业范围内最终形成覆盖全区域，以配送中心为主导，以中转仓库为基础结构，梯级结构、呈放射状态的二级配送体系
模式五	在信息技术的支撑下，企业通过网络整合物流资源、物流路线，改造物流流程，实现以标准化、高效化的流程进行规范运作

图1-20　内部配送体系实现方式

2.实施基于精益生产的供应链管理的条件

成功实施基于精益生产的供应链管理需要具备几个前提条件，如图1-21所示。

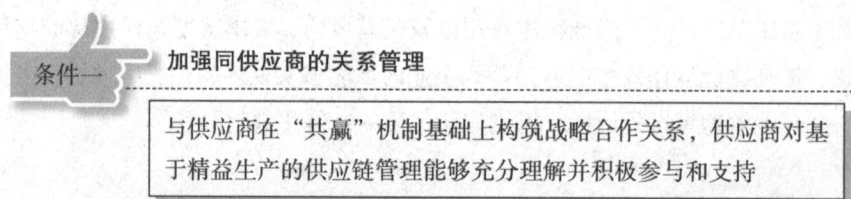

条件一　加强同供应商的关系管理

与供应商在"共赢"机制基础上构筑战略合作关系，供应商对基于精益生产的供应链管理能够充分理解并积极参与和支持

企业内部供应链各节点部门的协作　　条件二

企业内部供应链各节点部门不断加强交流与协作，克服部门主义，尽量消除供应链各节点间的不合理环节以及浪费现象，能够通过流程无缝运作实现对需求的高效快速响应

条件三　重视并运用先进的物流管理技术与方法

在基于精益生产的供应链管理中，应充分重视并运用先进的物流管理技术与方法，并且企业应具备实施这些先进技术与方法的物流设施与运作能力

有能够满足基于精益生产的供应链运作要求的信息系统　　条件四

基于精益生产的供应链管理成功运作离不开信息技术的支持，具有增值功能的信息网络是成功的关键。因此，企业应具有一套能够满足基于精益生产的供应链运作要求的信息系统，并且能够实现供应链各环节间信息方便的交流与共享

图1-21　实施基于精益生产的供应链管理的条件

讲师提醒

由于基于精益生产的供应链管理是一种先进的管理模式，成功实施需要企业具备较高的能力和相应的条件。建议我国企业应积极稳妥地开展基于精益生产的供应链管理的探索与实践。

四、成功实施精益生产的关键要素

成功实施精益生产必须包含一些关键要素，否则很难取得成功。其关键要素如图1-22所示。

要素一　领导者要有决心

一个企业要做到精益生产，关键是领导者的决心。精益生产不是一蹴而就的。领导者要对精益生产的推行提供足够的支持，包括人力、物力、财力，尤其是执行力，领导者要起到表率作用，提供资源，清除障碍

图1-22

提高管理者认识　　要素二

各级管理者的重视与负责是推进精益化管理的关键，只有领导者高度重视精益化管理，深刻理解精益化管理内涵，以身作则，坚持"消除浪费、提高效率"的理念，采取有效措施保障精益化管理的开展，精益化管理工作才能稳步推进

要素三　　调动员工积极性

基层员工是各项管理工作运转的具体执行者，对管理工作存在的薄弱节点有着深刻的切身实践，广大员工的积极参与是精益生产能否取得实效的重要因素

推行要讲求顺序　　要素四

从现场5S管理、绩效考评机制的推行开始；将个人计件制改为团队计件制再改为计时制。推行标准化作业，建立作业标准，建立多技能培训机制和设备自主保养机制；推行TPM（全员生产维修），快速转型、拉动生产，包括看板等

要素五　　找准精益化切入点

实施精益化管理是渐进的过程，以消除工作流程中的浪费为例，首先需要系统梳理管理中存在的问题，识别各种浪费；其次要围绕资源浪费、管理不畅的流程节点进行系统分析，制定整改措施；再次要明确责任人，确定阶段性工作目标、落实整改

要树立标杆　　要素六

可以选择有代表性的区域或产品优先推行"集中优势兵力打歼灭战"。对标杆要加以"保护"，经常宣传，营造改进的氛围和争先的势头

要素七　　形成全员参与和持续改进的文化

在推行中不断细化和优化相关的精益生产原则、方法、工具，以及专业团队的建设发展；将优化的工作流程进行标准化，变成日常的工作方式，从而逐步提高，形成企业的精益文化

图1-22　成功实施精益生产的关键要素

五、精益生产的四个误区

精益生产致力于改进生产流程中的每一道工序，尽最大可能消除浪费。精益生产要确保每一个产品只能严格地按照唯一正确的方式生产和安装，而在库存管理上，要做到库存最低。然而，很多企业在精益生产过程中，存在这一些误区，如图1-23所示。

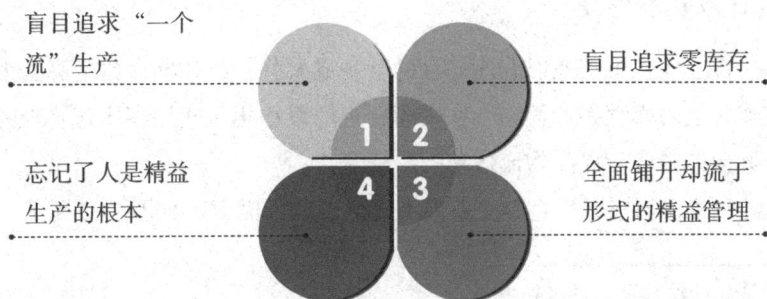

盲目追求"一个流"生产

盲目追求零库存

忘记了人是精益生产的根本

全面铺开却流于形式的精益管理

图1-23 精益生产的四个误区

1.盲目追求"一个流"生产

"一个流"生产就是各工序只有一个工件在流动，使工序从毛坯到成品的加工过程始终处于不停滞、不堆积、不超越的流动状态，是一种工序间在制品向零挑战的生产管理方式。通过追求"一个流"，使各种问题、浪费和矛盾明显化，迫使人们主动解决现场存在的各种问题，实现人尽其才、物尽其用、时尽其效。同时达到在制品存量少，有利于保证产品品质的目的。

但是"一个流"生产有明显的限制因素，如图1-24所示。

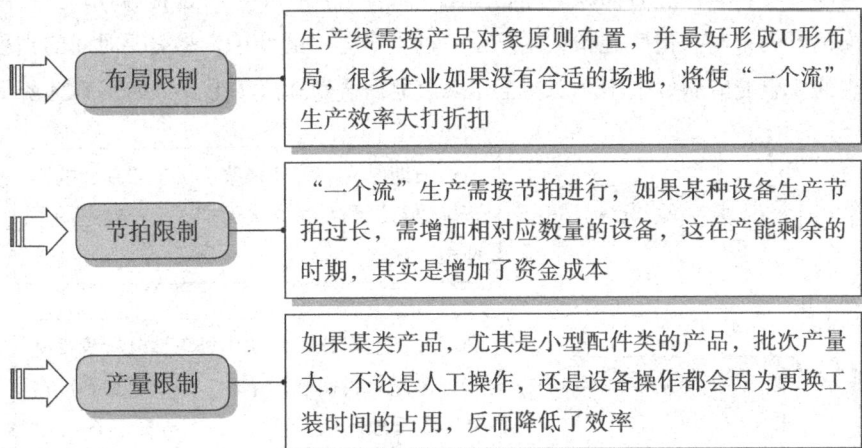

布局限制 —— 生产线需按产品对象原则布置，并最好形成U形布局，很多企业如果没有合适的场地，将使"一个流"生产效率大打折扣

节拍限制 —— "一个流"生产需按节拍进行，如果某种设备生产节拍过长，需增加相对应数量的设备，这在产能剩余的时期，其实是增加了资金成本

产量限制 —— 如果某类产品，尤其是小型配件类的产品，批次产量大，不论是人工操作，还是设备操作都会因为更换工装时间的占用，反而降低了效率

图1-24

➡️ 员工限制 ➡️ 真正实现了"一个流"的运行，很多员工会因为"一个流"的持续作业，而产生疲劳和厌倦情绪。人性化的管理更倾向于给员工一定的等待和思考调节的时间

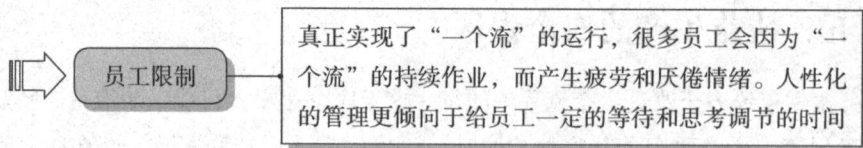

图1-24 "一个流"生产存在的限制因素

2.盲目追求零库存

零库存管理概念不是指以仓库储存的某种或某些物品的储存数量真正为零，而是通过实施特定的库存控制策略，实现库存量的最小化。实现零库存管理的目的是为了减少资金占用量和提高物流运动的经济效益。

为了避免盲目追求零库存，企业要考虑两个方面因素，如图1-25所示。

保证生产物料及时供应到生产线，而且供应商也能及时了解采购方的物料消耗状态以便及时供货

①

② 企业必须和价值链前端的客户对接，实现准确的订单计划管理

图1-25 企业零库存要考虑的因素

3.全面铺开却流于形式的精益管理

精益生产体系实际是由车间管理、质量管理、工艺管理、现场管理、物流与供应链管理等多种管理组合而成的综合系统。很多企业在推行精益管理时，往往会选择全面铺开的策略。但实施精益生产是一场生产方式的变革，是需要时间的积累才能实现的。企业应做好三个方面的工作来避免精益管理流于形式，如图1-26所示。

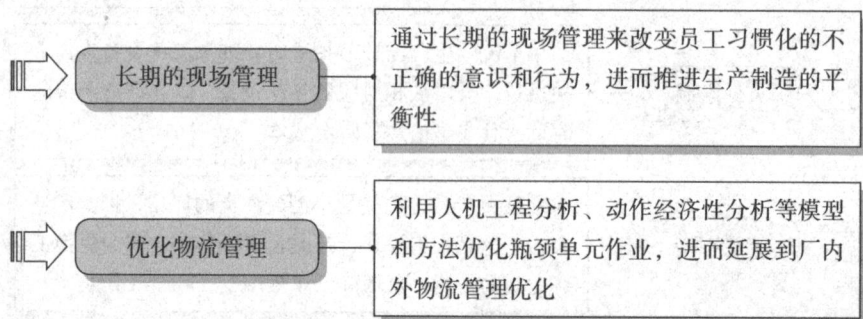

➡️ 长期的现场管理 ➡️ 通过长期的现场管理来改变员工习惯化的不正确的意识和行为，进而推进生产制造的平衡性

➡️ 优化物流管理 ➡️ 利用人机工程分析、动作经济性分析等模型和方法优化瓶颈单元作业，进而延展到厂内外物流管理优化

ERP与物流系统匹配 —— ERP的上线要与物流系统形成匹配，并且避免在与供应链对接中形成竖井效应，这所有的精益生产管理都需要在全面铺开的基础上，用时间去逐一打磨

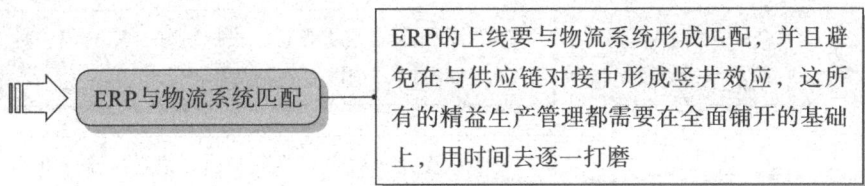

图1-26 避免精益管理流于形式的三方面工作

4.忘记了人是精益生产的根本

精益生产体系建设的核心是班组团队建设，其实质是打造能实现自主管理、不断追求精益的班组管理团队。精益生产也强调将员工的智慧和创造力视为企业的宝贵财富和未来发展的原动力。所以精益生产企业里员工被赋予了极大的权利，体现了员工是企业主人的精神，并且企业人事组织结构趋于扁平化。实际上，精益生产更应该被定义成一种全新的企业文化，它作为一种管理理念渗透在生产的每个环节中。

六、中国企业实施精益生产的八大问题

许多中国企业认识到了精益生产的重要作用，也推行了精益生产，但是往往存在各种各样的问题。具体总结如图1-27所示。

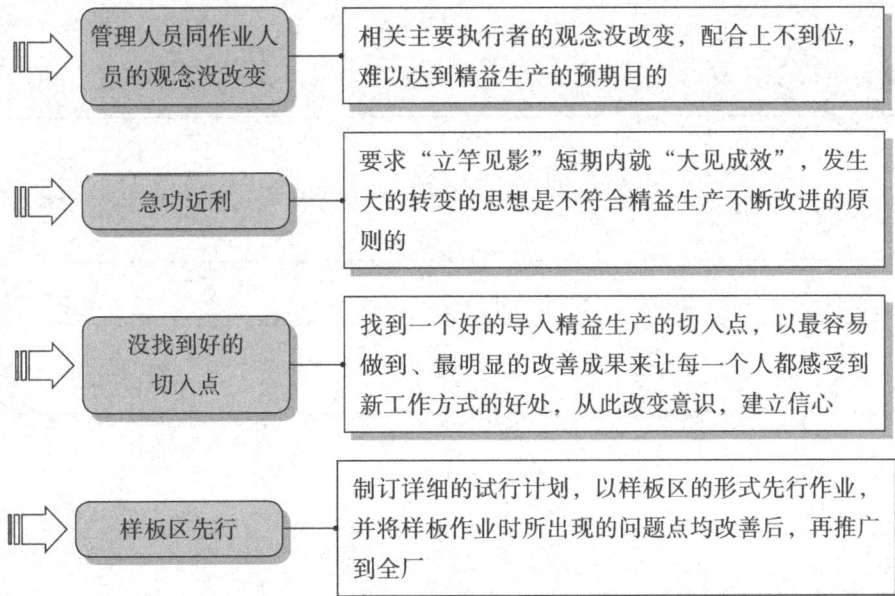

管理人员同作业人员的观念没改变 —— 相关主要执行者的观念没改变，配合上不到位，难以达到精益生产的预期目的

急功近利 —— 要求"立竿见影"短期内就"大见成效"，发生大的转变的思想是不符合精益生产不断改进的原则的

没找到好的切入点 —— 找到一个好的导入精益生产的切入点，以最容易做到、最明显的改善成果来让每一个人都感受到新工作方式的好处，从此改变意识，建立信心

样板区先行 —— 制订详细的试行计划，以样板区的形式先行作业，并将样板作业时所出现的问题点均改善后，再推广到全厂

图1-27

⟹	现场"5S"作业没做好	"5S"所要求的素质等观念没执行好，未养成一种好的工作态度，难以实施精益生产
⟹	实施过程遇到困难就停滞不前	"三个臭皮匠，胜过诸葛亮"，要集思广益，准备多个解决方案。打开心胸，吸取不同意见，不要解释不能做的理由，要想出做下去的办法。不要等到十全十美，有五分把握就可以动手
⟹	投入资金太多	改善要以不花钱为原则，不要一遇到问题点就想到投入新设备、新技术，应该尽量避免投入大量资金，能在现有的设施或基础上给予改进是最好的方案
⟹	缺乏整体配合	认为精益生产方式的实施只是IE（工业工程）工程师的责任，与其他的单位无关。若采购、物流、工程等单位不能充分协作，就算是有好的方案，也只会"昙花一现"，无法持续发挥精益的效能

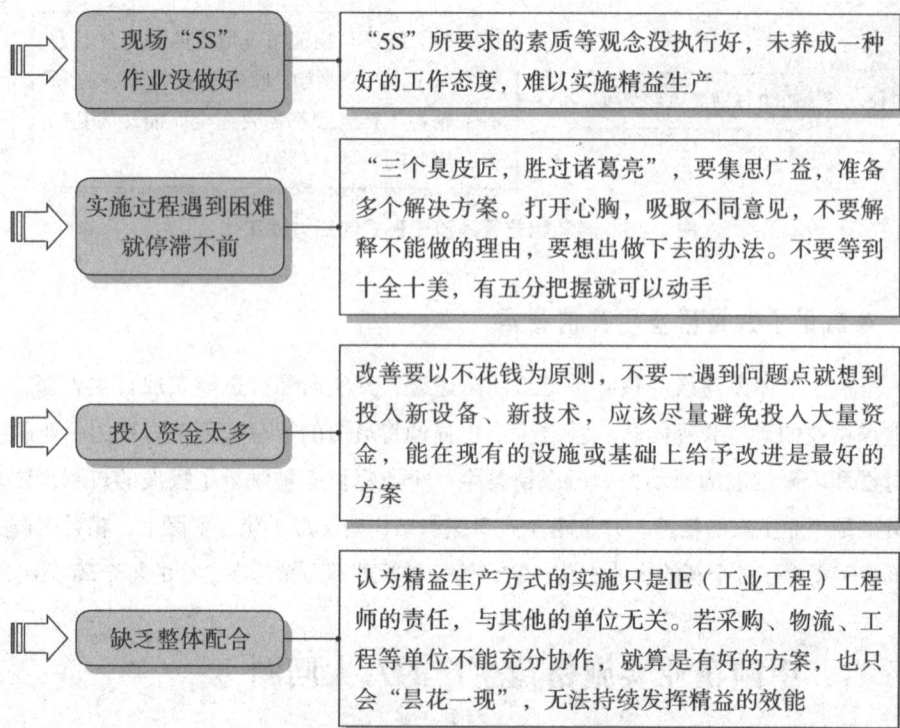

图1-27　中国企业实施精益生产的八大问题

学习小札

学习心得

学习回顾

通过本章的学习，我有哪些收获？

1.＿＿＿＿＿＿＿＿＿＿＿＿＿＿＿＿＿＿＿＿＿＿＿＿＿＿
2.＿＿＿＿＿＿＿＿＿＿＿＿＿＿＿＿＿＿＿＿＿＿＿＿＿＿
3.＿＿＿＿＿＿＿＿＿＿＿＿＿＿＿＿＿＿＿＿＿＿＿＿＿＿
4.＿＿＿＿＿＿＿＿＿＿＿＿＿＿＿＿＿＿＿＿＿＿＿＿＿＿
5.＿＿＿＿＿＿＿＿＿＿＿＿＿＿＿＿＿＿＿＿＿＿

自我反思

我还有哪些不足？

1.＿＿＿＿＿＿＿＿＿＿＿＿＿＿＿＿＿＿＿＿＿＿＿＿＿＿
2.＿＿＿＿＿＿＿＿＿＿＿＿＿＿＿＿＿＿＿＿＿＿＿＿＿＿
3.＿＿＿＿＿＿＿＿＿＿＿＿＿＿＿＿＿＿＿＿＿＿＿＿＿＿
4.＿＿＿＿＿＿＿＿＿＿＿＿＿＿＿＿＿＿＿＿＿＿＿＿
5.＿＿＿＿＿＿＿＿＿＿＿＿＿＿＿＿＿＿＿＿＿＿＿＿＿＿

行动计划

我要做好以下几个方面的工作，来促进公司的精益生产方式的实现。

1.＿＿＿＿＿＿＿＿＿＿＿＿＿＿＿＿＿＿＿＿＿＿＿＿＿＿
2.＿＿＿＿＿＿＿＿＿＿＿＿＿＿＿＿＿＿＿＿＿＿＿＿＿＿
3.＿＿＿＿＿＿＿＿＿＿＿＿＿＿＿＿＿＿＿＿＿＿＿＿
4.＿＿＿＿＿＿＿＿＿＿＿＿＿＿＿＿＿＿＿＿＿＿＿＿＿＿
5.＿＿＿＿＿＿＿＿＿＿＿＿＿＿＿＿＿＿＿＿＿＿＿＿＿＿

第二章 精益生产管理概念与工具

情景导入

上课之前，杨老师拿了几个企业常见的宣传牌和看板。

杨老师："上节课我们一起学习了精益生产的一些基础知识，那么有基础知识还是不够的，基础知识并不是我们这次培训的初衷。"

小王："基础知识都是为实践服务的。"

杨老师："说得对。但是，有了基础知识，还不足以服务生产实践，我们还需要了解一些精益生产的相关概念和精益生产常用的工具。"

这时，杨老师拿起准备好的精益生产宣传标语，说："这个标语估计大家都不陌生吧？'消除浪费，追求精益求精，实施持续改善'。"

"见过。""我公司就挂有这个标语。"学员们争先恐后地回答。

杨老师："这是精益生产最常用的口号。看来大家的公司都是想做好精益生产的。"

这时，杨老师又拿起准备好的看板，问："这是什么都见过吗？"

小王："这是我们的生产管理看板，我公司在用。"

杨老师："是的。"同时杨老师又拿起另一个看板，问："那么这个看板你公司有使用吗？"

小王："有的，这是5S管理看板，主要是用来宣传5S的。"

杨老师："5S和看板管理都是企业常用的精益生产的概念和工具。我们想实现精益生产管理，就要先了解这些概念和工具。"

小王："这就是我们这节课要讲的内容吗？我们公司都有啊，也需要深入讲解吗？"

杨老师："需要的，这些相关概念和工具是支持精益生产的基础。我们这节课就是要深入了解它们，并且一起学习如何把这些融入到工作中，如何改善生产。"

第一节　精益生产必备概念

开展精益生产之前还要了解一些与之相关的概念，如工业工程、TPM、价值流程图、生产线平衡设计及改善等，理解了这些概念，才能更好地开展精益生产。

讲师的话

一、工业工程

工业工程（Industrial Engineering，IE）起源于20世纪初的美国，它以现代工业化生产为背景，在发达国家得到了广泛应用。现代工业工程是以大规模工业生产及社会经济系统为研究对象，在制造工程学、管理科学和系统工程学等学科基础上逐步形成和发展起来的一门交叉的工程学科。

1.美国工业工程学会（AIIE）对工业工程的定义

"工业工程是对人、物料、设备、能源和信息等所组成的集成系统，进行设计、改善和实施的一门学科，它综合运用数学、物理和社会学的专门知识和技术，结合工程分析和设计的原理与方法，对该系统所取得的成果进行确认、预测和评价。"

2.日本工业工程协会（JIIE）对工业工程的新定义

"IE是这样一种活动，它以科学的方法，有效地利用人、财、物、信息、时间等经营资源，优质、廉价并及时地提供市场所需要的商品和服务，同时探求各种方法给从事这些工作的人们带来满足和幸福。"

3.IE七大手法

最常用的IE七大手法为：防错法、改动法、流程法、五五法、人机法、双手法和抽样法。

二、TPM

TPM（Total Productive Maintenance）译为全员生产维护，又称全员生产保全。TPM是以提高设备综合效率为目标，以全系统的预防维修为过程，全体人员参与为基础的设备保养和维修管理体系。

1.五大要素

TPM强调五大要素，如图2-1所示。

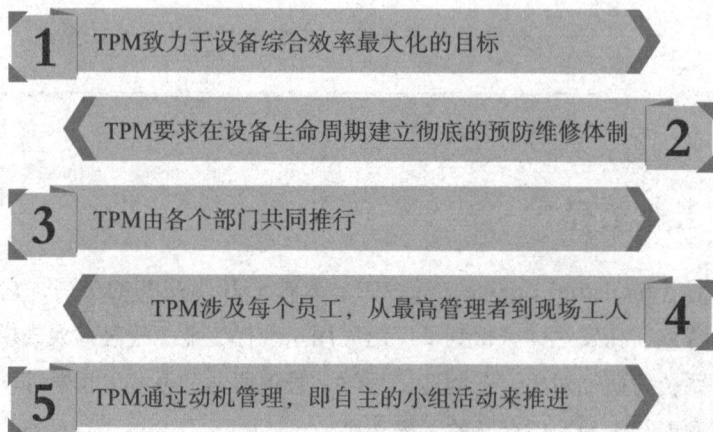

图2-1　TPM的五大要素

2.TPM的"三全"特点

TPM的特点就是"三全"，即全效率、全系统和全员参加，具体如图2-2所示。

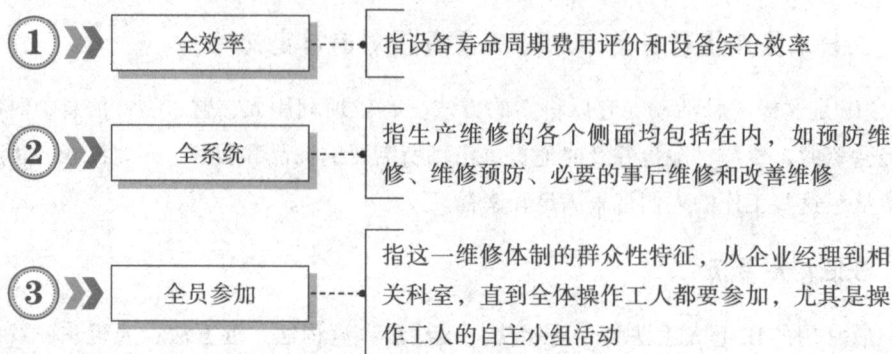

图2-2　TPM的"三全"特点

三、价值流程图

价值流程图（Value Stream Mapping，VSM）是丰田精益制造生产系统框架下的一种用来描述物流和信息流的形象化工具。它运用精益制造的工具和技术来帮助企业理解和精简生产流程。

价值流程图的目的是为了辨识和减少生产过程中的浪费，可以作为管理人员、工程师、生产制造人员、流程规划人员、供应商以及顾客发现浪费、寻找浪费根源的起点。

VSM对生产制造过程中的周期时间、当机时间❶、在制品库存、原材料流动、信息流动等情况进行描摹和记录，有助于形象化当前流程的活动状态，并有利于对生产流程进行指导，朝理想化方向发展。

价值流程图包括其中工具，如图2-3所示。

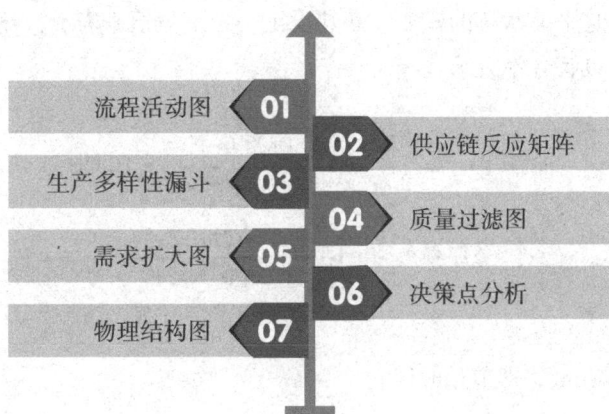

图2-3　价值流程图的其中工具

四、生产线平衡

生产线平衡（Line Balance），是对生产线的全部工序进行负荷分析，通过调整工序间的负荷分配，使各工序达到能力平衡（作业时间尽可能相近）的技术手段与方法，最终消除各种等待浪费现象，提高生产线的整体效率。这种改善工序间能力使之平衡的方法又称为"瓶颈改善"。

---

❶ 当机时间，设备在运行加工的时间。

1.节拍

流程的"节拍"（Cycle time）是指连续完成相同的两个产品（或两次服务，或两批产品）之间的间隔时间，即指完成一个产品所需的平均时间。节拍通常只是用于定义一个流程中某一具体工序或环节的单位产出时间。如果产品必须是成批制作的，则节拍指两批产品之间的间隔时间。在流程设计中，如果预先给定了一个流程中某工序在每天（或其他单位时间段）必需的产出，首先需要考虑的是流程的节拍。

2.瓶颈

"瓶颈"（Bottleneck）是指一个流程中生产节拍最慢的环节。流程中存在的瓶颈不仅限制了一个流程的产出速度，而且影响了其他环节生产能力的发挥。

3.生产线平衡的计算公式

要衡量工艺总平衡状态的好坏，必须设定一个定量值来表示，即生产线平衡率或平衡损失率，以百分率表示。

$$平衡率 = \frac{各工序时间总和}{工站数 \times 瓶颈工序时间} \times 100\%$$

$$平衡损失率 = 1 - \frac{各工序时间总和}{工站数 \times CT}$$

其中：

CT为Cycle Time，即节拍时间。

五、5S活动

"5S"是整理（Seiri）、整顿（Seiton）、清扫（Seiso）、清洁（Seiketsu）和素养（Shitsuke）这五个词的缩写。因为这五个词日语中罗马拼音的第一个字母都是"S"，所以简称为"5S"，开展以整理、整顿、清扫、清洁和素养为内容的活动，称为"5S"活动。

一个嘈杂混乱的生产现场是无法实现精益生产的。因此，实施5S管理是保障精益生产的重要手段。

1.5S活动的目标

5S活动的目标如图2-4所示。

1 工作变换时，寻找工具，物品马上找到，寻找时间为零

2 整洁的现场，不良品为零

3 努力降低成本、减少消耗，浪费为零

4 工作顺畅进行，及时完成任务，延期为零

5 无泄漏、无危害，安全、整齐，事故为零

6 团结、友爱，处处为别人着想，积极干好本职工作，不良行为为零

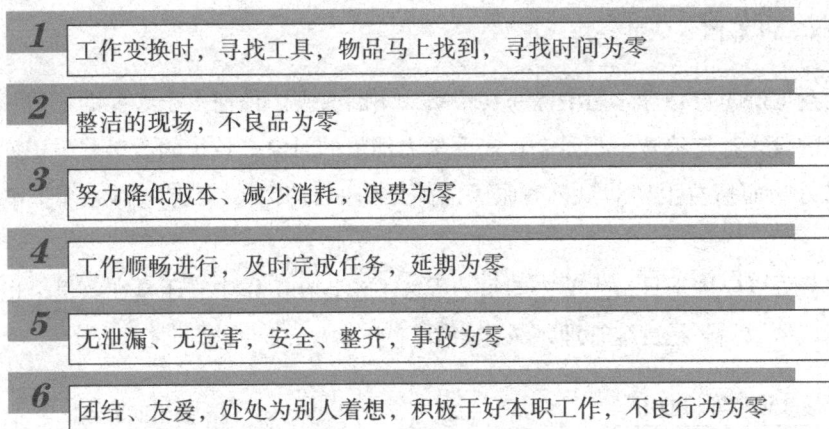

图2-4 5S活动的目标

2.5S活动的要求

5S活动的要求如图2-5所示。

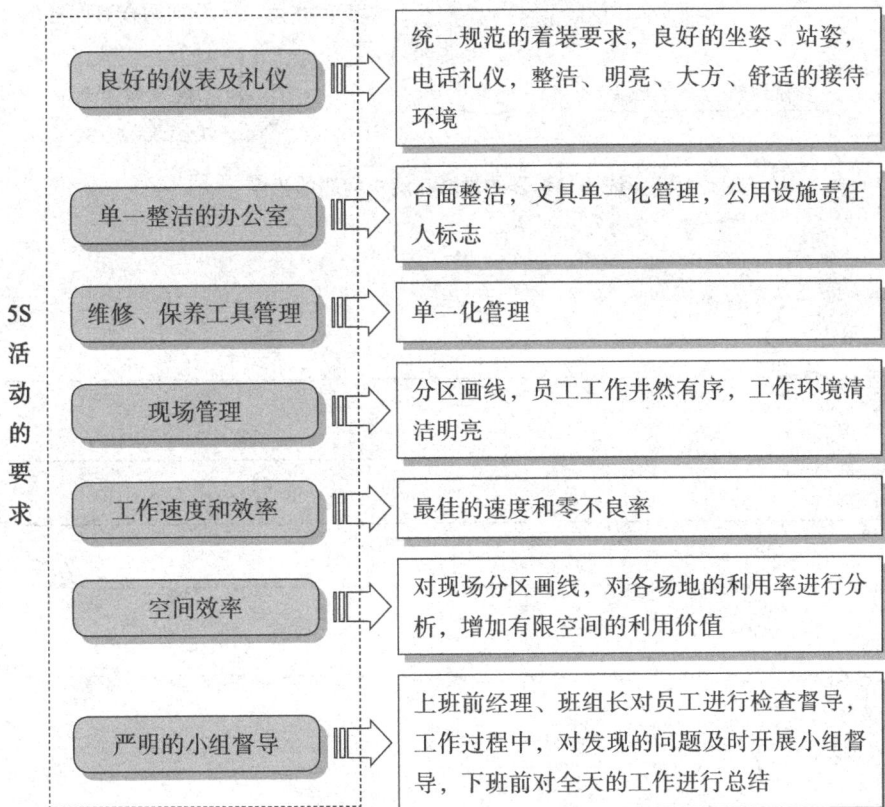

5S活动的要求	良好的仪表及礼仪	统一规范的着装要求，良好的坐姿、站姿，电话礼仪，整洁、明亮、大方、舒适的接待环境
	单一整洁的办公室	台面整洁，文具单一化管理，公用设施责任人标志
	维修、保养工具管理	单一化管理
	现场管理	分区画线，员工工作井然有序，工作环境清洁明亮
	工作速度和效率	最佳的速度和零不良率
	空间效率	对现场分区画线，对各场地的利用率进行分析，增加有限空间的利用价值
	严明的小组督导	上班前经理、班组长对员工进行检查督导，工作过程中，对发现的问题及时开展小组督导，下班前对全天的工作进行总结

图2-5 5S活动的要求

六、改善

精益生产的核心理念是消除一切浪费，不断改善。任何多于必要的人力、物力等资源的投入都是浪费，都是企业需要努力消除的对象。传统的改善着眼于如何把工作做好，而精益生产的改善着眼于消除工作中的浪费，只有这样才能提高工作效率。

改善可以应用于日常生活中的每一天：不论是在工作中，还是在家里；也不论是在生产领域，还是行政管理领域，如图2-6所示。

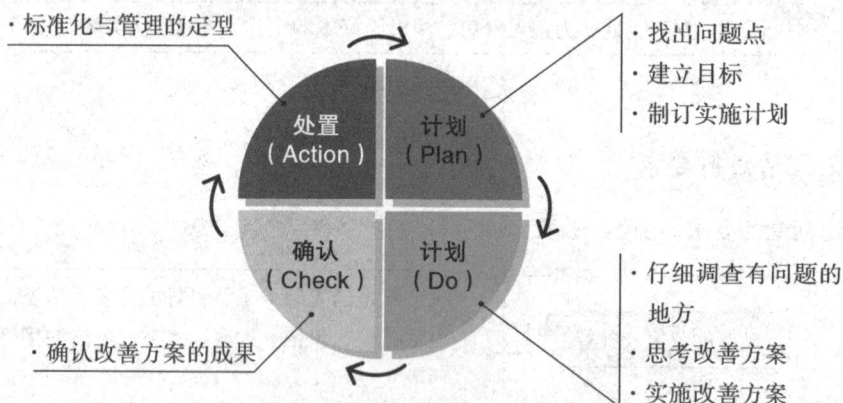

・标准化与管理的定型

処置（Action）　计划（Plan）

确认（Check）　计划（Do）

・找出问题点
・建立目标
・制订实施计划

・仔细调查有问题的地方
・思考改善方案
・实施改善方案

・确认改善方案的成果

图2-6　管理的领域与解决问题的程序

学习小札

第二节　精益生产常用工具

　　开展精益生产工作需要用到的管理工具很多，包括准时生产、均衡化生产、流程化生产、标准化作业、5S、定置管理等，这些管理工具极大地提升了生产工作效率，使生产工作更顺利地开展。

一、准时生产

　　准时生产JIT（Just In Time）是指在所需要的时刻，按所需要的数量生产所需要的产品（或零部件）的生产模式，其目的是加速半成品的流转，将资金的积压减少到最低的限度，从而提高企业的生产效益。

　　准时生产是以市场需求为依据，采用拉动式生产的模式，准时地组织各个环节进行生产，既不超量，也不超前。在生产过程中，工序间的零件是小批量流动，甚至是单件流动的，在工序间基本上不存在积压，甚至完全没有堆积的半成品。

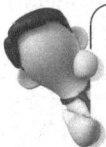

　　准时生产是一种全方位的系统管理工程。它像一根无形的链条调度并牵动着企业的各项工作能按计划安排的进程顺利地实施，因而又称为一种拉动式的生产模式。精益生产的顺利推进离不开准时生产的推行。

1.准时生产要求

准时生产遵循着如图2-7所示的基本要求。

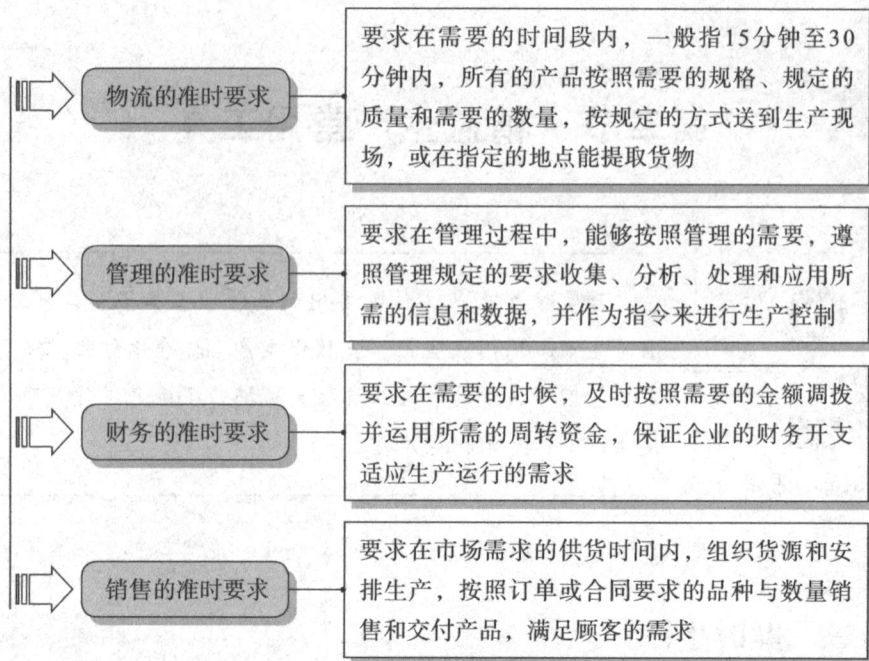

图2-7　准时生产的基本要求

2.准时生产的核心思想

准时生产的核心思想是消除一切无效作业与浪费，实现"仅仅在需要的时间和地点，按照需要的数量，及时采购、生产真正需要的合格产品"，从而控制库存，甚至追求零库存的理想境界。

准时生产能为制造企业生产过程的各个环节减少浪费，包括库存、提前期、订单数量、产品设计、产量选择、报告、保存、公务、材料运送等。它尽可能使得生产工作都可预测，并易于重复执行。

二、均衡化生产

均衡化生产是实现"适时、适量、适物"生产的前提条件。所谓均衡化生产，是指总装配线在向前工序领取零部件时，应均衡地使用各种零部件，混合生产各种产品。为此，在制订生产计划时就必须加以考虑，然后将其体现于产品投产顺序计划之中。

1.均衡化生产的实现途径

在生产制造阶段，均衡化生产主要通过专用设备通用化和制定作业标准来实现。其中，专业设备通用化是指通过在专用设备上增加一些工具等方法，使之能够加工多种产品；标准作业是指将作业节拍内一名作业人员所应担当的一系列作业内容标准化。

2.实现均衡化生产的原因

随着市场形势的变化，越来越多的企业遇到这样的难题：消费者的口味由原来的单一向多元的方向发展，引起市场需求的不断变化，企业所能接到的订单，品种要求越来越多，但生产数量却越来越小，交货期越来越短。

因此，市场发展的特点决定了企业只有通过实现精益生产的均衡化才能够解决上述问题。均衡化生产的目的就是尽量让生产与市场需求一致。

完全按照市场的需求来组织生产，说起来容易但做起来很困难。如果没有生产的柔性化和均衡化，是很难适应市场的变化的。

3.均衡化生产的好处

均衡化生产能够为企业带来诸多的好处，具体如图2-8所示。

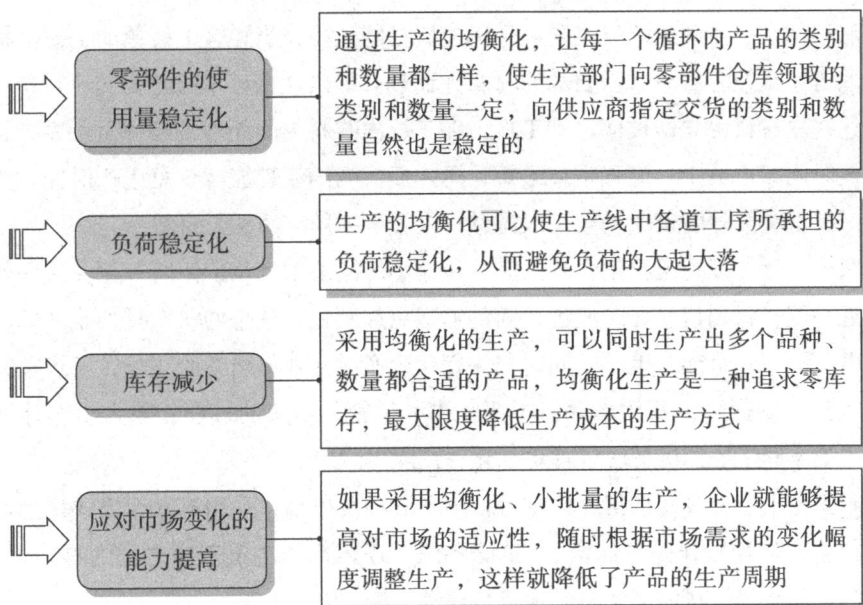

零部件的使用量稳定化	通过生产的均衡化，让每一个循环内产品的类别和数量都一样，使生产部门向零部件仓库领取的类别和数量一定，向供应商指定交货的类别和数量自然也是稳定的
负荷稳定化	生产的均衡化可以使生产线中各道工序所承担的负荷稳定化，从而避免负荷的大起大落
库存减少	采用均衡化的生产，可以同时生产出多个品种、数量都合适的产品，均衡化生产是一种追求零库存，最大限度降低生产成本的生产方式
应对市场变化的能力提高	如果采用均衡化、小批量的生产，企业就能够提高对市场的适应性，随时根据市场需求的变化幅度调整生产，这样就降低了产品的生产周期

图2-8　均衡化生产的好处

4.均衡化生产在企业里的运用

传统的生产理念认为，小批量生产的成本必然增高，采用机械化和自动化手段实行大批量生产就可以降低成本。实际上，大批量生产忽略了仓储的成本，因而其总成本并不一定是最低的。因此，企业要做到均衡化生产，首先需要改变自身的传统观念。

准确地说，均衡化生产适用于所有的企业，只是适用程度有所差别而已。对于少数传统的、品种很少、生产批量很大的企业，均衡化生产的适用性很低。

但是，当前市场发展的趋势是小订单、多品种和交货期缩短，因此，大部分的企业需要均衡化的生产，根据市场需求的变化调整生产，不断提高应对市场变化的能力。

三、流程化生产

流程化生产方式的核心思想之一就是要尽量使工序间在制品数量接近零或等于零。也就是说，前一工序加工一结束就立即转到下一个工序进行加工，建立一种无间断的流程，此种流程化生产是实现精益生产的一个基本原则。

1.流程化生产的好处

流程化生产强调生产应该是一个迅速流动的过程，当顾客下订单时，便会指示流程取得完成顾客订单所需要的原材料，而且只提供这个订单所需要的原材料。接着，这些原材料将立即被输送到工厂，在工厂内物料无间断地流经每个工序，其间的等候时间减至最少，流程距离最短，迅速而流畅的流程能减少总生产时间。流程化生产使得零部件的运动就像是水流过一根管子一样流畅而无间断。

因此，为了做到流程化生产，应尽量缩小产品加工批量，使所有相关流程彼此更靠近，使材料和信息在各流程之间的输送更加顺畅，理想的状态是加工一件，移动一件，即"一个流"生产。同时，流程化生产对计划提出新的要求，要求车间要与主生产计划同步，不留库存，不要入库、保管、出库的过程，除主生产计划以外，其他车间不要调度员，管理扁平化，消除中间层。

流程化生产要改变按工序单位进行生产的传统思维，采用流水线方式来生产产品，把生产流程看作是"河流"，消除各道工序内部、各道工序之间的物料停滞，改善混乱的流程，从而毫无阻碍地进行流动生产。

2."一个流"生产

"一个流"生产，即各工序只有一个工件在流动，使工序从毛坯到成品的加工过程始终处于不停滞、不堆积、不超越的流动状态，是一种工序间在制品向零挑战的生产管理方式，其思想是改善型的。通过追求"一个流"，使各种问题、浪费和矛盾明显化，迫使人们主动解决现场存在的各种问题，实现人尽其才、物尽其用、时尽其效。

"一个流"的实质是以不断减少资源浪费为目的，将生产诸要素在生产过程中进行优化组合，实现用最少的人员、物耗、资金、时间完成必要的工作。

采用"一个流"生产技术，关键是要实现观念的转变（由维持转向改善）、管理职能的转变（专业管理向以现场为中心的管理转变）和用人制度的转变（由被动考核向主动培训转变）。

3. "一个流"生产实施要点

"一个流"生产实施要点如图2-9所示。

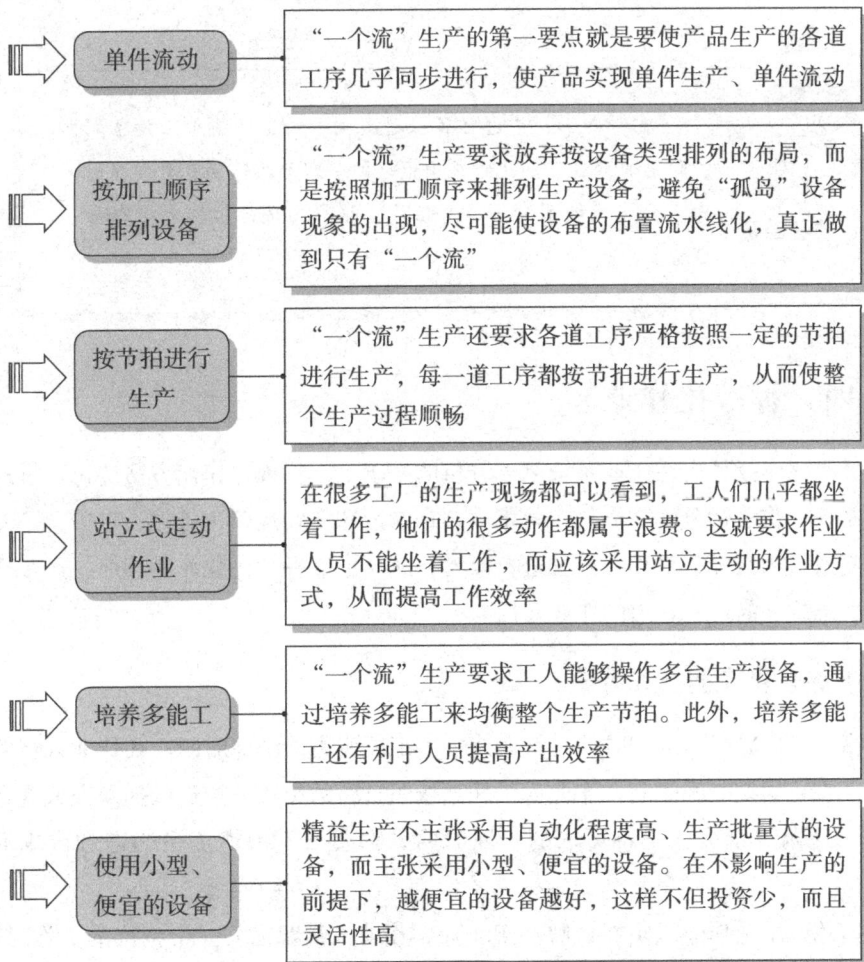

单件流动	"一个流"生产的第一要点就是要使产品生产的各道工序几乎同步进行，使产品实现单件生产、单件流动
按加工顺序排列设备	"一个流"生产要求放弃按设备类型排列的布局，而是按照加工顺序来排列生产设备，避免"孤岛"设备现象的出现，尽可能使设备的布置流水线化，真正做到只有"一个流"
按节拍进行生产	"一个流"生产还要求各道工序严格按照一定的节拍进行生产，每一道工序都按节拍进行生产，从而使整个生产过程顺畅
站立式走动作业	在很多工厂的生产现场都可以看到，工人们几乎都坐着工作，他们的很多动作都属于浪费。这就要求作业人员不能坐着工作，而应该采用站立走动的作业方式，从而提高工作效率
培养多能工	"一个流"生产要求工人能够操作多台生产设备，通过培养多能工来均衡整个生产节拍。此外，培养多能工还有利于人员提高产出效率
使用小型、便宜的设备	精益生产不主张采用自动化程度高、生产批量大的设备，而主张采用小型、便宜的设备。在不影响生产的前提下，越便宜的设备越好，这样不但投资少，而且灵活性高

图2-9

⇨ U形布置 — 如果将生产设备一字摆开，工人从第一台设备到最后一台设备就需要走很远的距离，从而造成严重的人力浪费。因此，"一个流"生产要求将生产设备按照U字形来布置

⇨ 生产同步化 — 生产同步化就是要求每一个岗位、每一道工序都有一份作业指导书，然后检查员工是否按照作业指导书的要求工作，这样就能强制员工严格按照既定的生产节拍进行生产

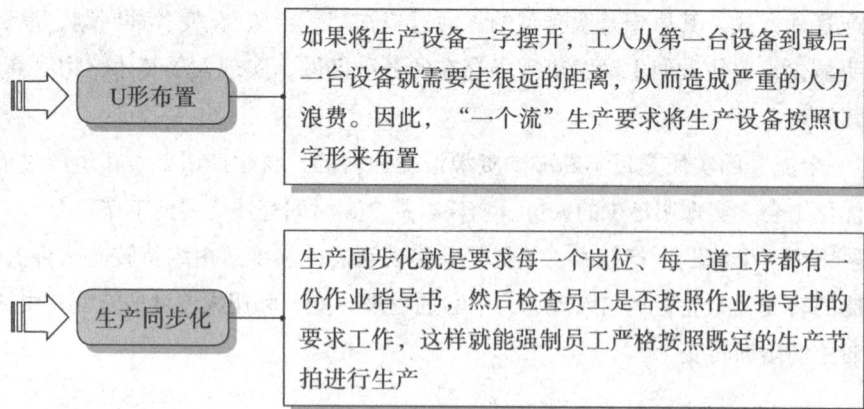

图2-9 "一个流"生产实施要点

讲师提醒　　在一些工厂中经常可以看到，不同工序的加工设备之间的距离非常远，加工过程中产生的中间产品需要花费较多时间和人力才能搬运到下一道工序，这样的现象被称为"孤岛"设备。

四、标准化作业

标准化作业是指在作业系统调查分析的基础上，将现行作业方法的每一操作程序和每一动作进行分解，以科学技术、规章制度和实践经验为依据，以安全、高质量、高效益为目标，对作业过程进行改善，从而形成一种优化作业程序，逐步达到安全、准确、高效、省力的作业效果。

1.标准化作业三大要素

（1）周期时间。周期时间是指完成一个工序所需的全部时间。在作业人员的工作中，没有周期时间限制，作业人员任意按照自己的想法，推迟或提前完成规定的工作，这两种情况均是不可取的。同时两者都会给下一道工序的进行造成不好影响。

因此，不论作业人员在做哪一道工序，作业人员都需要一个标准的工作时间，

同时保证"3W（Who：我是谁、What：我要做什么、Why：为什么）"的实现，保证服务的及时、准确。

（2）作业程序。作业程序就是将要做的事情按预先设定好的步骤进行。如果没有作业程序或者作业程序不明确，作业人员不遵守，都会造成延迟工作的完成，工作完成质量的不合格，或者根本就完不成工作。

这种状况，除了客户不满意外，就连本公司的员工也很难满意。作业程序既是作业者执行的标准，也是上级考核下级的依据。要想提高客户、员工的满意度，各个工序就必须制定一个严格的、易于执行的作业程序。按照作业程序进行作业也是确保在周期时间内完成工作的重要保障。

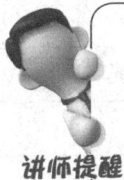

> 如果作业人员每一道工序都没有标准程序，试想整个工作现场将会变得如何地混乱不堪，将会造成多大的浪费，会有多少不均衡、不合理的现象发生。

讲师提醒

（3）标准手头存活量。标准手头存活量是指维持正常工作进行的必要的库存量，其中包括即将消化的库存。

所有事情不会绝对按人们的计划来发生，通常充满了可变性和不可预见性。为了预防这种情况的发生给工作造成的不便与紧张，作业人员必须备有适当的、可以随时调用的资源。这一步，是保证前两步实现的基础，是保证所有工作顺利进行的前提，因此无论什么时候都必须有标准手头存活量。

2.标准化作业的内容

标准化作业的内容主要是作业过程中的标准化问题，包括作业程序的标准、作业方法及手段的标准。但是，作业过程实际是在人机系统中进行的，也就是说作业过程涉及从事操作的人、运行的设备、使用的器具、作业环境以及对作业过程的管理。因此，要做到标准化作业，必须同时使作业过程所涉及的各要素都标准化。

标准化作业的具体内容如表2-1所示。

表2-1　标准化作业的内容

序号	标准化作业构成	作业标准类型	作业标准内容
1	作业过程	程序	作业程序标准，交接班标准
		方法手段	作业方法标准，作业手段标准，使用器具标准等
2	作业行为	动作	指挥动作标准，操作动作标准等
		交流	交流手势（即体态语言）标准，语言、口令标准等
		穿戴	防护用品穿戴标准
3	作业环境	材料	材料堆放标准
		工器具	工器具放置标准
		标志	安全标志布设标准，防护装置布设标准
4	作业设备	监护	设备运行过程监护标准
		检查	设备检查标准
		维修	设备维护标准，定期修理标准等
5	作业管理	制度	管理制度标准
		活动	管理活动过程标准，活动内容、形式标准
		信息	管理信息标准，管理信息传递标准

五、目视管理

所谓目视管理，是指用直观的方法揭示管理状况和作业方法，让全体员工能够用眼睛看出工作的进展状况是否正常，并迅速地判断和做出对策的一种管理方法。精益生产要求非常精确地开展生产工作，目视管理能够为精益生产工作创造一个一目了然的生产现场。

1.目视管理的特点

目视管理的特点如图2-10所示。

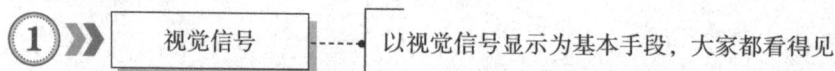

① 视觉信号 ┈┈ 以视觉信号显示为基本手段，大家都看得见

② ▶ 公开、透明化 ------ 以公开、透明化为基本要求，尽可能地使管理者的要求和意图让大家看得见，借以推动自主管理及自主控制

③ ▶ 目视方式交流 ------ 现场工作人员可以通过目视方式，将自己的建议、成果、感想展示出来，与领导、同事进行相互交流

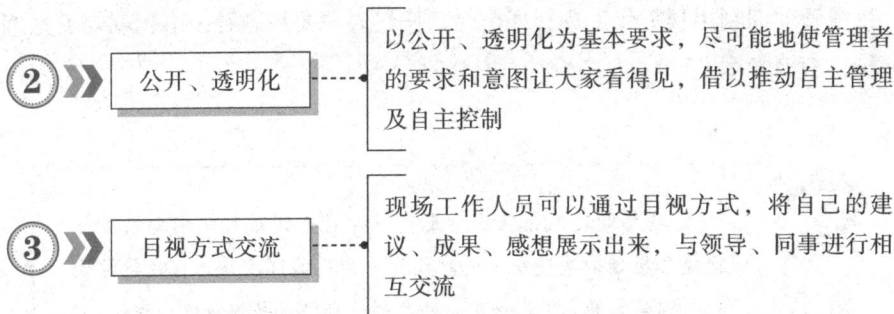

图2-10 目视管理的特点

2.目视管理的作用

目视管理的作用如图2-11所示。

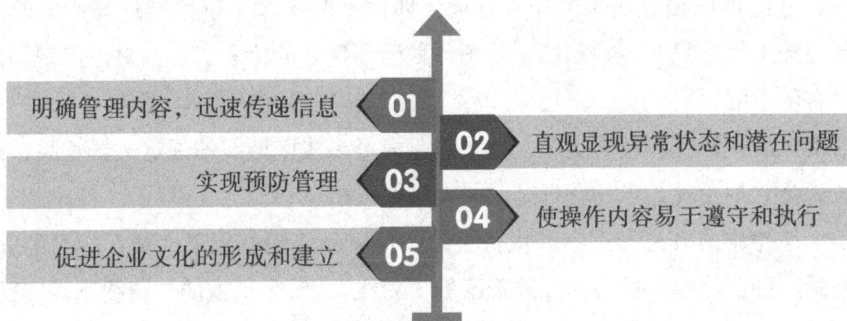

明确管理内容，迅速传递信息 **01**

02 直观显现异常状态和潜在问题

实现预防管理 **03**

04 使操作内容易于遵守和执行

促进企业文化的形成和建立 **05**

图2-11 目视管理的作用

（1）明确管理内容，迅速传递信息。在生产现场，所要管理、传达的事项无非是产量（Productivity）、品质（Quality）、成本（Cost）、交货期（Delivery）、安全（Safety）、士气（Morale）六大活动项目，利用图表显示其目标值、实绩、差异，以及单位产出（每单位人工小时产出）、单位耗用量（每批产品或每个产品所消耗的材料费、劳务费）等。

目视管理依据人们的生理特性，充分利用信号灯、标志牌、符号、颜色等方式发出视觉信号，鲜明准确地刺激神经末梢，快速传递信息。

（2）直观显现异常状态和潜在问题。不论谁看到目视管理的工具，都能清楚地发现不对的地方，促其尽早采取改善对策，设法使损失降至最低程度。

目视管理能将潜在问题和浪费现象直观地显现出来。不论是新进员工还是其他部门的员工，一看就懂，一看就会，明白问题所在。

目视管理即利用视觉化工具管理作业，任何人只要稍微看一下，就知道是怎么一回事，应该怎么办。

> 讲师提醒
>
> 现场管理人员在现场巡视时，可以通过目视化工具了解同类型机器的速度或不同时段同一台机的速度是否存在异常状况，确实掌握人机稼动率、物品的流动情况是否合理、均一。

（3）实现预防管理。预防管理是未来管理的必然趋势。为使预防管理能在生产现场中彻底实现，必须彻底实施生产现场的目视管理，形成任何人用眼睛马上能发现异常，并能迅速拟订对策的作业环境。即使平时不太了解生产现场情况的总经理、部门经理等，只要走到现场，看到各种清晰醒目的标志，也会对生产现场的大体情况有所了解。

因此，通过目视管理的实施，如果作业人员未按区域线的规定放置物品，班长或组长就会立刻发现，当场就可对作业人员加以指正。

（4）使操作内容易于遵守和执行。为了保障物流顺畅以及人员、物品的安全，在地面画三种区域线，即为物品放置区的"白线"、安全走道的"黄线"、消防器材或配电盘前面物品禁放区的"红线"，使得这些标准能够方便执行。

除此之外，目视管理使要做的理由（Why）、工作内容（What）、担当者（Who）、工作场所（Where）、时间限制（When）、程度把握（Howmuch）、具体方法（How）5W2H内容一目了然，能够促进大家协调配合、公平竞争，还有利于统一认识，提升士气。

（5）促进企业文化的形成和建立。目视管理通过对员工的合理化建议展示，优秀事迹和先进人物表彰，公开讨论栏、企业宗旨方向、远景规划等健康向上的内容，使全员形成较强的凝聚力和向心力，以建立优秀的企业文化。

3.目视管理的对象

构成工厂的全部要素都是其管理对象。如：服务、产品、半成品、原材料、零配件、设备、工夹具、模具、计量具、搬运工具、货架、通道、场所、方法、票据、标准、公告物、人、心情等。

4.目视管理的手段

目视管理的手段如图2-12所示。

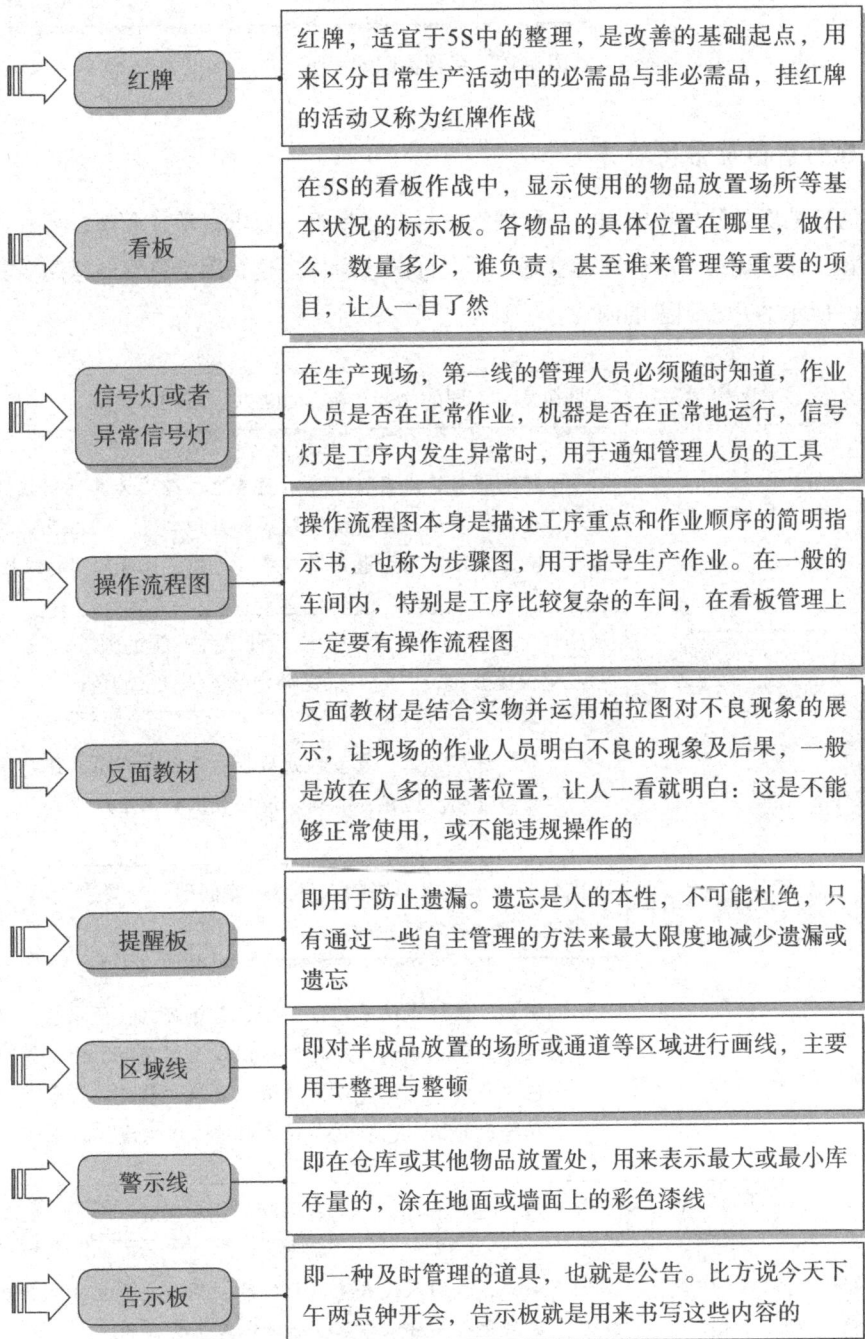

⇒	红牌	红牌，适宜于5S中的整理，是改善的基础起点，用来区分日常生产活动中的必需品与非必需品，挂红牌的活动又称为红牌作战
⇒	看板	在5S的看板作战中，显示使用的物品放置场所等基本状况的标示板。各物品的具体位置在哪里，做什么，数量多少，谁负责，甚至谁来管理等重要的项目，让人一目了然
⇒	信号灯或者异常信号灯	在生产现场，第一线的管理人员必须随时知道，作业人员是否在正常作业，机器是否在正常地运行，信号灯是工序内发生异常时，用于通知管理人员的工具
⇒	操作流程图	操作流程图本身是描述工序重点和作业顺序的简明指示书，也称为步骤图，用于指导生产作业。在一般的车间内，特别是工序比较复杂的车间，在看板管理上一定要有操作流程图
⇒	反面教材	反面教材是结合实物并运用柏拉图对不良现象的展示，让现场的作业人员明白不良的现象及后果，一般是放在人多的显著位置，让人一看就明白：这是不能够正常使用，或不能违规操作的
⇒	提醒板	即用于防止遗漏。遗忘是人的本性，不可能杜绝，只有通过一些自主管理的方法来最大限度地减少遗漏或遗忘
⇒	区域线	即对半成品放置的场所或通道等区域进行画线，主要用于整理与整顿
⇒	警示线	即在仓库或其他物品放置处，用来表示最大或最小库存量的，涂在地面或墙面上的彩色漆线
⇒	告示板	即一种及时管理的道具，也就是公告。比方说今天下午两点钟开会，告示板就是用来书写这些内容的

图2-12

生产管理板 ⟶ 即展示生产线的生产状况、进度的标示板，记入生产实绩、设备开动率、异常原因（停线、故障）等，用于看板管理

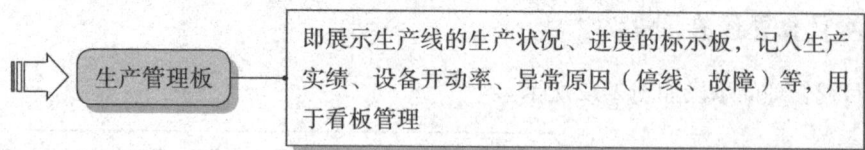

图2-12　目视管理的手段

5.色彩的标准化管理

色彩是现场管理中常用的一种视觉信号，目视管理要求科学、合理、巧妙地运用色彩，并实现统一的标准化管理，不允许随意涂抹。这是因为色彩的运用受到如图2-13所示的几种因素的制约。

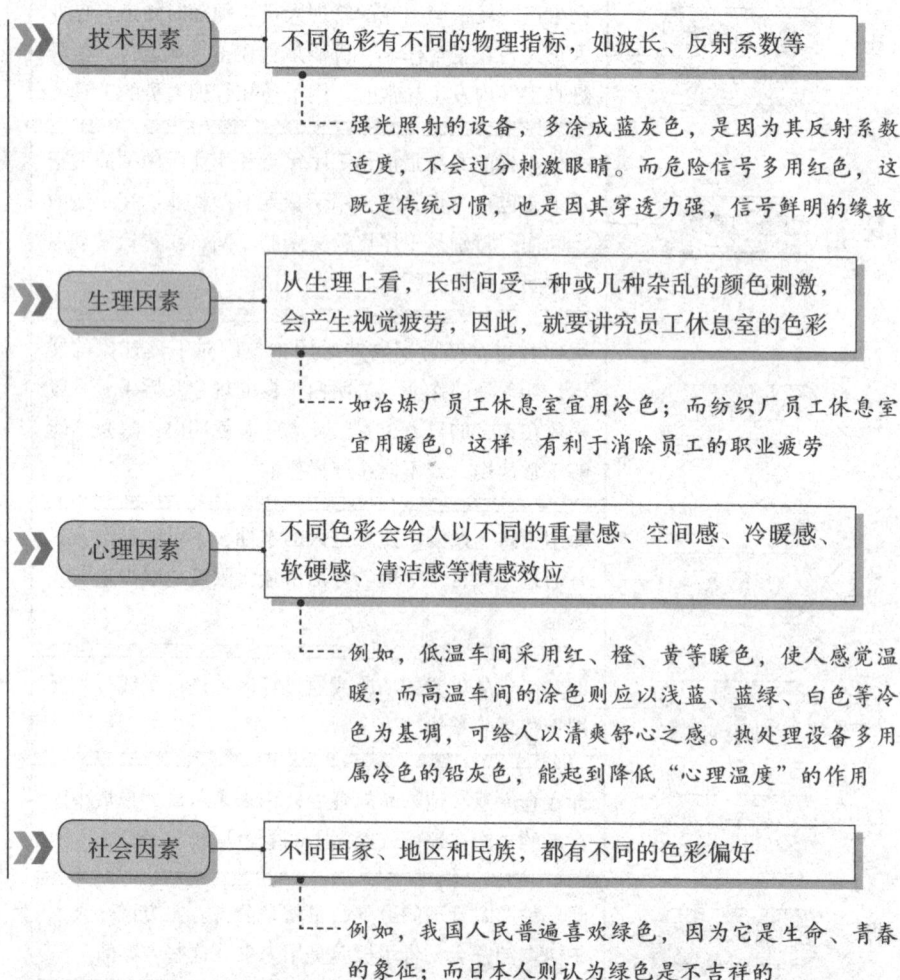

技术因素 ⟶ 不同色彩有不同的物理指标，如波长、反射系数等

‒‒‒ 强光照射的设备，多涂成蓝灰色，是因为其反射系数适度，不会过分刺激眼睛。而危险信号多用红色，这既是传统习惯，也是因其穿透力强，信号鲜明的缘故

生理因素 ⟶ 从生理上看，长时间受一种或几种杂乱的颜色刺激，会产生视觉疲劳，因此，就要讲究员工休息室的色彩

‒‒‒ 如冶炼厂员工休息室宜用冷色；而纺织厂员工休息室宜用暖色。这样，有利于消除员工的职业疲劳

心理因素 ⟶ 不同色彩会给人以不同的重量感、空间感、冷暖感、软硬感、清洁感等情感效应

‒‒‒ 例如，低温车间采用红、橙、黄等暖色，使人感觉温暖；而高温车间的涂色则应以浅蓝、蓝绿、白色等冷色为基调，可给人以清爽舒心之感。热处理设备多用属冷色的铅灰色，能起到降低"心理温度"的作用

社会因素 ⟶ 不同国家、地区和民族，都有不同的色彩偏好

‒‒‒ 例如，我国人民普遍喜欢绿色，因为它是生命、青春的象征；而日本人则认为绿色是不吉祥的

图2-13　色彩的运用受到的制约因素

总之，色彩包含着丰富的内涵，现场中凡是需要用到色彩的，都应有标准化的要求，企业应确定几种标准颜色，并让所有员工都清楚明白。

六、看板管理

看板管理是将希望管理的项目（信息）通过各类管理板揭示出来，使管理状况众人皆知的管理方法。

1.看板的作用

看板的作用如图2-14所示。

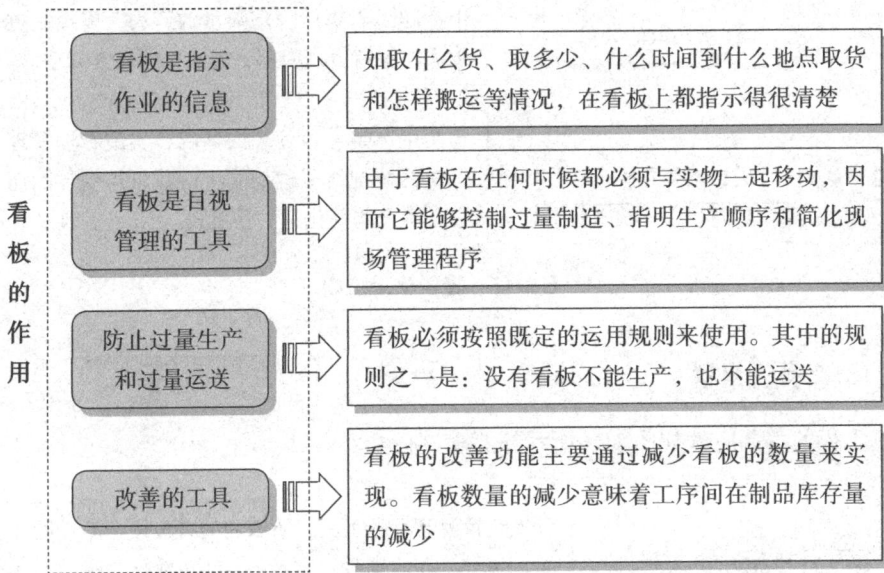

图2-14 看板的作用

> 在JIT生产方式中，通过不断减少数量来减少在制品库存，就使得上述问题不可能被无视。这样通过改善活动不仅解决了问题，还使生产线的"体质"得到了加强。
>
> 讲师提醒

2.看板使用规则

看板使用规则如图2-15所示。

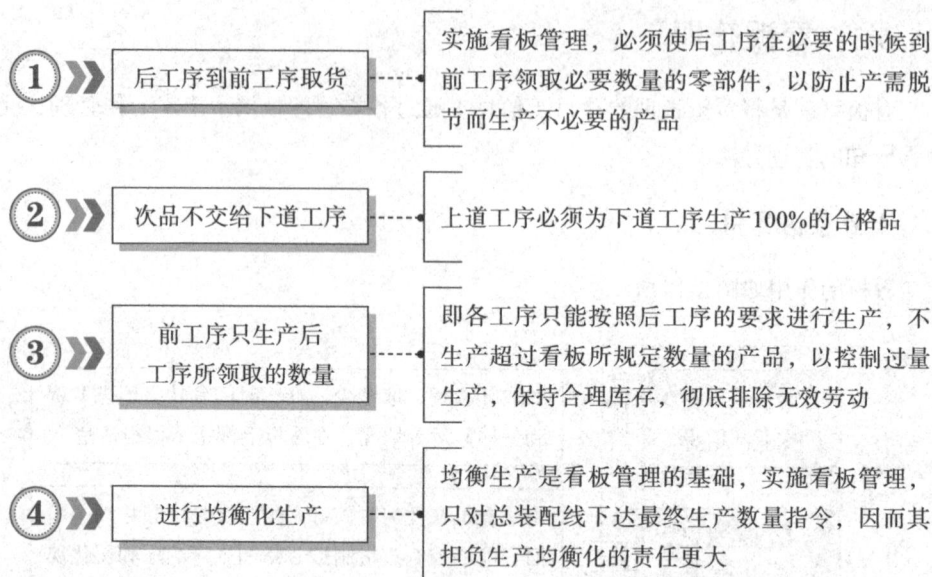

① **后工序到前工序取货** ----- 实施看板管理，必须使后工序在必要的时候到前工序领取必要数量的零部件，以防止产需脱节而生产不必要的产品

② **次品不交给下道工序** ----- 上道工序必须为下道工序生产100%的合格品

③ **前工序只生产后工序所领取的数量** ----- 即各工序只能按照后工序的要求进行生产，不生产超过看板所规定数量的产品，以控制过量生产，保持合理库存，彻底排除无效劳动

④ **进行均衡化生产** ----- 均衡生产是看板管理的基础，实施看板管理，只对总装配线下达最终生产数量指令，因而其担负生产均衡化的责任更大

图2-15 看板使用规则

3.看板的编制

看板的编制应按如图2-16所示的要求进行。

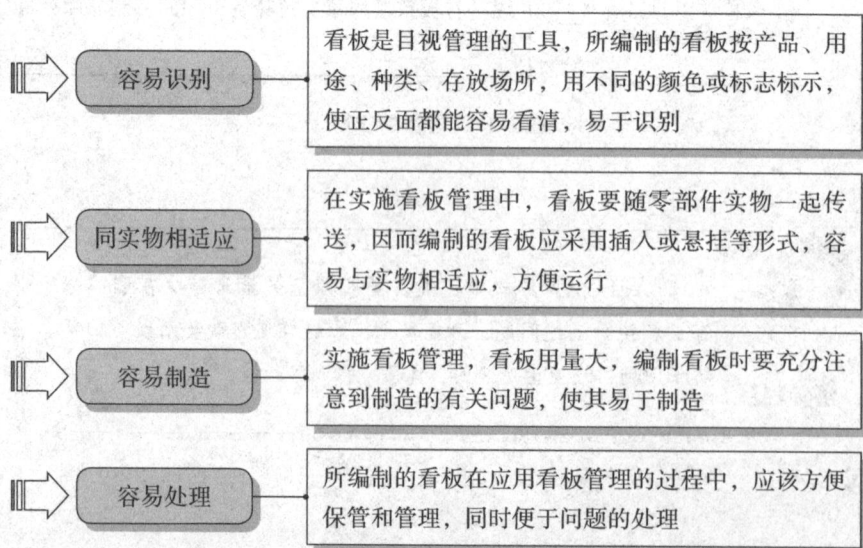

➡ **容易识别** — 看板是目视管理的工具，所编制的看板按产品、用途、种类、存放场所，用不同的颜色或标志标示，使正反面都能容易看清，易于识别

➡ **同实物相适应** — 在实施看板管理中，看板要随零部件实物一起传送，因而编制的看板应采用插入或悬挂等形式，容易与实物相适应，方便运行

➡ **容易制造** — 实施看板管理，看板用量大，编制看板时要充分注意到制造的有关问题，使其易于制造

➡ **容易处理** — 所编制的看板在应用看板管理的过程中，应该方便保管和管理，同时便于问题的处理

⮕ 坚固耐用 → 看板在整个运行过程中，要与实物一起随现场传递运送，因而所编制的看板应该耐油污、耐磨损，尤其是循环使用的看板，更要坚固耐用

图2-16 看板的编制要求

看板的形式并不局限于记载各种信息的某种卡片，在实际的JIT生产方式中，还有很多代替看板的目视化方法，如彩色乒乓球、空容器、地面空格标志和信号标志等。

讲师提醒

七、定置管理

定置管理是根据安全、品质、效率、效益和物品本身的特殊要求，科学地规定物品的特定放置位置的管理方法。定置管理是实施精益生产的重要工具，只有实施了定置管理，才能创造出一个秩序良好的现场。

1.定置管理的三种状态

定置管理将生产现场中人、物、场所三要素分别划分为三种状态，并将三要素的结合状态也划分为三种，如表2-2所示。

表2-2 定置管理的三种状态

序号	要素	A状态	B状态	C状态
1	场所	指良好的作业环境。如场所中工作面积、通道、加工方法、通风设施、安全设施、环境保护（包括温度、光照、噪声、粉尘、人的密度等）都符合规定	指需不断改进的作业环境。如场所环境只能满足生产需要而不能满足人的生理需要，或相反，故应改进，以既满足生产需要，又满足人的生理需要	指应消除或彻底改进的环境。如场所环境既不能满足生产需要，又不能满足人的生理需要
2	人	指劳动者本身的心理、生理、情绪均处在高昂、充沛、旺盛的状	指需要改进的状态。人的心理、生理、情绪、技术四要素，部分出现	指不允许出现的状态。人的四要素均处于低潮，或某些

序号	要素	A状态	B状态	C状态
2	人	态；技术水平熟练，能高质量地连续作业	了波动和低潮状态	要素如身体、技术居于极低潮等
3	物	指正在被使用的状态。如正在使用的设备、工具、加工工件，以及妥善、规范放置，处于随时随手可取、可用状态的坯料、零件、工具等	指寻找状态。如现场混乱，库房不整，需用的东西要浪费时间逐一去找的物品的状态	指与生产和工作无关，但处于生产现场的物品状态。即需要清理，应放弃的状态
4	人、物、场所的结合	三要素均处于良好的、和谐的、紧密结合的、有利于连续作业的状态，即良好状态	三要素在配置、结合程度上还有待进一步改进，还未能充分发挥各要素的潜力，或者部分要素处于不良状态等，也称为需改进状态	指要取消或彻底改造的状态。如凡严重影响作业，妨碍作业，不利于现场生产与管理的状态

定置管理的核心就是尽可能减少和不断清除C状态，改进B状态，保持A状态。同时，还要逐步提高和完善A状态。

2.定置管理实施步骤

（1）方法研究。方法研究是定置管理开展的起点，它是对生产现场现有加工方法、机器设备情况、工艺流程等全过程进行详细分析研究，确定其方法在技术水平上的先进性，在经济上的合理性，分析是否需要和可能采取更先进的工艺手段及加工方法，进行改造、更新，从而确定工艺路线与搬运路线，使定置管理达到科学化、规范化和标准化。

（2）分析人、物与场地之间的结合状态。这是开展定置管理的第二个阶段，也是定置管理中最关键的一个环节。定置管理的要求是提倡A状态，改善B状态，改造C状态，以达到提高工作效率和工作质量的目的。

（3）分析物流、信息流。在生产现场中需要定置的物品无论是毛坯、半成品、成品，还是工装、工具、辅具等都是随着生产的进行而按照一定的规律流动着，它们所处的状态也在不断地变化，这种定置物规律的流动性与状态变化，称为物流。

随着物流的变化，生产现场也存在着大量的信息，如表示物品存放地点的路标，表示所取之物的标签，定置管理中表示定置情况的定置图，表示不同状态物品的标牌，为定置摆放物品而画出的特殊区域等，都是生产现场中的信息。随着生产的运行，这些信息也在不断地运动着、变化着，当加工件由B状态转化为A状态时，信息也伴随着物品的流动变化而变化，这就是信息流。通过对物流、信息流的分析，不断掌握加工件的变化规律和信息的连续性，并对不符合标准的物流、信息流进行改正。

（4）设计定置图。现场中所有物品均应绘制在图上。定置图绘制以简明、扼要、完整为要求，物形为大概轮廓，尺寸按比例，相对位置要准确，区域划分清晰鲜明。生产现场暂时没有，但已定置并决定制作的物品，也应在图上标示出来，准备清理的无用之物则不得在图上出现。定置物可用标准信息符号或自定信息符号进行标注，并均在图上加以说明。定置图应按定置管理标准的要求绘制，但应随着定置关系的变化而进行修改。

（5）信息媒介物设计。信息媒介物设计，包括信息符号设计和定置示板图、标牌设计。在推行定置管理，进行工艺研究、各类物品停放布置、场所区域划分时，都需要运用各种信息符号表示，以便人们形象地、直观地分析问题和实现目视管理，企业应根据实际情况设计和应用有关信息符号，并纳入定置管理标准。

（6）定置实施。定置实施必须做到：有图必有物，有物必有区，有区必挂牌，有牌必分类；按图定置，按类存放，账（图）物一致。定置实施是定置管理工作的重点。

学习小札

学习心得

学习回顾

通过本章的学习，我有哪些收获？

1.＿＿＿＿＿＿＿＿＿＿＿＿＿＿＿＿＿＿＿＿＿＿＿
2.＿＿＿＿＿＿＿＿＿＿＿＿＿＿＿＿＿＿＿＿＿＿＿
3.＿＿＿＿＿＿＿＿＿＿＿＿＿＿＿＿＿＿＿＿＿＿＿
4.＿＿＿＿＿＿＿＿＿＿＿＿＿＿＿＿＿＿＿＿＿＿＿
5.＿＿＿＿＿＿＿＿＿＿＿＿＿＿＿＿＿＿＿＿＿＿＿

自我反思

我还有哪些不足？

1.＿＿＿＿＿＿＿＿＿＿＿＿＿＿＿＿＿＿＿＿＿＿＿
2.＿＿＿＿＿＿＿＿＿＿＿＿＿＿＿＿＿＿＿＿＿＿＿
3.＿＿＿＿＿＿＿＿＿＿＿＿＿＿＿＿＿＿＿＿＿＿＿
4.＿＿＿＿＿＿＿＿＿＿＿＿＿＿＿＿＿＿＿＿＿＿＿
5.＿＿＿＿＿＿＿＿＿＿＿＿＿＿＿＿＿＿＿＿＿＿＿

行动计划

我要做好以下几个方面的工作，把精益管理的概念与工具融入到公司的精益生产管理中。

1.＿＿＿＿＿＿＿＿＿＿＿＿＿＿＿＿＿＿＿＿＿＿＿
2.＿＿＿＿＿＿＿＿＿＿＿＿＿＿＿＿＿＿＿＿＿＿＿
3.＿＿＿＿＿＿＿＿＿＿＿＿＿＿＿＿＿＿＿＿＿＿＿
4.＿＿＿＿＿＿＿＿＿＿＿＿＿＿＿＿＿＿＿＿＿＿＿
5.＿＿＿＿＿＿＿＿＿＿＿＿＿＿＿＿＿＿＿＿＿＿＿

第二部分

精益生产管理的实施

第三章　精益生产之计划管理

情景导入

　　杨老师："前面的几节课，我们主要讲了精益生产的基础知识，必备的概念和常用的工具。那么，从这节课开始，我们就要把这些基础知识融入到生产实践中了。"

　　小张："前几节课我们打好了地基，这节课开始盖房子了。"

　　杨老师："比喻得非常好。不管学多少理论知识，我们都要应用到实践中才算是学以致用。那么，这节课我们讲精益生产管理的计划管理。"

　　小张："生产计划也能精益化吗？我觉得不用讲啊，生产计划我们都会做，而且生产计划都是根据客户订单，物料采购交期，生产实际情况等安排的，这样还能再改善优化吗？"

　　杨老师："是的，我相信大家都是最优秀的员工，做生产计划一定都不在话下，但是请大家想一下，自己做到最好了吗？"

　　小张："没有。有时候我觉得一个订单可以有更好的安排，但是物料不能按照这个最好的时间到，或者有时最好在某个时间生产，但是生产线空不出来。"

　　杨老师："是的，大家都知道，生产计划要考虑很多方面的问题，有时候考虑多了，'问题'就多了，这个问题是我们在生产中不想看到的。那么，我们如何避免这些问题产生呢，就需要在做计划时协调好相关的各部门，这样才能减少浪费，比如时间的浪费、物料等待生产时储存管理的浪费、仓库位置的浪费等。"

　　小王："听您讲了这些，真是为我刚才的想法感到惭愧。我的确还有很多不足，还需要不断学习，提高自己。"

　　杨老师："有不足不怕，及时改进就好了，我们这次培训就是要找到工作中的不足来改进，也是我们互相学习、互相提高的过程。好啦，我们开始上课吧。"

第一节　生产计划的制订

　　生产计划是对于与生产相关的活动所进行的事前的准备、设计与安排，比如时间上的，如日程的编排；空间上的，如场地规划；资源上的，如物料的配置等。

一、生产计划的认知

1.生产计划的含义

　　生产计划简单地说，就是"什么时候在哪个单位，由谁做什么，做多少"的作业计划。其包含两方面内容，如图3-1所示。

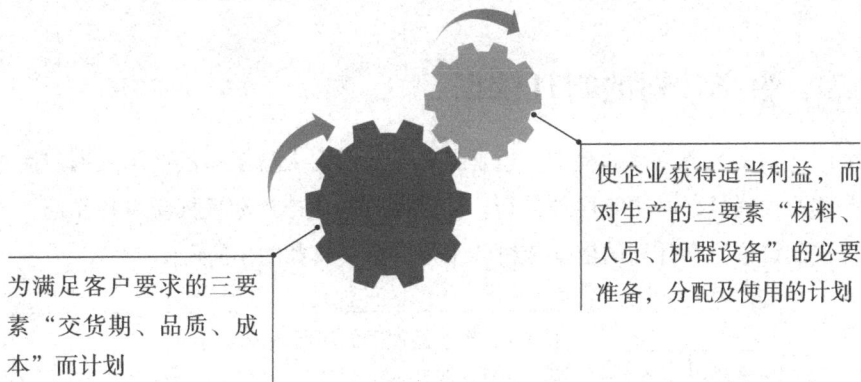

为满足客户要求的三要素"交货期、品质、成本"而计划

使企业获得适当利益，而对生产的三要素"材料、人员、机器设备"的必要准备，分配及使用的计划

图3-1　生产计划的含义

2.生产计划的种类

　　生产计划按时间不同分为长期计划、中期计划、短期计划。因生产类型的不同，各计划的重点也有一定的区别，具体如图3-2所示。

53

通常是一年或更长时间的生产预定计划，预定每月生产的品种与生产量的计划。因销售的变更、调整、多少会有不正确的地方 — 由经营者或高层主管制订

通常是每月或3~6个月的计划，决定每月生产产品的种类、数量。在中期计划里生产数量及交货日期已确定，同时开工日期、物料需求也基本确定 — 由主管部门主管制订

短期计划是依据中期计划展开的，是将具体生产任务分配给作业场所、作业者，并规定开工与完工日期的计划。计划中应明确谁做、做多少的量、何时开始、何时完成、使用什么机器。短期计划的执行主体是基层作业单位/作业者 — 由制造单位主管制订

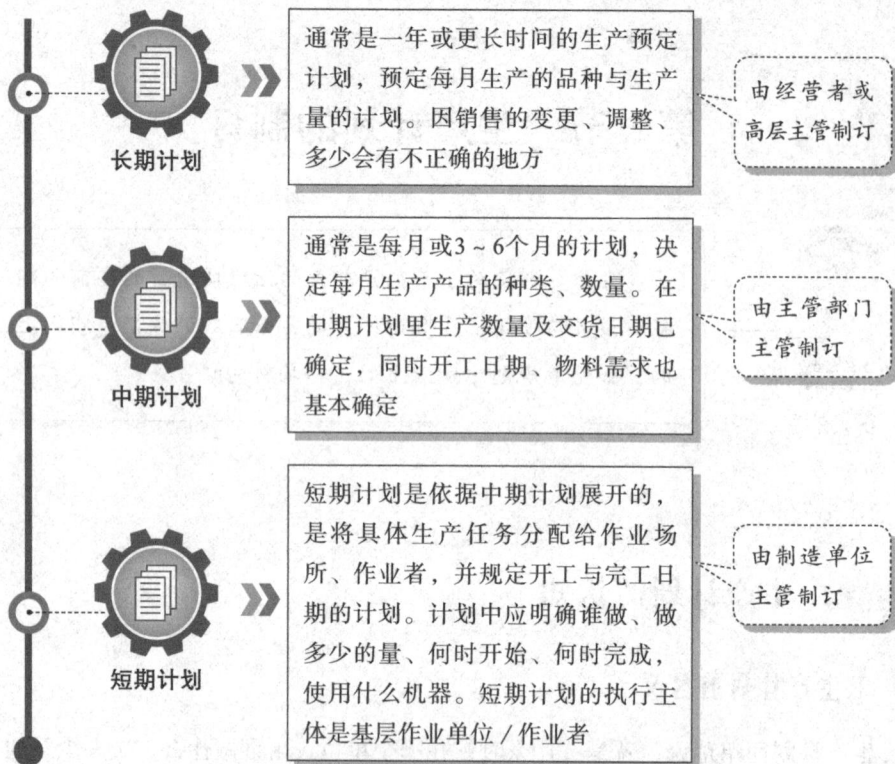

图3-2　生产计划的区别

二、生产计划的制订依据

生产计划是生产活动的基础，也是各相关部门、人员工作活动的依据。而这些活动是相互关联的，必须有序地进行。要让制订的生产计划发挥应有的作用，就必须有好的制订依据。计划的依据依机能来划分，具体如图3-3所示。

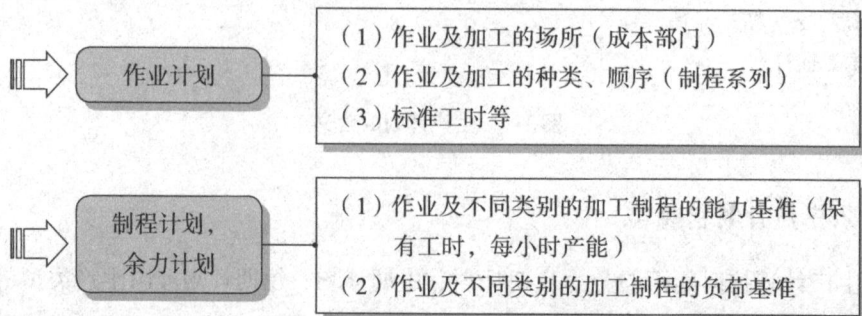

作业计划
（1）作业及加工的场所（成本部门）
（2）作业及加工的种类、顺序（制程系列）
（3）标准工时等

制程计划，余力计划
（1）作业及不同类别的加工制程的能力基准（保有工时，每小时产能）
（2）作业及不同类别的加工制程的负荷基准

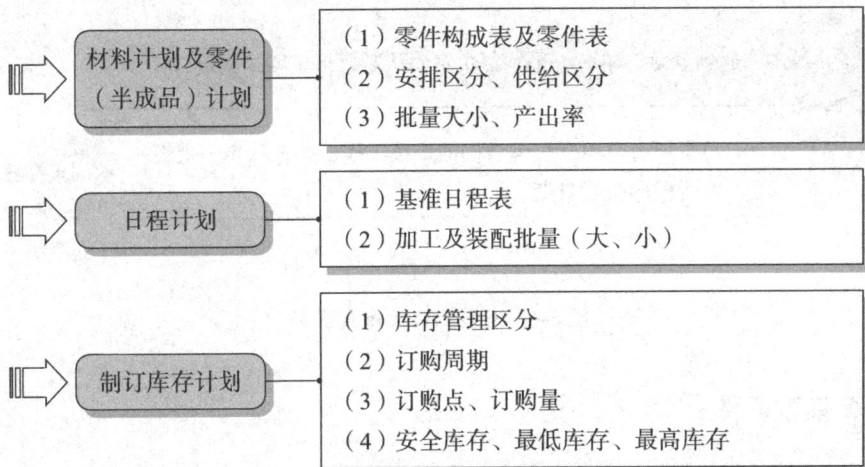

图3-3 生产计划制订依据

三、计划前订单审查

对于许多依据订单生产的企业来说，在将订单转化为具体的生产计划之前，所有的订单都必须经过审查，以确认是否具有生产和按时交货的能力。

1.审查职责

企业的订单审查是几个部门共同完成的，如图3-4所示，通常是由生产部门主导，其他部门协助来完成。因此，在接到销售部的订单时，生产经理要仔细审查，不要轻易签字。

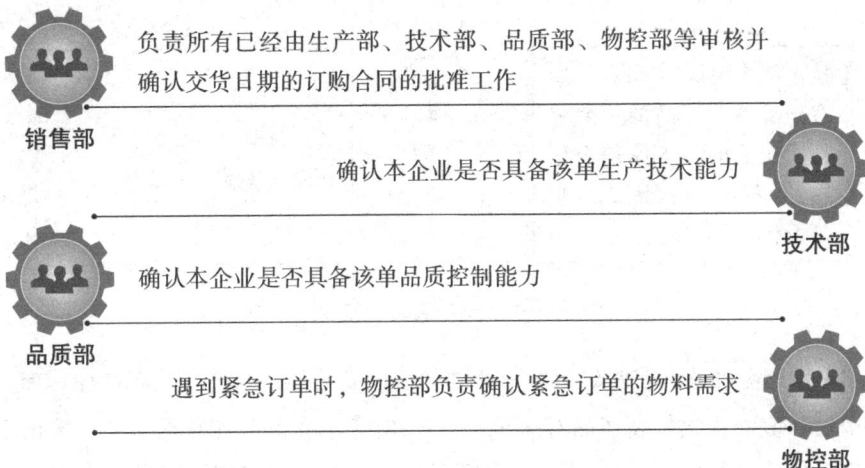

图3-4

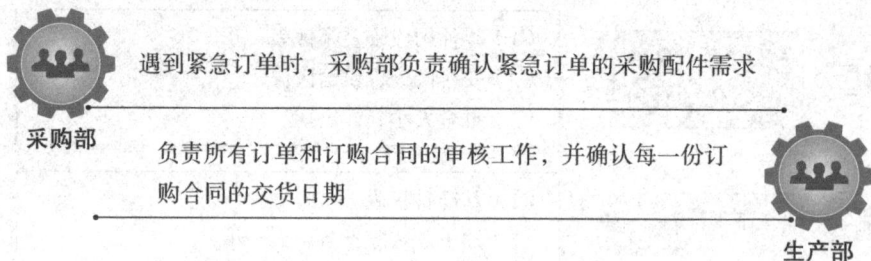

遇到紧急订单时，采购部负责确认紧急订单的采购配件需求

采购部

负责所有订单和订购合同的审核工作，并确认每一份订购合同的交货日期

生产部

图3-4　各部门订单审查职责

2.审查事项

在接到销售部提供的正式订单后，审查订单客户要求，如果交货期、质量、技术水平和BOM（Bill of material）表、包装方式等相关数据无误，则可签名确认。

（1）交货期确认。客户发来订单，订单上已经标明交货日期，接下来生产经理则要确认其交货期内是否可以完成订单。以下是常用的交期计算公式：

$$交货期＝原料采购时间（外协）＋生产制造时间＋运送与物流时间$$
$$＋验收和检查时间＋其他预留时间$$

（2）质量确认。质量由品质部来确认。其确认点为企业是否可以达到客户所要求的质量标准，如螺纹精度、气压水平、流量是否超过企业的正常发挥水平。如果超过了企业的质量控制水平，则应该拒绝签字。

（3）技术确认。技术确认通常由生产部和技术部联合进行，其具体确认内容如图3-5所示。

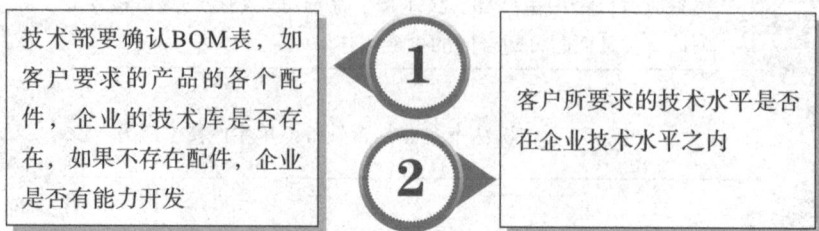

技术部要确认BOM表，如客户要求的产品的各个配件，企业的技术库是否存在，如果不存在配件，企业是否有能力开发

客户所要求的技术水平是否在企业技术水平之内

图3-5　技术确认的内容

（4）新产品确认。有时候，客户所要求的产品可能是新产品。生产部管理员接到订单后，应确认此款新产品有无编号、BOM等书面及系统数据。如果数据不完整，生产部管理员则应及时通知生产经理与技术部、销售部。通常会出现两种情

况，如图3-6所示。

| 物料配件具备，没有整合，则技术部应马上整合产品，并进行物料编号 | 两种情况 | 技术条件达不到，则告知销售部延期或者取消订单 |

图3-6　新产品确认的两种情况

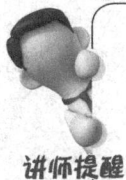

讲师提醒

　　针对紧急订单，生产经理必须要求下属计划员查询订单所需物料状况，如果无法满足交货期，应及时与销售部协商，直至定出双方可以接受的交期为止。

（5）包装确认。一般来说，包装是由客户提供的。所以在接单后，生产经理要督促销售部，最好在3天内催促业务员提供包装设计单，7天内提供客户注意事项，以交生产部设计包装样式。

四、生产计划制订步骤

制订详细、准确的生产计划是保证生产交货期和提高生产效率的前提条件。现场管理者要结合生产的实际规模、订单的多少合理安排生产计划。生产计划的制订主要分为三个步骤，如图3-7所示。

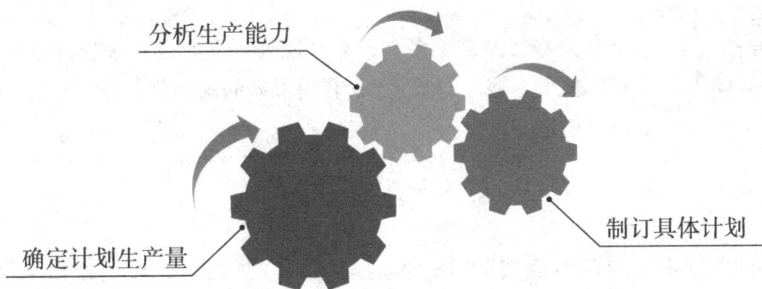

图3-7　生产计划制订步骤

1.确定计划生产量

生产计划量可按以下公式计算：

生产计划量＝期间销售计划量+期末产品库存计划量+期初产品库存量

式中，期间销售计划量是以市场需求预测为基础，由销售部门考虑相关因素所计划的量。

期末产品库存量是为防备下期的需要，而预先准备所决定的量。

期初产品库存量是在该期间之前，已经存在的库存量。

2.分析生产能力

在拟定计划前，必须对生产能力进行分析，以确定具体的人力、物力分配。

（1）分析内容。生产能力分析的内容如图3-8所示。

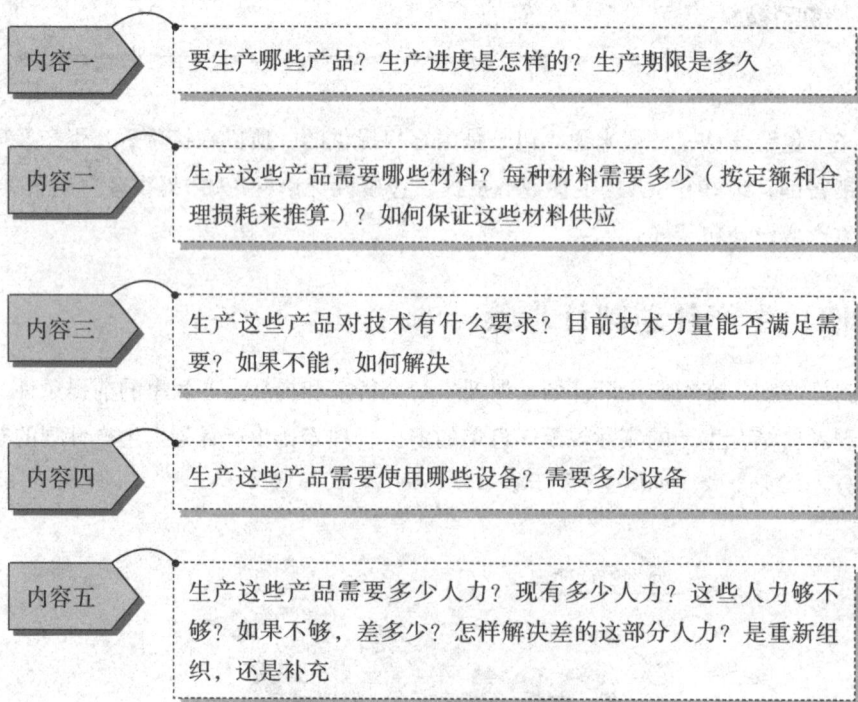

内容一	要生产哪些产品？生产进度是怎样的？生产期限是多久
内容二	生产这些产品需要哪些材料？每种材料需要多少（按定额和合理损耗来推算）？如何保证这些材料供应
内容三	生产这些产品对技术有什么要求？目前技术力量能否满足需要？如果不能，如何解决
内容四	生产这些产品需要使用哪些设备？需要多少设备
内容五	生产这些产品需要多少人力？现有多少人力？这些人力够不够？如果不够，差多少？怎样解决差的这部分人力？是重新组织，还是补充

图3-8　生产能力分析的内容

（2）技术分析。对技术能力的分析可通过编制一些表格、设定栏目来进行，如表3-1所示。

表3-1　技术能力分析表

产品名称	工序	各工序技术要求		现有技术力量		技术差距		解决方法
		人数	水平	人数	水平	人数	水平	
合计			—		—		—	

（3）人力负荷分析。技术人员在上述"技术能力分析表"中已经解决，注意此处仅分析作业人员。

依据生产计划，针对各种产品的数量和作业标准时间，计算出生产每种产品所需的人力，再将各种产品所需人力加起来。

比较现有人力与实际需要人力，求出差额。具体可通过人力需求计算表进行计算，如表3-2所示。

表3-2　人力需求计算表

项目＼产品名称						合计
①标准工时						
②计划产量						
③标准总工时						
④每人每月工时						
⑤人员宽裕率						
⑥所需人数						

注：③＝②×①

④＝每人每天工作时数×每人每月工作天数

⑤表示必要的机动人数，以备缺员时可以调剂，一般可定为10%～15%

⑥＝③÷④×（1＋⑤）

对于计算出的结果，如果人员需求大于或等于现有人力，则可以按计划生产。如果人手不够，则应申请补充人员或调整负荷（安排加班）。

（4）设备负荷分析。人员的数量做好了计划，还必须考虑到机器设备是否能保证生产要求。所以还需对设备负荷进行分析，具体步骤如图3-9所示。

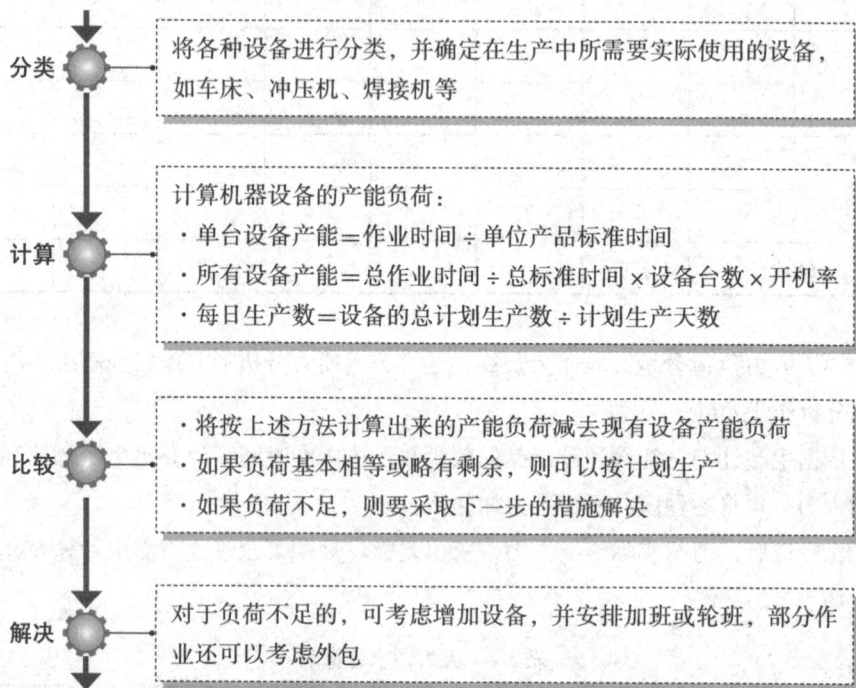

分类 将各种设备进行分类，并确定在生产中所需要实际使用的设备，如车床、冲压机、焊接机等

计算 计算机器设备的产能负荷：
·单台设备产能=作业时间÷单位产品标准时间
·所有设备产能=总作业时间÷总标准时间×设备台数×开机率
·每日生产数=设备的总计划生产数÷计划生产天数

比较
·将按上述方法计算出来的产能负荷减去现有设备产能负荷
·如果负荷基本相等或略有剩余，则可以按计划生产
·如果负荷不足，则要采取下一步的措施解决

解决 对于负荷不足的，可考虑增加设备，并安排加班或轮班，部分作业还可以考虑外包

图3-9　设备负荷分析的步骤

3.制订具体计划

在进行相关的人力、设备负荷分析后，就要着手制订具体的计划。根据时间的长短，应分别制作月、周生产计划。日生产计划可由各班组长根据周生产计划制订。

（1）月度生产计划。月度生产计划是根据月度销售计划或者月度的生产交期排程计划来制订，如表3-3所示。在制订计划时，必须注意要按时间先后排列，并将同类型产品集中，对于重点客户优先考虑。

表3-3　月度生产计划表

制程名称：　　　　　　　　　　　　　　　　月份：

序号	制令号	客户	产品	生产批量	1	2	3	4	5	6	7	8	…	31

（2）周生产计划。周生产计划根据月度计划而制订，对每周的生产任务做好计划，计划的格式如表3-4所示。

表3-4　周生产计划

月份：

序号	生产批次	指令单号	品名	计划生产数	计划日程（星期）							备注
					一	二	三	四	五	六	日	

学习小札

第二节　生产计划的执行

制订了生产计划之后就要执行计划。计划执行的过程中会遇到一些问题，比如生产计划的变更，插单与急单等，计划执行过程中要做好这些问题的协调工作。

一、生产计划的落实

生产计划制订完毕后，要及时落实。

1.召开生产工作会议

企业生产计划制订完毕后可以立即召集生产工作会，由生产计划员汇报生产计划情况，相关主管人员则要布置下一阶段的生产任务。

生产工作会议的内容如图3-10所示。

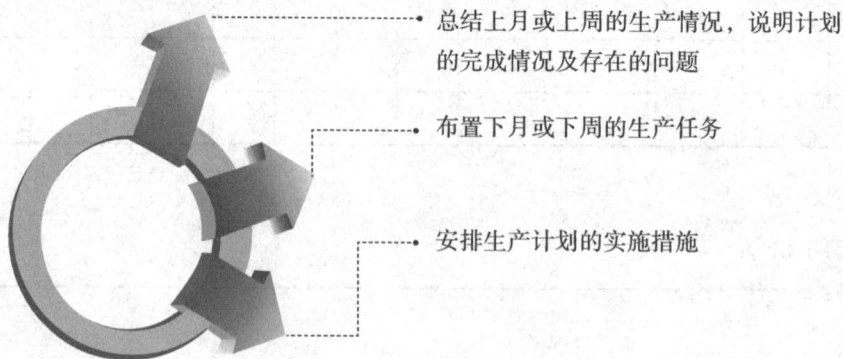

- 总结上月或上周的生产情况，说明计划的完成情况及存在的问题
- 布置下月或下周的生产任务
- 安排生产计划的实施措施

图3-10　生产工作会议的内容

2.安排生产任务

生产计划确定以后，企业就要着手安排具体的工作任务，将生产计划付诸实施。

（1）制作具体排程。根据已确定的生产计划，具体可采用如表3-5所示的形式进行安排。

表3-5　生产计划安排表

编号：　　　　　　　　　　　　　　　　　　　　　　　　月份：

生产项目	生产数量	起止日期		生产线1			生产线2			生产线3			备注
		自	至	人力需求	物料需求	起止日期	人力需求	物料需求	起止日期	人力需求	物料需求	起止日期	

（2）发放生产任务单。生产任务单由生产计划员制定，生产经理确认签字后交由生产统计员发放。生产任务单一般要包含产品名称、生产完工数量、质量要求等内容，其格式如表3-6所示。

表3-6　生产任务单

指令部门：　　　　　　　　　　　　　　　　　　　指令日期：
制造部门：　　　　　　　　　　　　　　　　　　　指令单编号：

制单编号		品　名		数　量	
客　户		原订单编号		交货期	
投产日期		完成日期		实际完成日期	
用料分析					
材料名称					
领用量					
品质检验					

说明：本单一式六联。第一联是备料单，此联交给物料库准备材料；第二联是领料单，用此联向物料库领料；第三联是品检单，产品完成移入下道工序前由品检做检验，合格品盖章（含第四、第五、第六联）；第四联是入库单（或交接单），依此联入库或工序之间交接；第五联是生产管理联，此联用于产品入库或交接后通知生产管理人员，作为进度完成依据；第六联是制造命令单，此联为制造部门存档。

生产任务单必须在投产日期前发放，且发放到与生产相关的车间、品质部、物控部、仓储部等。

二、生产计划的协调

制订的生产计划再周密也会有疏漏的地方，再加上生产中有许多变化因素，如果不及时进行协调，妥善处理问题，就会影响正常的交货期。

1.协调月生产计划与月出货计划

由于物料、人力、机器等各种原因，月生产计划与月出货计划往往不可能完全一致。为确保生产的按时进行，并符合客户的要求，二者应从图3-11所示几方面进行协调。

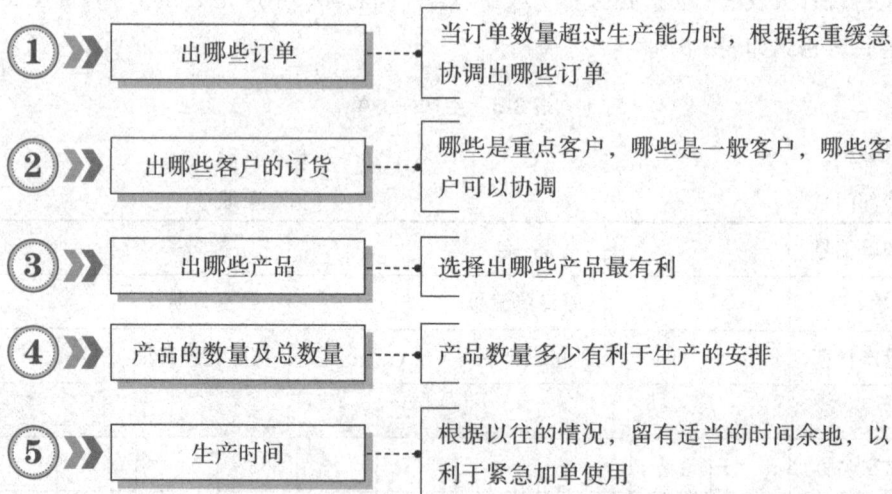

①	出哪些订单	当订单数量超过生产能力时，根据轻重缓急协调出哪些订单
②	出哪些客户的订货	哪些是重点客户，哪些是一般客户，哪些客户可以协调
③	出哪些产品	选择出哪些产品最有利
④	产品的数量及总数量	产品数量多少有利于生产的安排
⑤	生产时间	根据以往的情况，留有适当的时间余地，以利于紧急加单使用

图3-11 协调月生产计划与月出货计划的内容

2.协调周生产计划与月出货计划

周生产计划是生产的具体执行计划，其准确性应非常高，否则，无充裕的时间进行修正和调整。周生产计划应在月生产计划和周出货计划基础上进行充分协调，应考虑到图3-12所示因素。

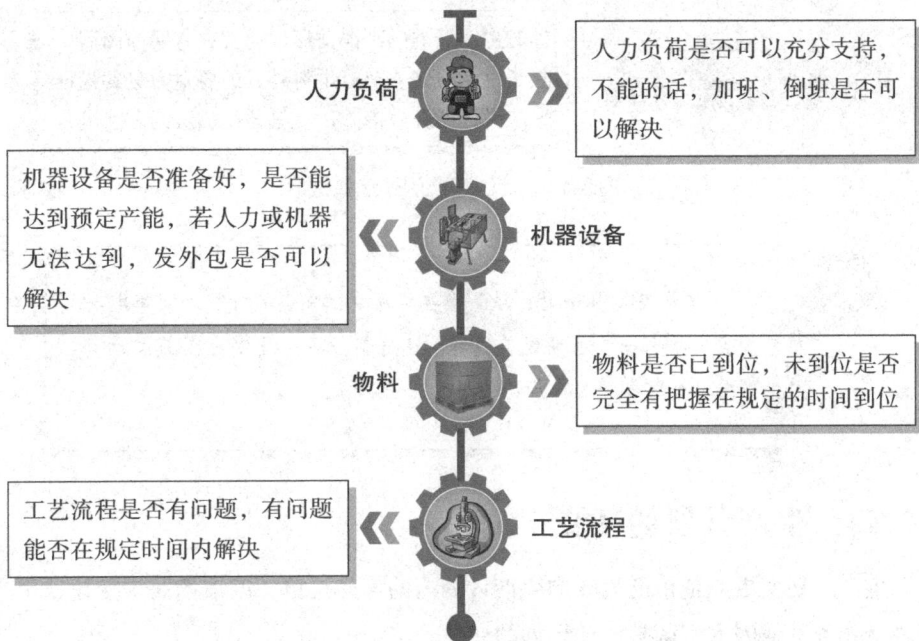

图 3-12　协调周生产计划与月出货计划

三、计划延误的处理

由于出现急单、物料供应落后、机器故障等情形，经常导致现场的计划出现延误。计划如果有延误的征兆，交货期就会受到影响。所以企业的现场主管必须掌握现场的具体生产情形，并及时补救。计划延误的处理包括三方面的内容，如图 3-13所示。

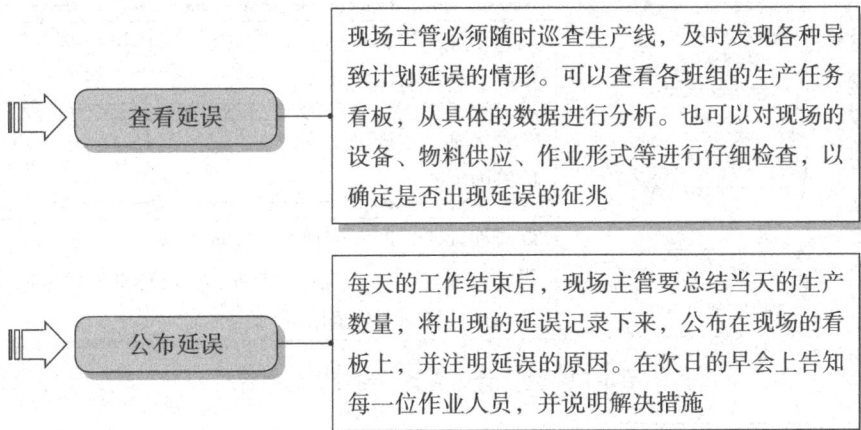

查看延误	现场主管必须随时巡查生产线，及时发现各种导致计划延误的情形。可以查看各班组的生产任务看板，从具体的数据进行分析。也可以对现场的设备、物料供应、作业形式等进行仔细检查，以确定是否出现延误的征兆
公布延误	每天的工作结束后，现场主管要总结当天的生产数量，将出现的延误记录下来，公布在现场的看板上，并注明延误的原因。在次日的早会上告知每一位作业人员，并说明解决措施

图 3-13

采取补救措施 → 针对生产计划的延误情形，通常在查明原因后，除了设备检修、及时供料外，还要对数量的延误采取具体的补救措施，一般通过加班的方法进行

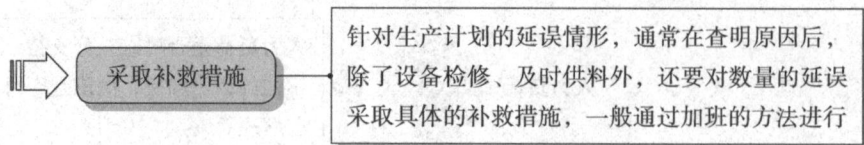

图3-13　计划延误的处理措施

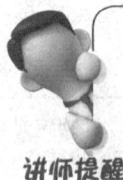

讲师提醒

　　在安排加班时，尽量不要将所有的任务累计起来而集中到某一休息日（星期天）进行，最好将任务平均安排在工作时间内，可以每天安排加1～2小时的班。

四、生产计划的变更

　　生产计划变更，是指已列入周生产计划内的生产订单，因市场需求变化、生产条件变化或其他因素需调整生产计划的变更。

1.生产计划变更标准

　　生产计划变更控制包括生产计划的制订指标标准、内容标准、编制标准、安排标准和实施标准等内容，具体如图3-14所示。

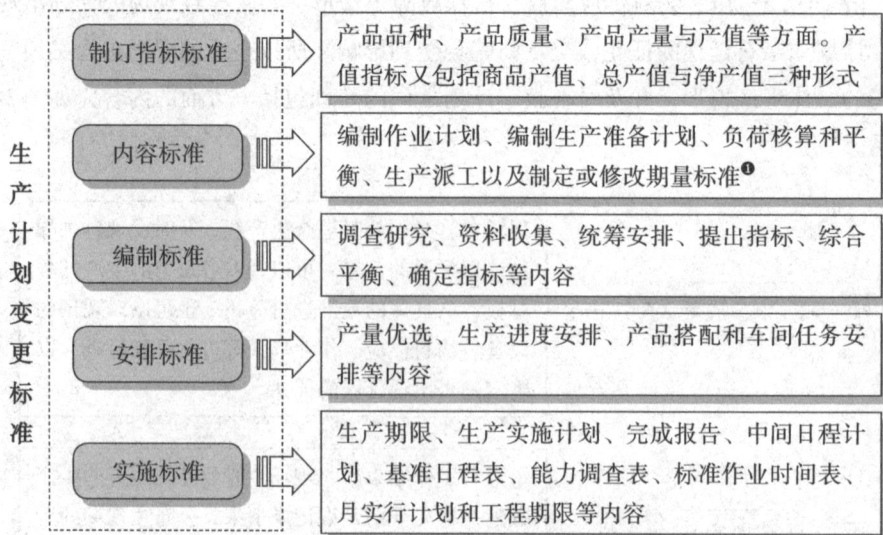

生产计划变更标准

制订指标标准 → 产品品种、产品质量、产品产量与产值等方面。产值指标又包括商品产值、总产值与净产值三种形式

内容标准 → 编制作业计划、编制生产准备计划、负荷核算和平衡、生产派工以及制定或修改期量标准❶

编制标准 → 调查研究、资料收集、统筹安排、提出指标、综合平衡、确定指标等内容

安排标准 → 产量优选、生产进度安排、产品搭配和车间任务安排等内容

实施标准 → 生产期限、生产实施计划、完成报告、中间日程计划、基准日程表、能力调查表、标准作业时间表、月实行计划和工程期限等内容

图3-14　生产计划变更控制标准的内容

❶ 量期标准包括生产节拍、标准指示图表和制品定额等。

2.生产计划变更时机

一般生产计划变更时机，主要有几种情况，如图3-15所示。

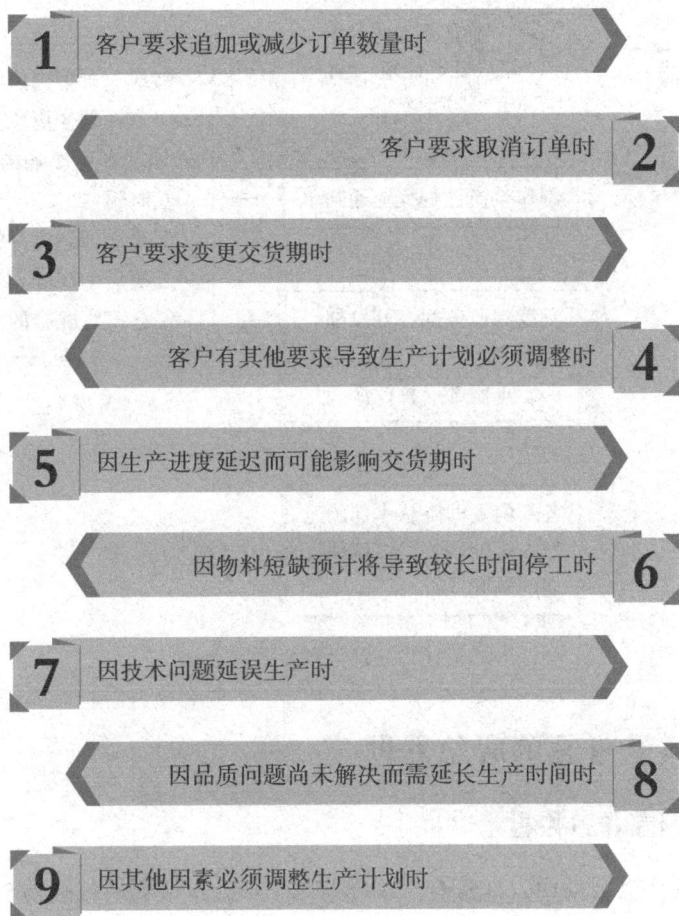

1	客户要求追加或减少订单数量时

	客户要求取消订单时	2

3	客户要求变更交货期时

	客户有其他要求导致生产计划必须调整时	4

5	因生产进度延迟而可能影响交货期时

	因物料短缺预计将导致较长时间停工时	6

7	因技术问题延误生产时

	因品质问题尚未解决而需延长生产时间时	8

9	因其他因素必须调整生产计划时

图3-15　生产计划变更的时机

3.生产计划变更流程

在生产计划的执行过程中，外部市场需求与内部生产能力可能发生变化。因此必须通过零售商、批发商和成品库将市场信息及时传递到生产部门。此时的生产量与市场需求不再一致，需要根据新的市场信息和当前库存修改和调整生产计划，以避免由于信息延误造成生产量波动。生产计划变更流程如图3-16所示。

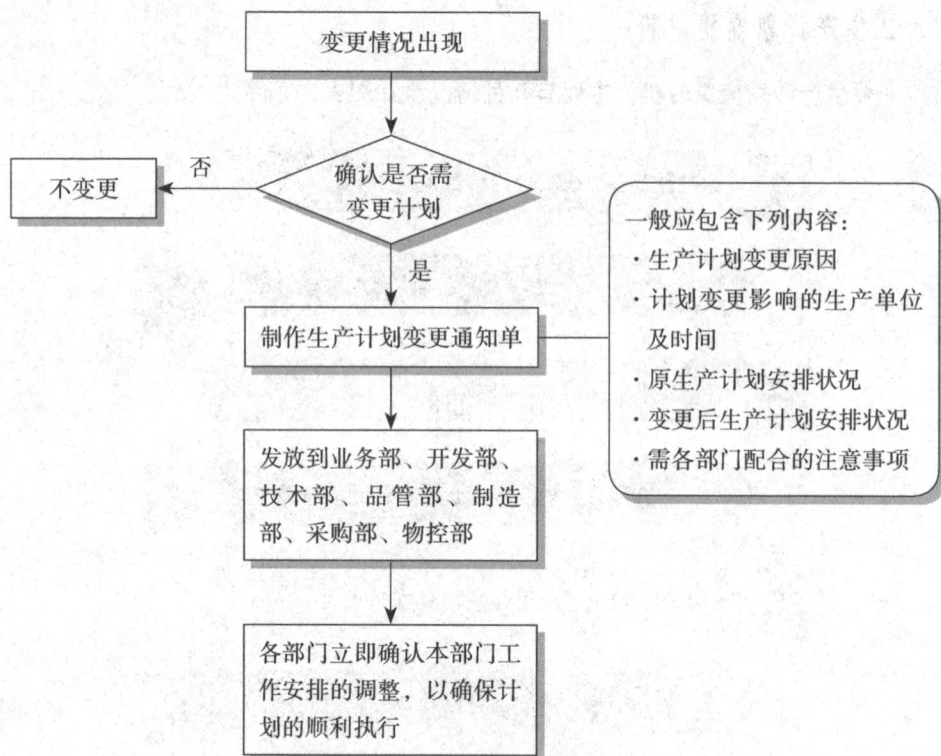

图3-16　生产计划变更流程

五、插单与急单应急处理

1.插单与急单的原因

在具体的生产活动中，常常会出现插单与急单，这很容易打乱整个生产计划，严重影响整体生产进度。

插单与急单的出现，业务部和生产部都有原因，如图3-17所示。

业务部　采用提成、奖励、业绩与工资挂钩的方式进行业务员管理，会造成业务员不考虑企业生产能力及订单难度而逢单必接，甚至主动给客户许诺不切实际的交货期

生产部　在总体配置上存在不合理现象，生产能力设计不足；缺少预留生产空间；生产系统的应变能力差等

图3-17　插单与急单出现的原因

2.插单与急单处理方法

插单与急单的处理方法如图3-18所示。

01　首先向客户及业务部门解释和通报生产状况，力争取得谅解

02　对于必须接下的急单（如大单、重要客户订单），要及时与物控部、采购部就物料供应问题达成一致，以保证物料供应及时

03　应组织所属各车间、班组开会讨论，进行生产动员，鼓舞士气

04　组织有关人员详细规划生产细节，有条不紊

05　主动与物控、采购、品管、工艺等部门沟通，取得配合

06　进行必要的人员、设备、场地、工具调整

07　进行工艺指导和员工技术培训

08　及时进行工作时间的调整，正确使用加班，适时采用轮班制

09　认真进行总体工作分析，并通过优化生产组合与计划组合，发现剩余生产空间

10　合理进行设备、材料、人员的再分配，以达到最佳效果

11　对于本车间、班组无法解决的困难，要及时上报取得支持

12　加强人员重组与调动的管理，掌握工作主动权

13　有效地使用奖罚手段，强化执行力度

图3-18　插单与急单的处理方法

学习小札

学习心得

学习回顾

通过本章的学习，我有哪些收获？

1.＿＿＿＿＿＿＿＿＿＿＿＿＿＿＿＿＿＿＿＿＿＿＿

2.＿＿＿＿＿＿＿＿＿＿＿＿＿＿＿＿＿＿＿＿＿＿＿

3.＿＿＿＿＿＿＿＿＿＿＿＿＿＿＿＿＿＿＿＿＿＿＿

4.＿＿＿＿＿＿＿＿＿＿＿＿＿＿＿＿＿＿＿＿＿＿＿

5.＿＿＿＿＿＿＿＿＿＿＿＿＿＿＿＿＿＿＿＿＿＿＿

自我反思

我还有哪些不足？

1.＿＿＿＿＿＿＿＿＿＿＿＿＿＿＿＿＿＿＿＿＿＿＿

2.＿＿＿＿＿＿＿＿＿＿＿＿＿＿＿＿＿＿＿＿＿＿＿

3.＿＿＿＿＿＿＿＿＿＿＿＿＿＿＿＿＿＿＿＿＿＿＿

4.＿＿＿＿＿＿＿＿＿＿＿＿＿＿＿＿＿＿＿＿＿＿＿

5.＿＿＿＿＿＿＿＿＿＿＿＿＿＿＿＿＿＿＿＿＿＿＿

行动计划

我要做好以下几个方面的工作，来实现公司的精益计划管理。

1.＿＿＿＿＿＿＿＿＿＿＿＿＿＿＿＿＿＿＿＿＿＿＿

2.＿＿＿＿＿＿＿＿＿＿＿＿＿＿＿＿＿＿＿＿＿＿＿

3.＿＿＿＿＿＿＿＿＿＿＿＿＿＿＿＿＿＿＿＿＿＿＿

4.＿＿＿＿＿＿＿＿＿＿＿＿＿＿＿＿＿＿＿＿＿＿＿

5.＿＿＿＿＿＿＿＿＿＿＿＿＿＿＿＿＿＿＿＿＿＿＿

第四章 精益生产之生产控制

杨老师："大家好。上节课我们已经做好了生产计划，那么大家说这节课学什么呢？"

"生产。"学员们异口同声。

杨老师："说得对，我们这节课就来学习如何做好生产控制。大家觉得生产控制里最难的是什么呢？"

小刘："我觉得交货期的控制比较难。"

这时，台下的学员也纷纷点头表示同意。

杨老师："看来大家都觉得交货期控制比较难了。"

小刘："我们也不想耽误交货期，可是生产现场不可控因素真是太多了，有的甚至是让人措手不及。"

杨老师："是不是也曾经因为交货期延误，遭到客户的投诉，最后挨了领导一顿批。"

小刘："当然有了，现在想想其实有些问题也不是不可避免的，只是当时一个没注意就把问题忽略了。"

杨老师："所以说，交货期其实是可以得到保障的，关键在于我们是否用心地在做。"

小刘："是的，我以后的工作还要更用心啊。"

杨老师："你有这个想法就是好的，还希望以后你能再接再厉。"

小刘不好意思地摸摸头。

杨老师："我相信，关于生产控制，一定不只是交货期一方面的问题，这节课我们就全面讲讲生产控制，希望大家上完这节课都能做得更好。"

第一节　生产现场管理

讲师的话

> 　　现场管理就是指用科学的管理制度、标准和方法对生产现场各生产要素，包括人、机、料、法（加工、检测方法）、环（环境）、信（信息）等进行合理有效的计划、组织、协调、控制和检测，使其处于良好的结合状态，达到优质、高效、低耗、均衡、安全、文明生产的目的。

一、现场派工

　　派工是精益生产的一个重要步骤。企业生产派工，由于车间、工段的生产类型不同，因而有不同的方式，通常派工包括标准派工法、定期派工法和临时派工法三种。

1.标准派工法

　　（1）适用范围。在大量生产的工段、班组里，每一个车间和每一位员工执行的工序比较少，而且是固定重复的。在这种情况下，生产派工可以通过编制标准计划的方式来实现。

　　（2）标准计划。标准计划，又称标准指标图表，它是把制品在各个车间上加工的次序、期限和数量等全部制成标准，并固定下来。这实际上就是把派工工作标准化了。

　　有了它，现场主管人员就可指导各车间的日常生产活动，而不必再经常地分派生产任务。当月产量任务有调整时，派工的任务主要是对每日产量任务做适当的调整。

2.定期派工法

这种方法适用于成批生产和比较稳定的单件小批生产车间，以便在较短的时期内（旬、周、五日等）定期地为每个车间分派工作任务。定期派工法应注意的三个要点如图4-1所示。

1 在派工时，现场主管人员要保证重点，分清轻重缓急

2 既要保证关键零件的加工进度，又要注意关键设备的充分负荷

3 工作的分派要注意适合设备的特点以及操作员工的技术特长

图4-1　定期派工法注意要点

3.临时派工法

这种方法适用于单件小批量生产的车间。在这类车间里，车间担负的制品和工序很杂，干扰因素很多，定期地安排计划的派工方式，不仅工作量很大，而且难以切合实际。因而，一般采用临时派工法。

这种方法的特点是根据生产任务和准备工作的情况及各车间的负荷情况，随时把任务下达给车间。现场主管人员采用临时派工法时，要随时了解各个车间的任务分配情况、准备情况和工作进度。派工应当使用生产派工单，如表4-1所示。

表4-1　生产派工单

时间：

订单号		产品名称	
派工数量		规格	
生产要求：			
品质要求：			

二、调遣多能工

多能工是指掌握了两项以上操作技能的人员，俗称多面手。因为这些人员在生产作业中可以被灵活地调遣，所以，他们通常是班组长的宝贵资源，也是精益生产的具体实施者。

灵活调遣多能工要点如图4-2所示。

01	建立多能工岗位表（如表4-2所示），以便掌握本班组多能工的情况，方便在缺人的时候灵活安排
02	定期并有意识地调换多能工的岗位，以确保他们各项技能作业的熟练度
03	尽可能扩大多能范围，让更多的人成为多面手
04	区别多能工的特长和强项，并注意让他们发挥各自的长处
05	在平时工作中多注意观察、挖掘和培养多能工
06	要确保多能工的岗位津贴保持在合理的平衡点。为此，班组长要了解本工厂的多能工薪资管理制度

图4-2　灵活调遣多能工要点

表4-2　多能工岗位表

序号	姓名	充磁吸尘	入铜胶介子	电枢芯组入	电检	外观检查
1	杨××	◇	●	◇	●	☆
2	张××	●	◇	☆	※	●
3	刘××	☆	☆	●	☆	※
4	李××	●	◇	※	☆	◇
5	赵××	☆	☆	◇	※	●
6	王××	※	●	※	◇	◇

序号	姓名	充磁吸尘	入铜胶介子	电枢芯组入	电检	外观检查
7	林××	◇	◇	●	●	※
8	冯××	※	☆	☆	※	●
9	周××	☆	※	●	◇	☆
10	孙××	●	☆	☆	●	※

备注：☆：表示技能优越，可以指导他人。

　　　●：表示技能良好，可以独立作业。

　　　※：表示具有此项作业技能，但不很熟练。

　　　◇：表示欠缺此项作业。

三、弹性配置作业人数

在传统的生产系统中，通常实行"定员制"，即相对于某一组设备，即使生产量减少了，也必须仍然有相同的作业人员才能使这些设备全部运转。但在市场需求多变的今天，生产量的变化是很频繁的，人工费用也越来越高。

因此，对于劳动密集型的产业，通过削减人员来提高生产率、降低成本是一个重要的课题。精益生产就是基于这样的基本思想，打破了"定员制"观念，创出了一种全新的弹性配置作业人数的方法。

弹性配置作业人数具有两个意义，如图4-3所示。

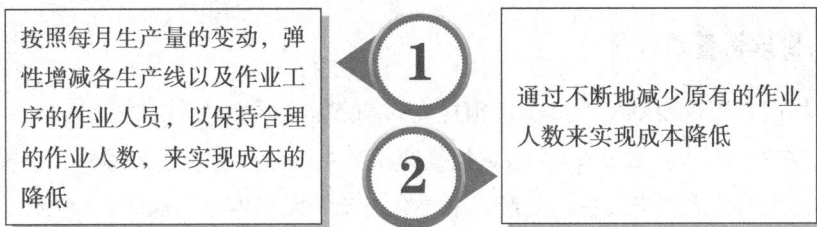

图4-3　弹性配置作业人数的意义

弹性配置作业人员需要多能工的操作人员，而职务定期轮换是培养多能工的有效方法。职务定期轮换的方法包括如表4-3所示的几种。

表4-3 职务定期轮换的方法及说明

序号	名称	详细说明
1	定期调动	（1）指以若干年为周期的工作场所（主要指班或工段）的变动，职务内容、所属关系、人事关系都发生变化，主要以基层管理人员为对象进行调动 （2）对基层管理人员的定期调动计划由车间制订，主要应考虑被调动人员到目前为止的经历，尚未担任过的工作、本人的意愿、对现场工作的影响等几方面的因素。基层管理人员的定期调动主要是为了使他们能在新的人事关系、工作环境中学习未曾掌握的知识和技能，进一步扩大视野，提高管理能力
2	班内定期轮换	（1）根据情况而进行班内职务变动，所属关系、人事关系基本不变，班内定期轮换的主要目的就是为了培养和训练多面手作业人员 （2）班内定期轮换计划由班组长制订。具体做法是将班内所有作业工序分割成若干个作业单位，排出作业轮换训练表，使全体作业人员轮换进行各工序作业，在实际操作中进行教育和训练，最后达到使每个人都能掌握各工序作业的目的
3	岗位定期轮换	以2～4小时为单位的有计划的作业交替。由于作业内容的差异，作业者的疲劳程度是不同的。在长时间作业的情况下，各个作业者之间会出现疲劳程度的差异，由此容易引起一部分工序作业时间的延长或出差错。所以，以2～4小时为单位的岗位定期轮换的另一重要意义是能够避免作业人员因长时间从事同一作业而产生疲劳

四、适时巡查现场

1.现场巡查的内容

现场巡查不仅要抽检产品，还须检查影响产品品质的生产因素（人员、机器、材料、方法、环境、测量）。巡检以抽查产品为主，而对生产线的巡检，以检查影响产品品质的生产因素为主。生产因素的检查包括10点内容，如图4-4所示。

01 ▶ 当操作者有变化时，对人员的教育培训以及评价有无及时实施

02 ▶ 设备、工具、工装、计量器具在日常使用时，相关人员有无定期对其进行检查、校正、保养，各设备是否处于正常状态

03 物料和零部件在工序中的摆放、搬运及拿取方法是否会造成物料受损

04 不良品有无明显标志，是否放置在规定区域

05 工艺文件（作业指导书之类）能否正确指导生产，是否齐全并得到遵守

06 产品的标志和记录能否保证可追溯性

07 生产环境是否满足产品生产的需求，有无产品、物料散落在地面上的情况

08 对生产中的问题，是否采取了改善措施

09 操作者能否胜任工作

10 生产因素变换时（换活、修机、换模、换料）是否按要求通知质检员到场验证等

图4-4　生产因素检查的内容

2.现场巡查方法

（1）使用每日作业实绩表。作业实绩表是对部门、员工每日工作内容的详细记录，是现场品质控制的宝库。通过每日查核作业实绩表，可以有效地掌握现场的工作进度，同时能从作业实绩表中发现工作中存在的品质问题并加以改善。

（2）分时间段巡查。现场管理人员在巡查时必须先确定巡查的内容，并分不同的时间段去巡查，能发现不同的问题，并及时地处理。分时段检查的内容如图4-5所示。

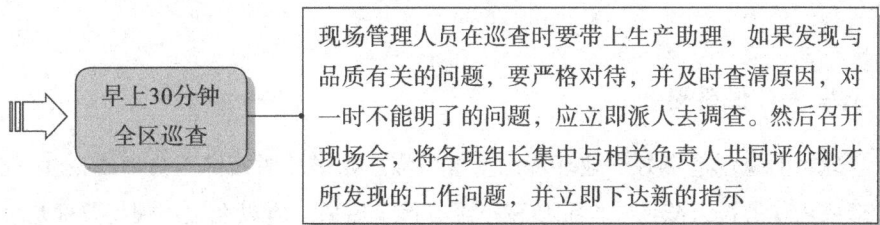

早上30分钟全区巡查 —— 现场管理人员在巡查时要带上生产助理，如果发现与品质有关的问题，要严格对待，并及时查清原因，对一时不能明了的问题，应立即派人去调查。然后召开现场会，将各班组长集中与相关负责人共同评价刚才所发现的工作问题，并立即下达新的指示

图4-5

下班前30分钟巡查

下班前30分钟对现场进行巡查，主要检查：各种机器设备的运行情况；当日的具体生产数量，并了解不良品的相关情况；观察作业人员的健康状态；听取有关工作迟延、制品不良，以及与其他部门之间的纠纷等当日问题点的报告；综合这些问题点，部门之间的问题应亲自联络并及时向员工反馈联络进度

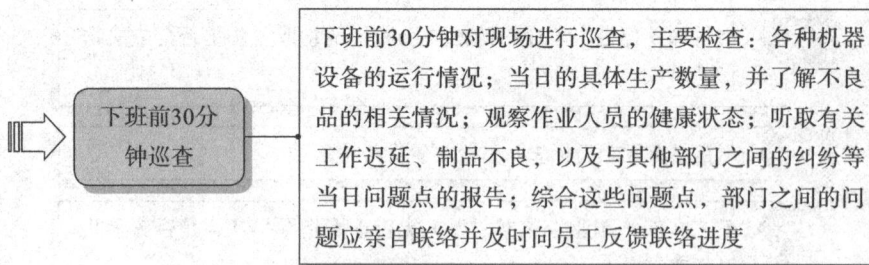

图4-5　分时段检查的内容

3.巡查记录

在每次巡查后，要及时将各种品质问题进行记录，如表4-4所示，以便为进行生产改善和与品质部门沟通提供参考资料。

表4-4　巡查记录表

日期：　　　　　　　　　　　　　　　　　　　　　　　　　　时间：

班组	产品名称	产品编号	生产数量	良品数量	不良品数量	不良率	改善建议措施	备注

五、现场环境的控制

环境是企业开展生产工作的前提，良好的生产环境有助于企业员工提高生产效率。

1.安排合理照明

合理照明是创造良好作业环境的重要措施。如果照明安排不合理或亮度不够，就会造成操作者视力减退、产品质量下降等严重后果。所以在生产现场要确定合适的光照度，具体的要点如图4-6所示。

要点一	采用自然光照明时，不允许太阳光直接照射工作空间
要点二	采用人工照明时，不得干扰光电保护装置，并应防止产生频闪效应。除安全灯和指示灯外，不应采用有色光源照明
要点三	在室内照明不足的情况下，应采用局部照明。照明光源的色调，应与整体光源相一致
要点四	与采光的照明无关的发光体（如电弧焊、气焊光及燃烧火焰等）不得直接或经反射进入操作者的视野
要点五	需要在机械基础内工作（如检修等）时，应装设照明装置

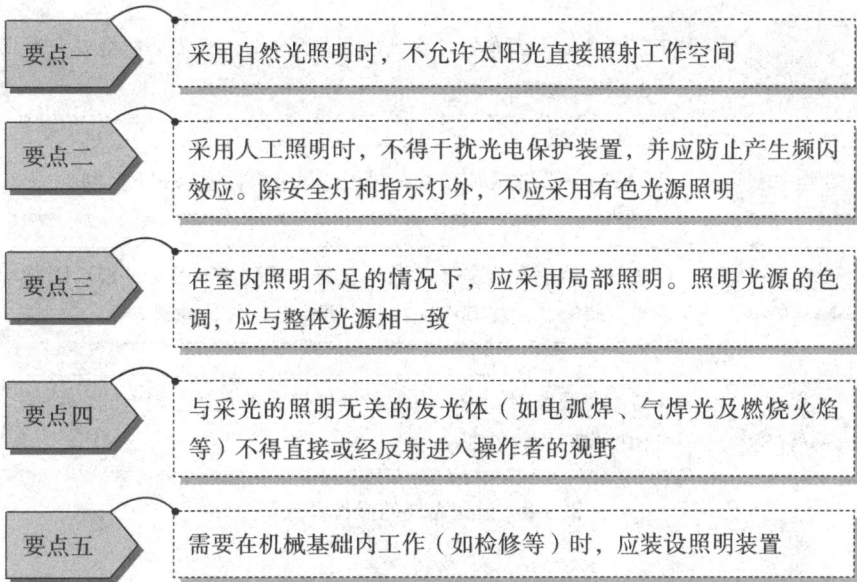

图4-6　安排合理照明的要点

2.加强现场通风

加强通风是控制作业场所内污染源传播、扩散的有效手段。经常采用的通风方式有局部排风、全面通风，如图4-7所示。

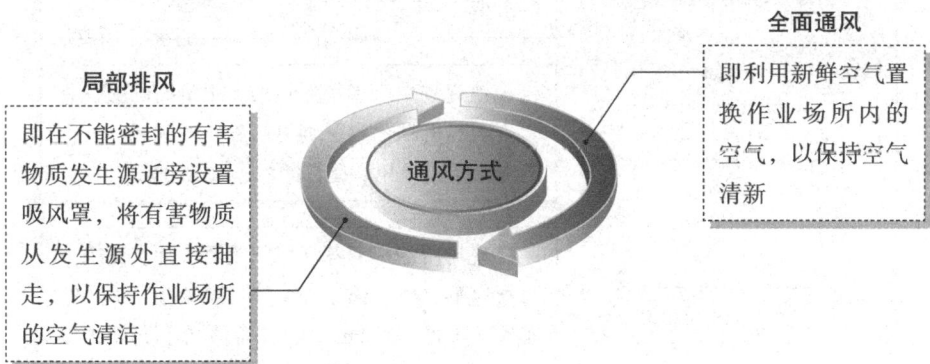

局部排风

即在不能密封的有害物质发生源近旁设置吸风罩，将有害物质从发生源处直接抽走，以保持作业场所的空气清洁

通风方式

全面通风

即利用新鲜空气置换作业场所内的空气，以保持空气清新

图4-7　局部排风和全面通风方式

3.正确摆放设备

各种设备是作业的重要工具，由于其占地面积较大，所以必须要合理布局，并摆放好。设备布局的操作要点有四点，如图4-8所示。

要点一	工艺设备的平面布置，除满足工艺要求外，还需要符合安全和卫生规定
要点二	有害物质的发生源应布置在机械通风或自然通风的下风侧
要点三	产生强烈噪声的设备（如通风设备、清理滚筒等），如不能采取措施降噪，应将其布置在离主要生产区较远的地方
要点四	布置大型设备时，应留有宽敞的通道和充足的出料空间，并应考虑操作时物料的摆放

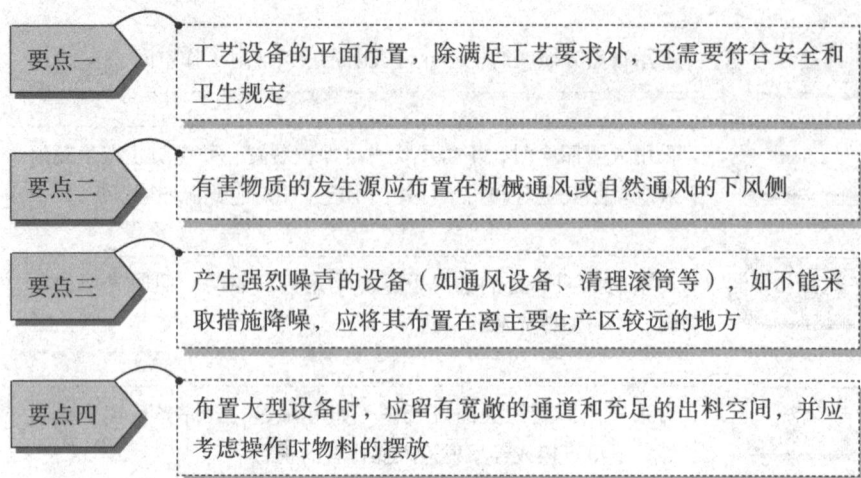

图4-8　设备布局的操作要点

4.改善工作地面

工作地面即作业场所的地面，在进行现场布置时，必须保证地面整洁、防滑，具体的改善要点有四点，如图4-9所示。

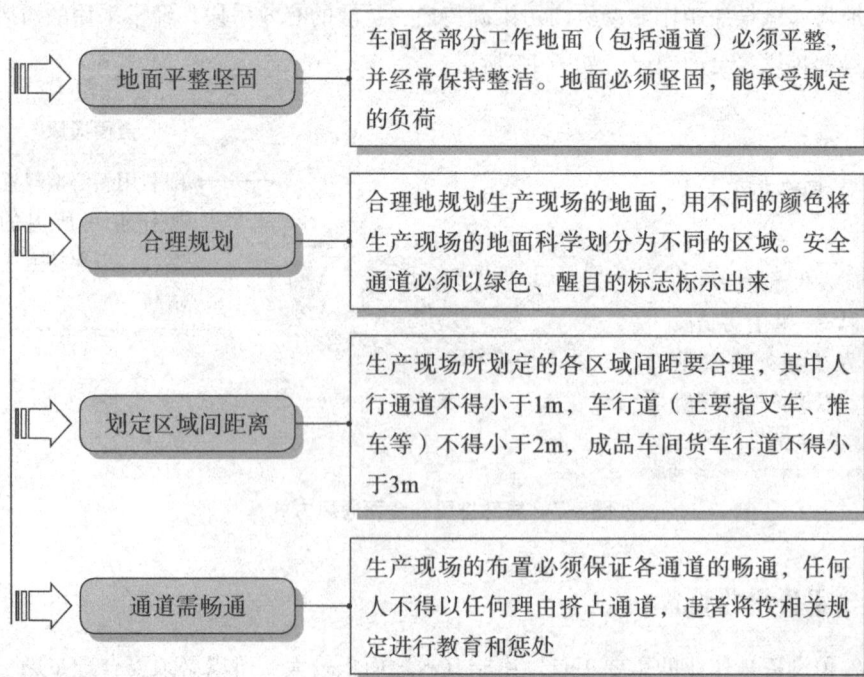

地面平整坚固	车间各部分工作地面（包括通道）必须平整，并经常保持整洁。地面必须坚固，能承受规定的负荷
合理规划	合理地规划生产现场的地面，用不同的颜色将生产现场的地面科学划分为不同的区域。安全通道必须以绿色、醒目的标志标示出来
划定区域间距离	生产现场所划定的各区域间距要合理，其中人行通道不得小于1m，车行道（主要指叉车、推车等）不得小于2m，成品车间货车行道不得小于3m
通道需畅通	生产现场的布置必须保证各通道的畅通，任何人不得以任何理由挤占通道，违者将按相关规定进行教育和惩处

图4-9　工作地面改善要点

5.控制噪声传播

噪声是能够引起人烦躁的声音，甚至有些会因为音量过大而危害人体健康。控制噪声的传播应采取三点措施，如图4-10所示。

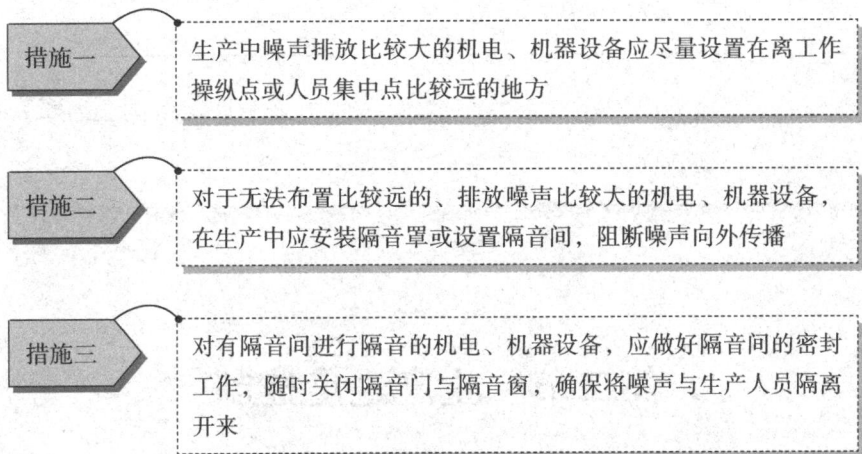

措施一　生产中噪声排放比较大的机电、机器设备应尽量设置在离工作操纵点或人员集中点比较远的地方

措施二　对于无法布置比较远的、排放噪声比较大的机电、机器设备，在生产中应安装隔音罩或设置隔音间，阻断噪声向外传播

措施三　对有隔音间进行隔音的机电、机器设备，应做好隔音间的密封工作，随时关闭隔音门与隔音窗，确保将噪声与生产人员隔离开来

图4-10　控制噪声传播的措施

6.控制现场温度环境

温度环境实际上包括了湿度和空气流动速度等因素，是在任何环境中都会遇到的问题。温度是工作现场最重要的条件之一，工作设施应该保持合适的温度。

最合适的温度应根据当地的气候条件、季节、工作类型和工作强度而定，同时要做好温湿度控制，控制监测工作应使用车间温湿度控制表。

在作业环境中，要具有良好的通风设备，保持适宜的温度、湿度和空气新鲜度，这样能使人感到舒适。对于一般强度的坐姿工作，在20～25℃时作业人员的生产效率最高。如果达不到合适的温度，作业人员的生产效率就会下降。

讲师提醒

有条件的单位要做好隔热和防寒的措施，采取适当方式以减小外部热空气和冷空气侵入对生产环境造成的不利影响。

学习小札

_____

_____

_____

第二节　生产进度控制

讲师的话

　　生产进度控制，又称生产作业控制，是在生产计划执行过程中，对有关产品生产的数量和期限的控制。其主要目的是保证完成生产作业计划所规定的产品产量和交货期限指标。生产进度控制是生产控制的基本方面，狭义的生产控制就是指生产进度控制。

一、生产进度控制方法

生产进度控制对现场的顺利生产具有非常重要的作用，具体可以通过以下方法。

1.现场观察法

　　在现场观察作业状况，核对进度的方法。这特别适合个别订货型（多种小量）的生产，生产进度落后是许多企业生产作业管理的通病。因此，准确掌握进度情况也就成了生产现场巡视的主要内容之一。企业管理人员如果想通过现场巡视去发现生产落后的问题，就要对生产进度非常了解，对生产工序非常熟悉，具体如图4-11所示。

图4-11　对现场管理人员的要求

2.使用生产进度管理箱

管理人员为了掌握整体的生产进度，可以考虑使用生产进度管理箱，如图4-12所示。具体实施时，可以设计一个有60个小格的敞口箱子，每一个小格代表一个日期。每行的左边三格放生产指令单，右边三格放领料单。比如，某月1日的指令单放在左边1所指的格子里，则领料单放在右边1所指的格子里。这样放置之后，抬头一看，如果有过期没有处理的，就说明进度落后了，要采取相关措施。

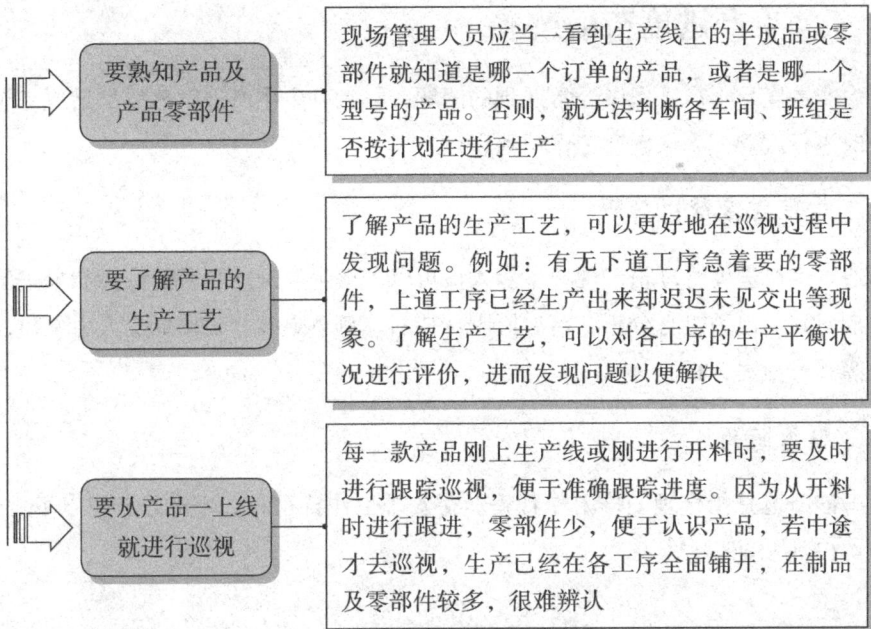

图4-12　生产进度管理箱

二、生产进度落后改善

生产进度是生产工作中经常遇到的问题，一旦发生生产进度落后的情况，企业要及时进行改善，确保生产工作顺利进行。

1.生产进度落后分析

通过生产进度管理箱，现场主管人员可以了解生产进度是否落后。如果进度落后，应对落后原因进行分析。落后原因从待料、订单更改、效率低、人力不足、设备故障等方面去分析。

2.事前防范

事前防范是指合理安排工作日程。在安排工作日程时，要充分考虑以下因素，如图4-13所示。

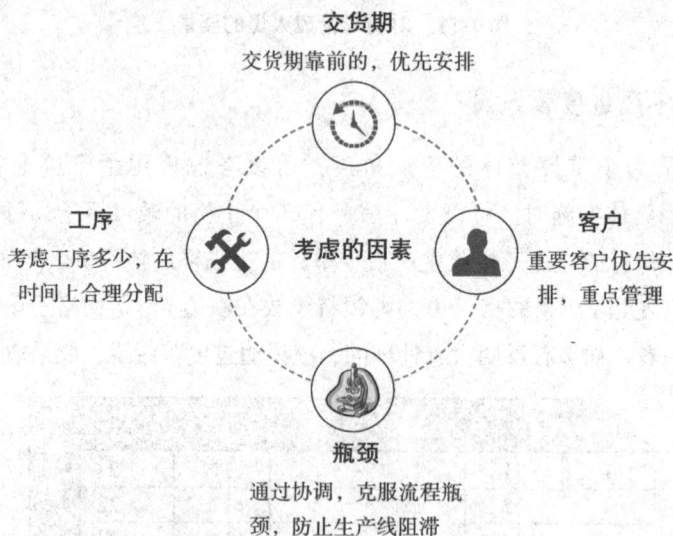

图4-13　事前防范要考虑的因素

3.事中改进措施

针对生产进度落后分析原因，制定相应的解决措施，具体如图4-14所示。

协调进料，
保证不待料

提高作业效率

协调出货计划

通过协调，减少
紧急订单的追加

1 2 3 4 5 6 7

做好订单管理，
减少突发性更改

延长工作时间
或增加人力

加强设备保养或增
加瓶颈环节的设备

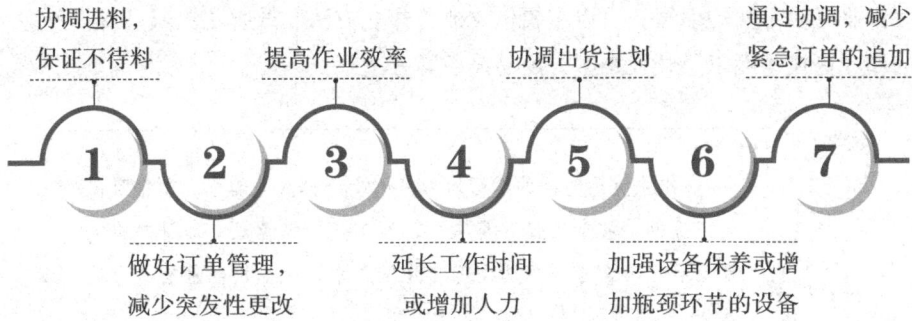

图4-14 事中改进措施

4.缩短作业更换时间

精益生产的理想状态是工件在各工序间一件一件生产、一件一件往下道工序传递，直至总装配线，即单件生产单件运送。这在装配线以及加工工序是比较容易实现的，但在铸造、锻造、冲压等工序，就不得不以批量进行。为了实现全部生产过程的同步化，就需要根据这些工序的特点，使批量尽量缩小，但这样一来，作业更换就会变得很频繁。因此，在这些工序中，作业更换时间的缩短就成了改善生产进度落后的关键因素。

作业更换时间由图4-15所示的三部分组成。

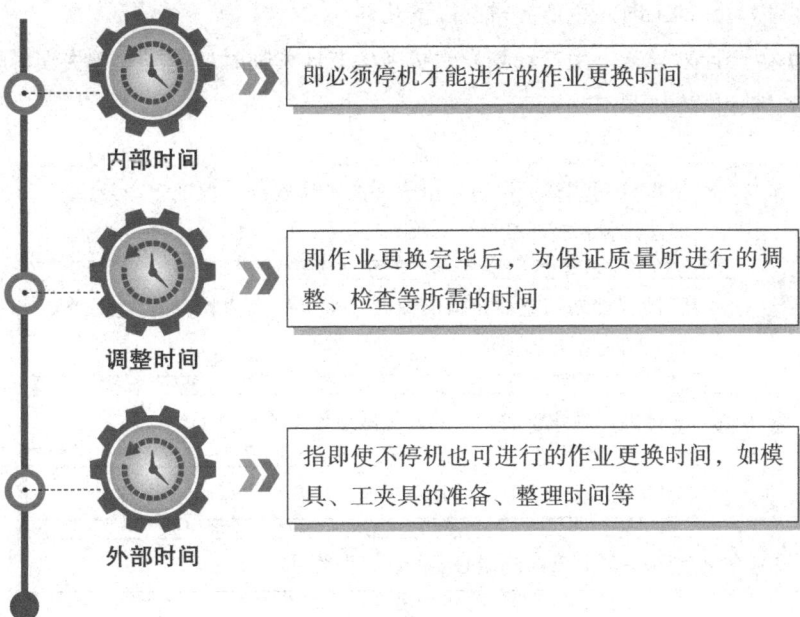

内部时间　即必须停机才能进行的作业更换时间

调整时间　即作业更换完毕后，为保证质量所进行的调整、检查等所需的时间

外部时间　指即使不停机也可进行的作业更换时间，如模具、工夹具的准备、整理时间等

图4-15 作业更换时间的组成

作业更换时间的缩短，可以主要依靠改善作业方法、改善工夹具、提高作业人员的作业更换速度以及开发小型、简易设备等方法。

> **讲师提醒**
> 作业更换时间的缩短所带来的生产批量的缩小，不仅可以使工序间的在制品储存量减少，使生产周期缩短，而且对降低资金占用率，节省保管空间，降低成本，减少次品都有很大的作用。

三、生产异常的处理

企业在生产过程中，难免有异常状况发生，异常的发生直接影响生产任务的完成，影响订单的交货期，因而，生产经理对生产异常的种类及各种排除方法应做到心中有数，能适当、适时采取相应对策，以确保生产任务的完成，满足客户交货期的要求。

1.异常种类

生产异常是指造成生产现场停工或生产进度延迟的情形，由此造成的无效工时，也可称为异常工时。生产异常有以下几种。

（1）生产计划异常。生产计划异常指因生产计划临时变更或安排失误等导致的异常。其排除措施如图4-16所示。

01 根据计划调整，迅速作出合理的工作安排，保证生产效率，使总产量保持不变

02 安排因计划调整而余留的成品、半成品、原物料的盘点、入库、清退等处理工作

03 安排因计划调整而闲置的人员做前加工或原产品生产等工作

04 安排人员以最快速度做计划更换的物料、设备等准备工作

05 利用计划调整时间做必要的教育训练

图4-16　生产计划异常的排除措施

（2）设备异常。设备异常指因设备、工装不足或故障等原因而导致的异常。其排除措施如图4-17所示。

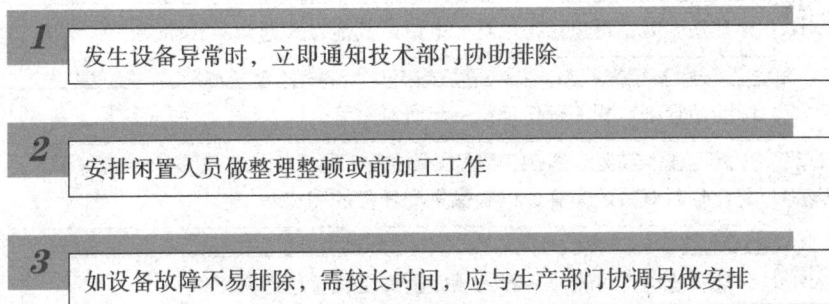

1	发生设备异常时，立即通知技术部门协助排除
2	安排闲置人员做整理整顿或前加工工作
3	如设备故障不易排除，需较长时间，应与生产部门协调另做安排

图4-17　设备异常的排除措施

（3）水电异常。水电异常指因水、气、电等原因而导致的异常。其排除措施如图4-18所示。

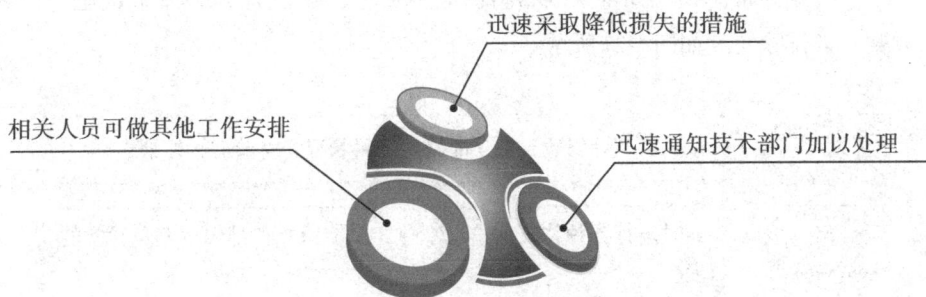

迅速采取降低损失的措施

相关人员可做其他工作安排

迅速通知技术部门加以处理

图4-18　水电异常的排除措施

（4）设计工艺异常。设计工艺异常指因产品设计或其他技术问题而导致的异常，或称机种异常。其排除要点如图4-19所示。

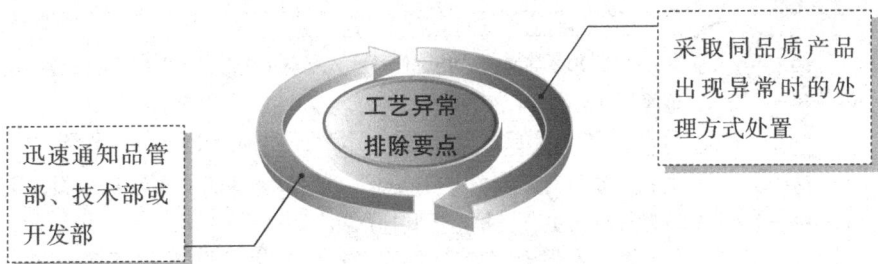

采取同品质产品出现异常时的处理方式处置

工艺异常排除要点

迅速通知品管部、技术部或开发部

图4-19　设计工艺异常的排除要点

（5）品质异常。品质异常指因制作过程中出现了品质问题而导致的异常，也称制程异常。其排除措施如图4-20所示。

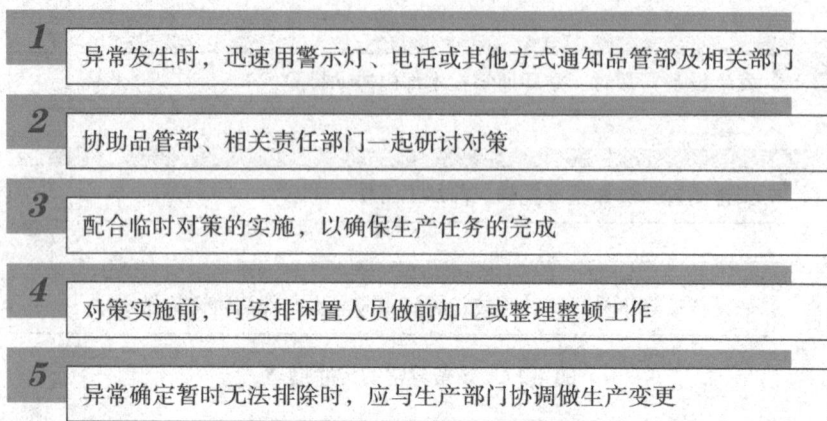

1	异常发生时，迅速用警示灯、电话或其他方式通知品管部及相关部门
2	协助品管部、相关责任部门一起研讨对策
3	配合临时对策的实施，以确保生产任务的完成
4	对策实施前，可安排闲置人员做前加工或整理整顿工作
5	异常确定暂时无法排除时，应与生产部门协调做生产变更

图4-20　品质异常的排除措施

（6）物料异常。物料异常指因物料供应不及时（断料）、物料品质问题等导致的异常。其排除要点如图4-21所示。

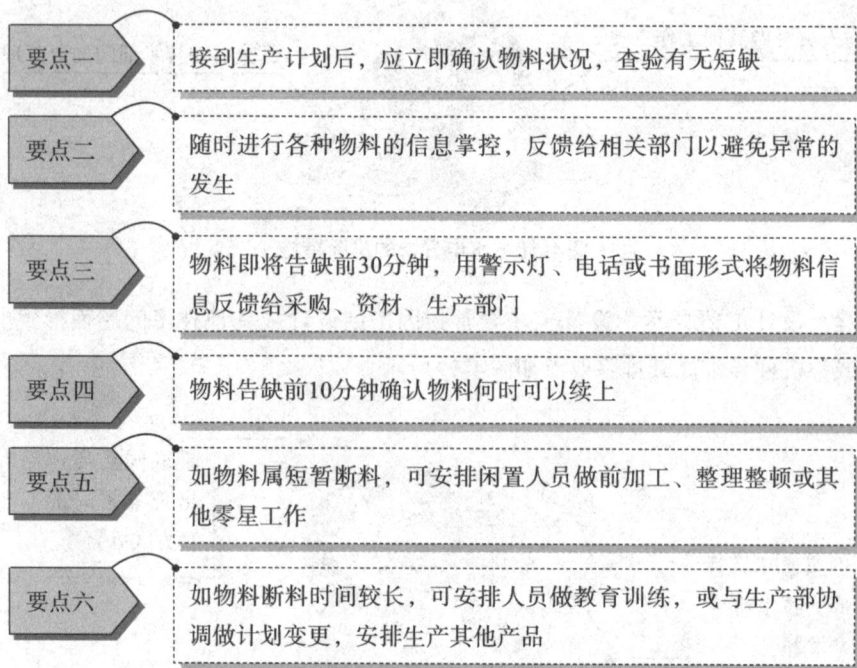

要点一	接到生产计划后，应立即确认物料状况，查验有无短缺
要点二	随时进行各种物料的信息掌控，反馈给相关部门以避免异常的发生
要点三	物料即将告缺前30分钟，用警示灯、电话或书面形式将物料信息反馈给采购、资材、生产部门
要点四	物料告缺前10分钟确认物料何时可以续上
要点五	如物料属短暂断料，可安排闲置人员做前加工、整理整顿或其他零星工作
要点六	如物料断料时间较长，可安排人员做教育训练，或与生产部协调做计划变更，安排生产其他产品

图4-21　物料异常的排除要点

2.生产异常处理

发生生产异常，即有异常工时产生，时间在10分钟以上时，应填写"异常报告单"，如表4-5所示，并按生产异常处理办法进行处理。

表4-5　异常报告单

生产批号		生产产品			异常发生单位	
发生日期		起讫时间		自　时　分至　时　分		
异常描述				异常数量		
停工人数		影响度		异常工时		
紧急对策						
填表单位		主管：		审核：	填表：	
责任单位分析对策						
责任单位		主管：		审核：	填表：	
会签						

3.异常责任处理

异常责任处理措施如图4-22所示。

措施一　企业内部责任列入部门工作考核

企业内部责任单位因作业疏忽而导致的异常，列入该部门工作考核，根据企业奖惩规定对责任人员予以处理

供应商的责任列入供应商评鉴　**措施二**

供应商的责任除考查采购部门或相关内部责任部门外，列入供应商评鉴，必要时应按损失工时向厂商索赔

图4-22

措施三　**生产部、制造部统计分析异常工时**

生产部、制造部均应对异常工时进行统计分析，在每月经营会议上提出分析说明，以检讨改进

图4-22　异常责任处理措施

四、交货期的控制

1.尽量缩短交货期

为了尽量满足交货期，可以采取如图4-23所示的方法，缩短交货期，以便协调好不同订单的生产。

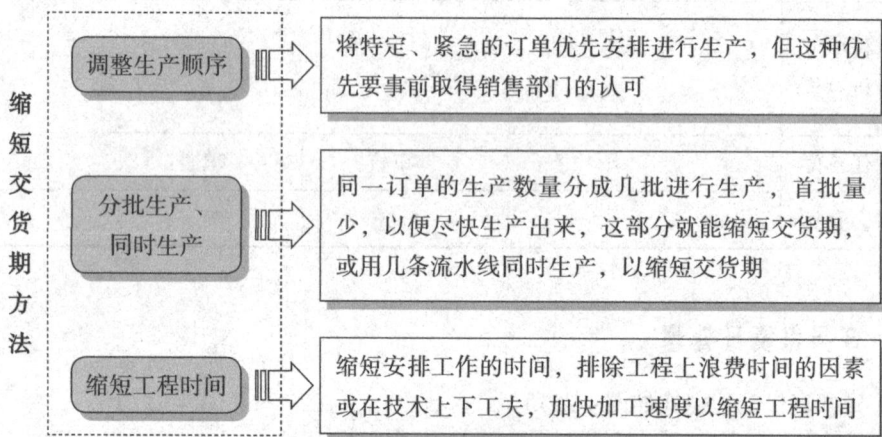

缩短交货期方法

| 调整生产顺序 | 将特定、紧急的订单优先安排进行生产，但这种优先要事前取得销售部门的认可 |

| 分批生产、同时生产 | 同一订单的生产数量分成几批进行生产，首批量少，以便尽快生产出来，这部分就能缩短交货期，或用几条流水线同时生产，以缩短交货期 |

| 缩短工程时间 | 缩短安排工作的时间，排除工程上浪费时间的因素或在技术上下工夫，加快加工速度以缩短工程时间 |

图4-23　缩短交货期的方法

2.处理交货期变更

如果订单客户由于特殊原因要更改交货期，现场主管要及时与作业人员沟通，并及时调整生产，尽量保证交货期。

（1）调整进度。根据客户的交货期，调整生产进度，具体做法是发出"进度修订通知单"，调整生产计划。

（2）安排生产。如果交货期提前，要耐心向现场人员说明，并安排加班，对于不急、不重要的订单实施外包。如果交货期延后，则可以调整生产计划，将其他订

单优先生产，但必须保证调整后的订单能按期交货。

3.怎样处理交货期延误

交货期延误并非仅仅是生产的原因，采购、产品品质、物料等方面的原因也可能导致产品生产延误，影响交货期。对已经延误交货期的订单应采取图4-24所示的补救方法。

1	在知道要误期时，先与不急的订单对换生产日期
2	延长作业时间（加班、休息日上班、两班制、三班制）
3	分批生产，被分出来的部分就能挽回延误的时间
4	同时使用多条流水线生产
5	请求销售、后勤等其他部门的支援，这样等于增加了作业时间
6	外包给其他企业生产一部分

图4-24　交货期延误的补救方法

学习小札

学习心得

学习回顾

通过本章的学习，我有哪些收获？

1._____

2._____

3._____

4._____

5._____

自我反思

我还有哪些不足？

1._____

2._____

3._____

4._____

5._____

行动计划

我要做好以下几个方面的工作，来实现公司的精益生产计划控制。

1._____

2._____

3._____

4._____

5._____

第五章　精益生产之品质管理

情景导入

　　杨老师："品质就是企业的生命。相信大家都很熟悉这句话。对一个企业来说，产品品质非常重要，它不仅关系到企业形象及产品形象，而且直接影响着企业的销售市场和经济效益。大家对品质有什么认识呢？给大家分享一下自己的想法吧！"

　　这时台下学员纷纷举手。

　　杨老师："看来大家都有话说。我就随便叫一位。"

　　杨老师看了一圈，说："第四排穿黑色T恤的小李来说一下吧，我看你有特别强烈的表达欲望。"

　　小李有点不好意思，说："我们一定要在产品生产的各个环节抓好质量。而实际上，我们常会忽略产品质量。我公司生产的一个产品，其中的两个部件是一个包住另一个。有一次因机器问题，一百多个里边的部件边缘出现一点划痕。当时车间负责人认为没有关系，理由有二；一是这样的划痕不影响使用寿命；二是被包在里边，看不见，不影响外观。就决定直接生产。后来交货后，客户抽检发现了问题表示不接受，导致退货。其实这个问题有很多解决办法，比如先请示客户这个划痕是否可以接受，毕竟不影响使用，如果不接受，及时找到问题，生产出完好的部件也不会影响交期，不会影响信誉。但是因为一个不在意，给客户的感觉很不好。"

　　杨老师："是的。这个案例也给我们启示，有问题及时反馈，问个为什么，及时找到解决办法可以避免很多损失。从这个案例也可以看出，小李的公司对品质的宣传还是不够的，不够深入人心。这节课我们就一起学习精益生产如何做好品质管理。"

第一节 品质管理规划与宣传培训

品质是制造出来的，而不是检验出来的，只有全员参与品质管理才能取得好的效果。企业必须要做好生产品质控制，以使生产出来的产品符合产品设计品质。

讲师的话

一、制定品质方针

品质方针是由企业最高管理者正式发布的总的品质宗旨和方向，它是管理者对品质的指导思想和承诺。

1.品质方针的制定准则

品质方针在内容上应做到四点，如图5-1所示。

1 与企业总的经营方针相适应

2 对满足法律、法规的要求和持续改进品质管理体系的有效性作出承诺

3 从产品品质要求和顾客满意的角度出发作出承诺

4 提供制定和评审品质目标的框架

图5-1 品质方针的制定准则

2.品质方针的制定程序

品质方针的制定程序如图5-2所示。

分析内外部环境

（1）企业的内部环境包括企业的规模、体制、运行机制、人财物等资源，以及员工的需求和期望等

（2）外部环境包括顾客和其他相关方的需求和期望、竞争对手状况、供应方和合作者等

清理企业的经营思想

清理经营思想的目的，是根据第一步的分析结果来确定企业的经营发展战略

经过反复讨论、修改形成品质方针

（1）确定起草方针的人员

（2）起草后的品质方针要经过上上下下的讨论和修改

最高管理者批准后发布

品质方针应当是独立的文件，必须经过最高管理者批准

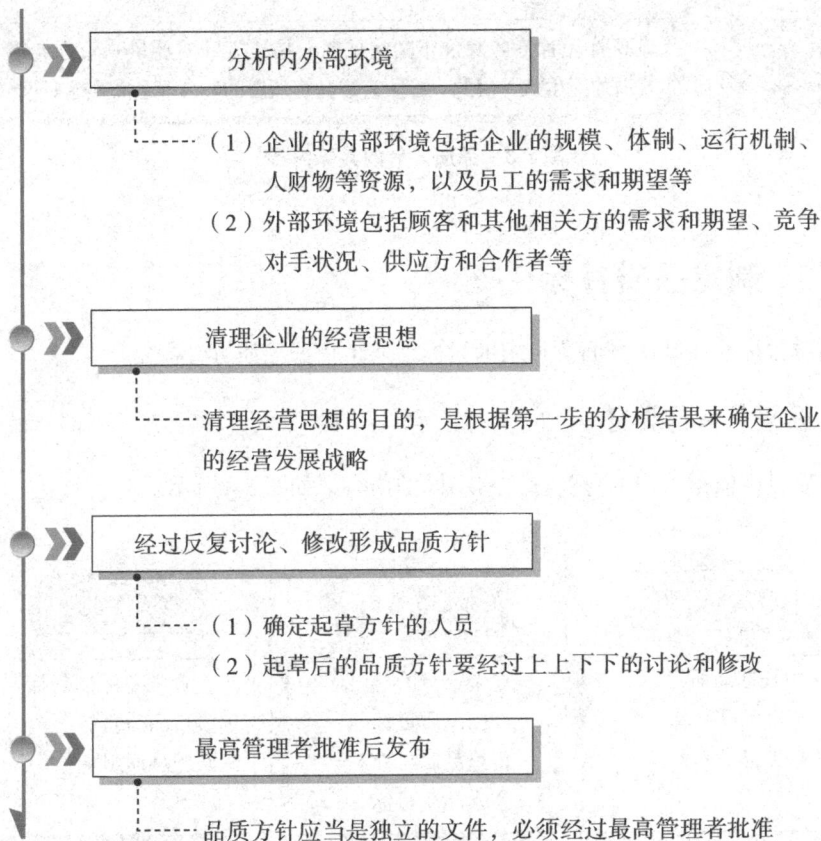

图5-2　品质方针的制定程序

3.品质方针的具体内容

品质方针的具体内容如图5-3所示。

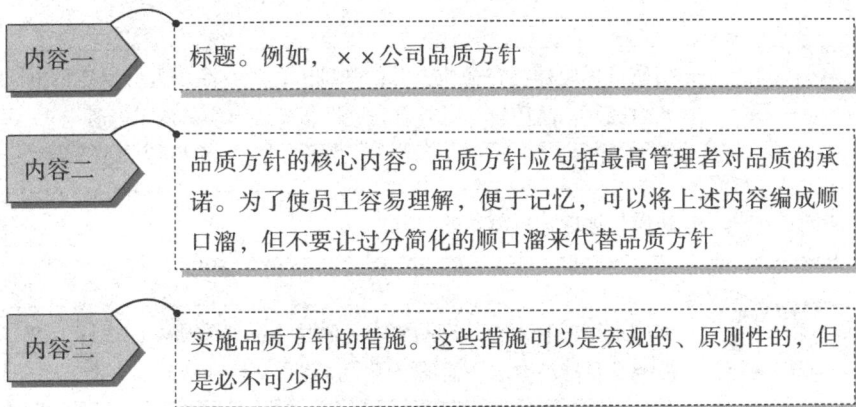

内容一　标题。例如，××公司品质方针

内容二　品质方针的核心内容。品质方针应包括最高管理者对品质的承诺。为了使员工容易理解，便于记忆，可以将上述内容编成顺口溜，但不要让过分简化的顺口溜来代替品质方针

内容三　实施品质方针的措施。这些措施可以是宏观的、原则性的，但是必不可少的

图5-3

| 内容四 | 最高管理者签名及公布实施日期。品质方针要经最高管理者签署后才能生效，因此，必须有最高管理者的签名及公布实施日期 |

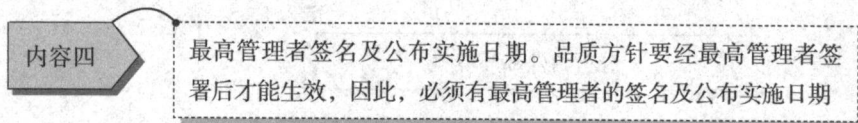

图5-3　品质方针的具体内容

二、制定品质目标

品质目标是在品质方面所追求的目标，通常依据品质方针制定。

1.品质目标的类别

品质目标依据不同的分类标准有不同的内容，如图5-4所示。

按时间分类	按层次分类	按项目分类
·中长期品质目标 ·年度品质目标 ·短期品质目标	·企业品质目标 ·部门品质目标 ·班组品质目标 ·个人品质目标	·企业的总品质目标 ·项目品质目标 ·课题品质目标

图5-4　品质目标分类表

2.品质目标的要求

品质目标的要求包括四个方面，具体如图5-5所示。

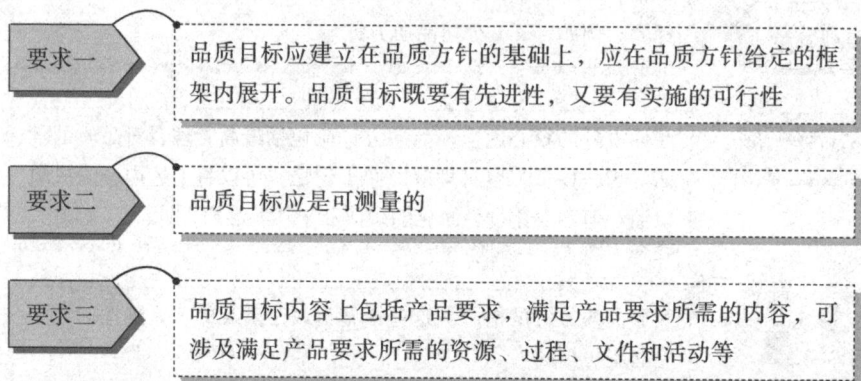

要求一	品质目标应建立在品质方针的基础上，应在品质方针给定的框架内展开。品质目标既要有先进性，又要有实施的可行性
要求二	品质目标应是可测量的
要求三	品质目标内容上包括产品要求，满足产品要求所需的内容，可涉及满足产品要求所需的资源、过程、文件和活动等

| 要求四 | 品质目标应展开到有关的职能部门及层次上。至于展开到哪一层次，应以能传达到相关人员并能转化为各自的工作任务为度，不一定要展开到每个岗位 |

图5-5 品质目标的要求

企业不仅要制定自己的品质目标，还应为一些主要供应商建立品质目标，以提高供应商的管理水平，提高供货品质。

讲师提醒

3.目标的制定步骤

（1）找出问题点。问题点就是为实现品质方针和品质目标必须解决的重要问题，包括不合格、缺陷、不足、与先进的差距等。

问题点的具体来源如图5-6所示。

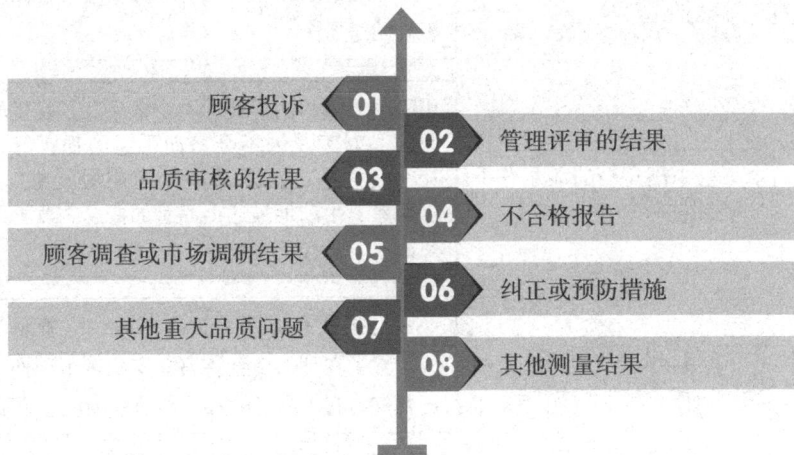

顾客投诉 01
02 管理评审的结果
品质审核的结果 03
04 不合格报告
顾客调查或市场调研结果 05
06 纠正或预防措施
其他重大品质问题 07
08 其他测量结果

图5-6 问题点的来源

（2）根据问题点制定品质目标。根据整理并列入制定品质目标的问题点，提出具体的品质目标。根据问题点确定的品质目标往往具体、有针对性，而且又有一定的挑战性，实施起来比较容易。

讲师提醒

品质目标确定之后，还可以进一步细化成各部门、车间、班组和每位员工的具体奋斗目标。

三、加强品质意识宣传

生产部必须加强品质意识宣传，熟练运用品质意识宣传方法，具体如图5-7所示。

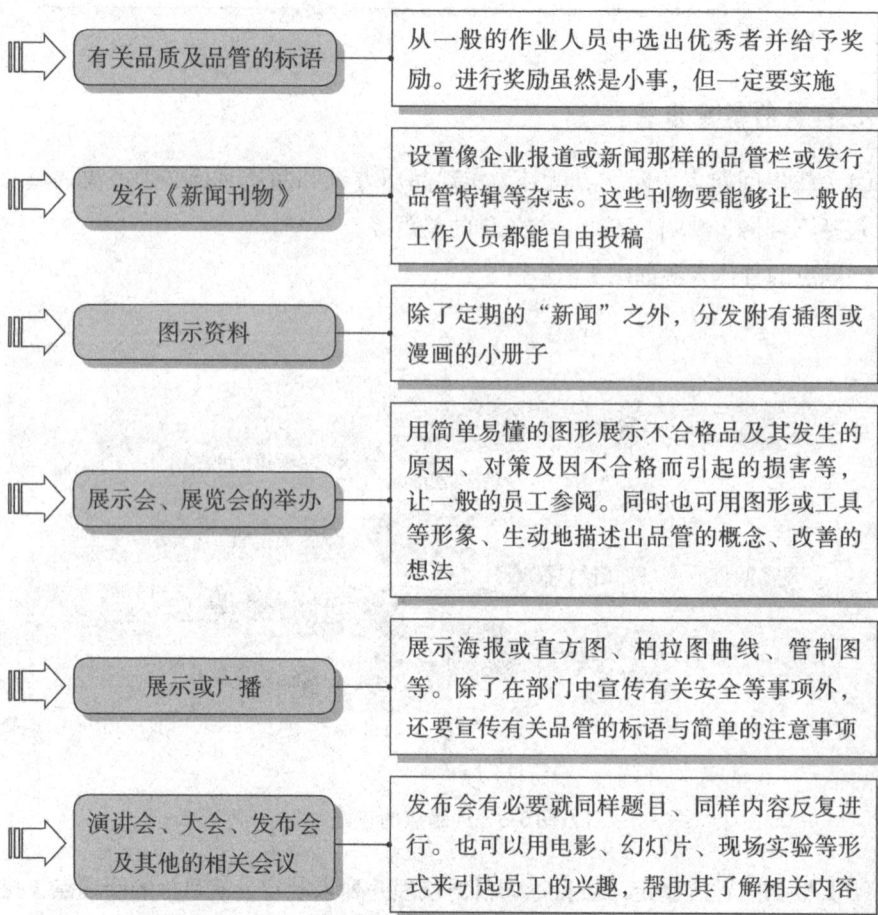

有关品质及品管的标语	从一般的作业人员中选出优秀者并给予奖励。进行奖励虽然是小事，但一定要实施
发行《新闻刊物》	设置像企业报道或新闻那样的品管栏或发行品管特辑等杂志。这些刊物要能够让一般的工作人员都能自由投稿
图示资料	除了定期的"新闻"之外，分发附有插图或漫画的小册子
展示会、展览会的举办	用简单易懂的图形展示不合格品及其发生的原因、对策及因不合格而引起的损害等，让一般的员工参阅。同时也可用图形或工具等形象、生动地描述出品管的概念、改善的想法
展示或广播	展示海报或直方图、柏拉图曲线、管制图等。除了在部门中宣传有关安全等事项外，还要宣传有关品管的标语与简单的注意事项
演讲会、大会、发布会及其他的相关会议	发布会有必要就同样题目、同样内容反复进行。也可以用电影、幻灯片、现场实验等形式来引起员工的兴趣，帮助其了解相关内容

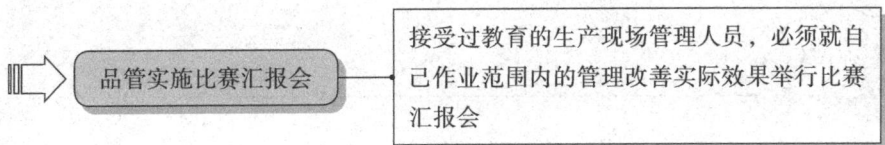

| 品管实施比赛汇报会 | 接受过教育的生产现场管理人员，必须就自己作业范围内的管理改善实际效果举行比赛汇报会 |

图5-7　品质意识宣传方法

四、加强品质管理培训

企业应定期开展品质管理培训，以便强化部门人员的品质意识。

1.针对班组长的品质培训

现场的班长、组长等工作责任人员，要通过培训尽可能掌握如何利用有关品管的概念与QC（Quality Control）手法、管制图的概念和使用方法的概要程序，以及5W1H（对象：What、场所：Where、时间：When、人员：Who、为什么：Why、方式：How）的方式等，对所有的作业人员进行讲习、教育，学会讲义的编写，并切实地实行。

具体来说，所需的事项有：有关作业标准、作业指示书，有关管制图，有关品质与作业改善书等。

2.对作业人员品质培训

对作业人员品质培训的主要内容如图5-8所示。

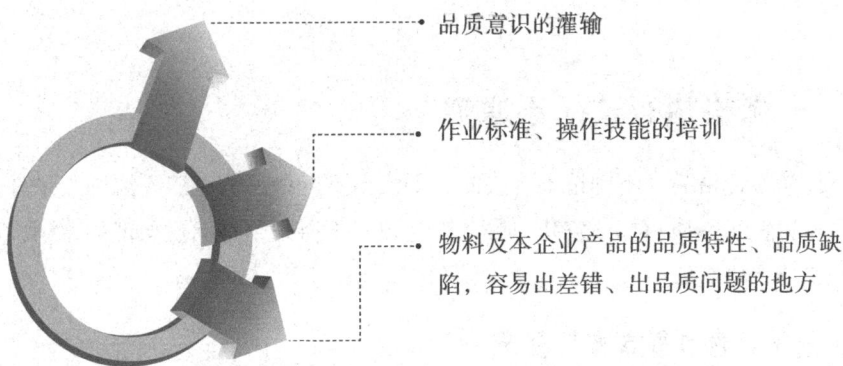

品质意识的灌输

作业标准、操作技能的培训

物料及本企业产品的品质特性、品质缺陷，容易出差错、出品质问题的地方

图5-8　作业人员品质培训的内容

学习小札

第二节　品质管理实施细节

讲师的话

制定了品质管理规划并做好宣传培训之后，就要从细节上抓好品质。一位管理学大师说过，现在的竞争，就是细节的竞争。品质是企业赖以生存和发展的基石，细节影响品质，且决定着企业成败。

一、严格执行"三不原则"

不接受不合格品、不制造不合格品、不流出不合格品的"三不原则"是许多企业的品质方针、品质目标或宣传口号。因为"三不原则"是品质保证的原则，所以企业一定要严格实施。

1.三不原则的基本做法要求

三不原则的基本做法要求如图5-9所示。

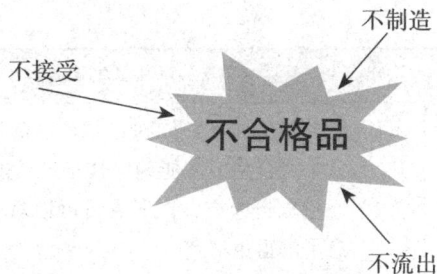

图5-9 三不原则的基本做法要求

（1）不接受不合格品。不接受不合格品是指员工在生产加工之前，先对前道工序的产品按规定检查其是否合格，一旦发现问题则有权拒绝接受，并及时反馈到前道工序。前道工序人员需要马上停止加工，追查原因，采取措施，使品质问题得以及时发现、及时纠正，并避免不合格品的继续加工所造成的浪费。

（2）不制造不合格品。不制造不合格品是指接受前道的合格品后，在本岗位加工时严格执行作业规范，确保产品的加工品质。对作业前的检查、确认等准备工作做得充分到位；对作业中的过程状况随时留意，避免异常的发生或及早发现问题，降低产生不合格品的概率。准备充分并在过程中得到确认是不制造不合格品的关键。只有不产生不合格品，才能使不流出和不接受不合格品成为可能。

（3）不流出不合格品。不流出不合格品是指员工完成本工序加工，需检查确认产品品质，一旦发现不合格品，必须及时停机，将不合格品在本道工序截下，保证在本工序内完成对不合格品的处置并采取防止措施。本道工序应确保传递的是合格产品，否则会被下道工序拒收。

2.三不原则的实施要点

三不原则是生产现场品质保证的一个运行体系，表5-1列出了其基本实施要点。

表5-1 三不原则的实施要点

序号	实施要点	详细说明
1	谁制造谁负责	（1）每个人的品质责任从接受上道工序合格产品开始，必须确保本道工序的产品品质符合要求 （2）一旦在本道工序发现不合格品或接收到后道工序反馈的不合格品后，该人员必须立即停止生产，调查原因，采取对策，对品质负责到底

续表

序号	实施要点	详细说明
2	谁制造谁检查	（1）产品的生产者，同时也是产品的检查者，通过检查，确认生产合格，才能确保合格产品流入下道工序 （2）通过自身检查，作业人员可以对本道工序加工产品的状态了解得更清楚
3	作业标准化	员工必须严格执行标准化作业，按照规定的操作步骤进行生产作业
4	全数检查	所有产品、所有工序无论采取什么形式都必须由操作者实施全数检查
5	不合格品的处理	（1）在工序内一旦发现不合格品，操作者有权也有责任立即停止生产，并针对产生不合格品的人、机、料、法、环、测等现场要素及时确认，调查原因并及时处理 （2）设置不合格品看板或不合格品区域，使管理人员都知道，让大家一起认真分析对策，并改进作业标准
6	防错	科学合理地设计使用防错装置，如信号灯等，做好预防，减少各种差异变动，把品质控制在允许的范围内

二、全员参与品质管理

生产作业过程中每个环节和员工的工作都会对产品品质有影响。因此必须把企业所有人员的积极性和创造性充分调动起来，不断提高人员的素质，全员参与品质管理，确保产品品质。

1.全员把关

全面品质管理要求每一个人都对产品品质负责，及时发现品质问题，在问题出现的萌芽阶段解决。生产线上的每位员工都有责任及时发现品质问题并寻找其根源，不让任何有品质缺陷的加工件进入下道工序。

也就是说，在全面品质管理中，与强调通过检验员严把品质关相比，更强调全员把关，即每一位员工保证不让任何有品质缺陷的加工件进入下道工序。

2.制定品质奖惩制度

要求全员参与品质管理，必须不断地对全体人员进行品质教育，使他们认识到

品质管理的重要性，消除"品质与我无关"的错误观点。同时制定品质奖惩制度。

3.将品质与绩效挂钩

许多现场作业人员总觉得品质是品管部门的事，好像与自己和生产部门没有关系，其实，品质是制造出来的，为了让现场的作业人员真正地把品质放在心上，企业有必要将品质与绩效挂钩，通俗地讲，也就是工资与品质挂钩。

三、监督产品检验

为了保证产品品质，必须根据技术标准，对原材料、在制品、半成品、成品以至工艺过程的品质进行检验、严格把关。企业要组织好技术检验工作，尤其是首件检验和落实三检制。

1.加强首件检验

首件是指制造单位各制作过程加工生产的产品，经自我调试确认，判定符合要求后，拟进行批量生产前的第一个（台）产品（半成品、成品）。

首件检验是在生产开始时（上班或换班）或工序因素调整后（换人、换料、换活、换工装、调整设备等）对制造的第一件或前几件产品进行的检验。

首件一定要检验，以便尽早发现制作过程中影响产品品质的系统因素，防止产品成批报废。首件检验要注意责任人、检验时机与检验要求，如图5-10所示。

责任人　首件检验由操作者、检验员共同进行。操作者首先进行自检，合格后送检验员专检

检验时机
（1）新产品第一次批量生产时的首件产品
（2）每一制造命令（订单）开始生产的首件产品

（1）检验员按规定在检验合格的首件上作出标志，并保留至该批产品完工
（2）首件未经检验合格，不得继续加工或作业
（3）首件检验必须及时，以免造成不必要的浪费

图5-10　首件检验注意事项

首件检验后要保留必要的记录，如填写"首件检验记录表"，如表5-2所示。

表5-2　首件检验记录表

型号：＿＿＿＿＿			品质要求：＿＿＿ 级				
序号	日期	制程	品质要求及相关规范	首检结果及改善状况	IPQA	QA组长	备注

说明：

（1）此卡适用每款新料号QA首检记录。由QAE发出，从IQC流至FQA，最后由QA文员存档

（2）每款料号投产，QA必须做好各制程首检，QA组长亲自过目，必要时外加QAE确认

（3）每次首检不得少于3PNL，请密切关注定位性、工程性（设计不当）品质问题，如有不明，请及时咨询

（4）必须依照MI核对工艺流程、修改要求及特殊要求（如周期形式、UL标志等）

（5）所有生产工具（钻孔首板、菲林、网版、治具）都必须经QA或QAE确认方可生产

发出（QAE）：　　　　　　审核（主管）：　　　　　　核准（经理）：

2.推行三检制

三检制指的是操作者自检、员工之间互检和专职检验人员专检相结合的一种品质检验制度。检查人员要了解并掌握品质管理"三检制"的具体内容（如图5-11所示），并要求各班组和检验员协调配合，做好检验工作。

自检　　自检就是操作者对自己加工的产品，根据工序品质技术标准自行检验。通过自检，操作者可以真正及时地了解自己加工产品的品质问题以及工序所处的品质状态，当出现问题时，可及时寻找原因并采取改进措施

互检 互检就是作业人员之间相互检验。一般是指下道工序对上道工序流转过来的在制品进行抽检；同一工作地换班交接时的相互检验；班组长或品管员对本班组人员加工的产品进行抽检等

专检 专检就是由专业检验人员进行的检验。专业检验人员熟悉产品技术标准和工艺知识，经验丰富，检验技能熟练，效率较高，所用检测仪器相对正规和精密，因此，专检的检验结果比较正确可靠

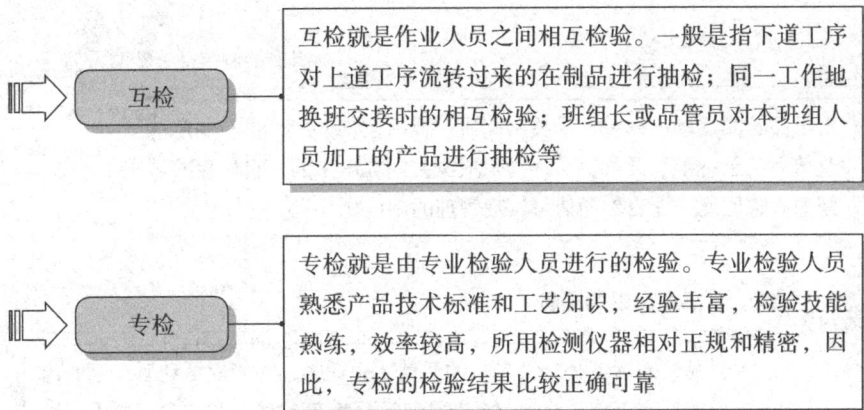

图5-11 "三检制"的具体内容

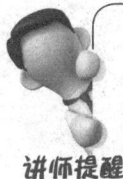

讲师提醒 由于专业检验人员的职责约束，以及和受检对象的品质无直接利害关系，其检验过程和检验结果比较客观公正。所以，三检制必须以专业检验为主导。

四、开展品管圈活动

品管圈（又称为QCC，即Quality Control Circles的缩写）是指同一工作现场的人员自动自发地就品质控制活动所组成的小组。这些小组作为企业品质控制活动的一环，在自我启发及相互启发的原则下，灵活运用各种统计方法，以全员参加的方式，不断地改善及管理自己工作现场的活动，就是品管圈活动。

1.品管圈活动的目的

品管圈活动的目的如图5-12所示。

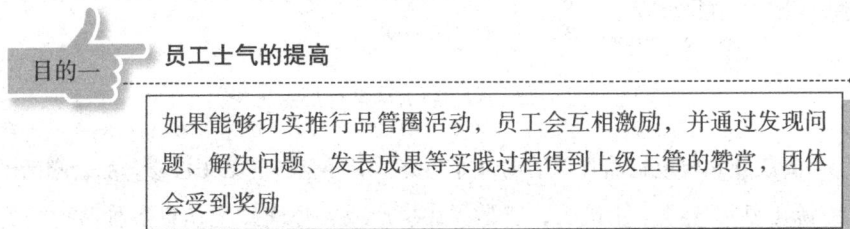

目的一 员工士气的提高

如果能够切实推行品管圈活动，员工会互相激励，并通过发现问题、解决问题、发表成果等实践过程得到上级主管的赞赏，团体会受到奖励

图5-12

管理的制度化　　目的二

由于品管圈活动的结果，成员共同研讨提出改善方案，重新制定改善后的新标准，此改善后标准是成员共同提出来的，自然会共同遵守，因此企业自然而然可实现管理的制度化

目的三　　品质意识的提高

品管圈活动是全员参与的活动，企业实施品管圈活动后，企业内的所有工作人员通过参与活动而了解客户所需要的品质要求。因此品管圈活动可提高品质意识

建立良好的人际关系　　目的四

品管圈活动，是通过成员全体的活动，针对同一问题相互讨论，而加深了人与人之间的接触。另外，由于成员间的互相认识，因而形成"人和"，"人和"是品管圈活动的必然结果

图5-12　品管圈活动的目的

2.品管圈活动的推行

品管圈活动推行要点如图5-13所示。

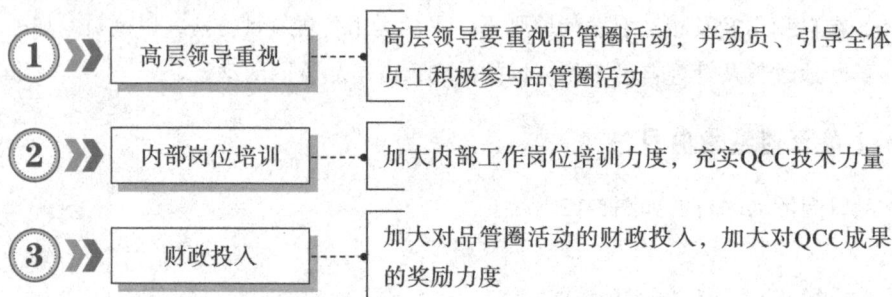

①	高层领导重视	高层领导要重视品管圈活动，并动员、引导全体员工积极参与品管圈活动
②	内部岗位培训	加大内部工作岗位培训力度，充实QCC技术力量
③	财政投入	加大对品管圈活动的财政投入，加大对QCC成果的奖励力度

图5-13　品管圈活动推行要点

（1）高层领导要重视品管圈活动，并动员、引导全体员工积极参与品管圈活动。

QC源于基层，产生于班组，它是"在生产或工作岗位上从事各种劳动的员工，围绕企业的方针目标或现场存在的问题而组织起来开展活动"的小组，所以必须要

动员所有员工积极、热情地投入到品管圈活动中去，而这一基本要素又必须是企业领导或主管人员有足够的重视程度。

（2）加大内部工作岗位培训力度，充实QCC技术力量。

"品质兴业"实质就是"人才兴业"，产品的品质就是企业员工素质的标志，因此员工的岗位再教育是现代化作业必不可少的有机组成部分，也是提高QCC品质的保证。因而落实岗位再教育的任务是现场管理者必负的责任，只有这样才能促进员工教育和企业发展的良性循环，才能增强QCC的技术力量。

（3）加大对品管圈活动的财政投入，加大对QCC成果的奖励力度。

品管圈活动的成果如果能给企业带来效益，而企业领导者又能给参与品管圈活动的人员以精神、物质奖励，就必定能调动员工的劳动热情和积极性，形成更良性的循环，创造出更高品质的成果。加大对QCC先进设备的添置，改善工作环境，增加技术智力投资，这样就更能使品管圈活动起到事半功倍的作用。

五、实施质量管理体系认证

在企业品质管理与控制中，质量管理体系认证是一项非常重要的措施。而对企业来说，最常见的质量管理体系认证是ISO 9001质量管理体系认证（见图5-14）。

图5-14　ISO LOGO

1.认证的特点

认证有六大特点，如图5-15所示。

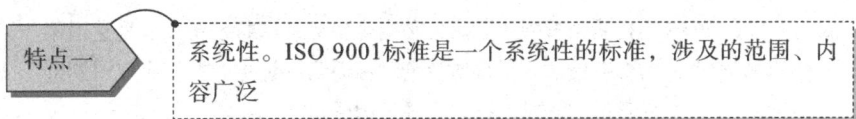

特点一　系统性。ISO 9001标准是一个系统性的标准，涉及的范围、内容广泛

图5-15

| 特点二 | 强调管理层的介入。明确制定品质方针及目标，并通过定期的管理评审达到了解公司的内部体系运作情况、及时采取措施确保体系处于良好的运作状态的目的 |

| 特点三 | 强调纠正及预防措施。消除产生不合格或不合格的潜在原因，防止不合格的再次发生，从而降低成本 |

| 特点四 | 强调不断的审核及监督。达到对企业的管理及运作不断地修正及改良的目的 |

| 特点五 | 强调全体员工的参与及培训。确保员工的素质满足工作的要求，并使每一位员工有较强的品质意识 |

| 特点六 | 强调文化管理。以保证管理系统运行的正规性、连续性 |

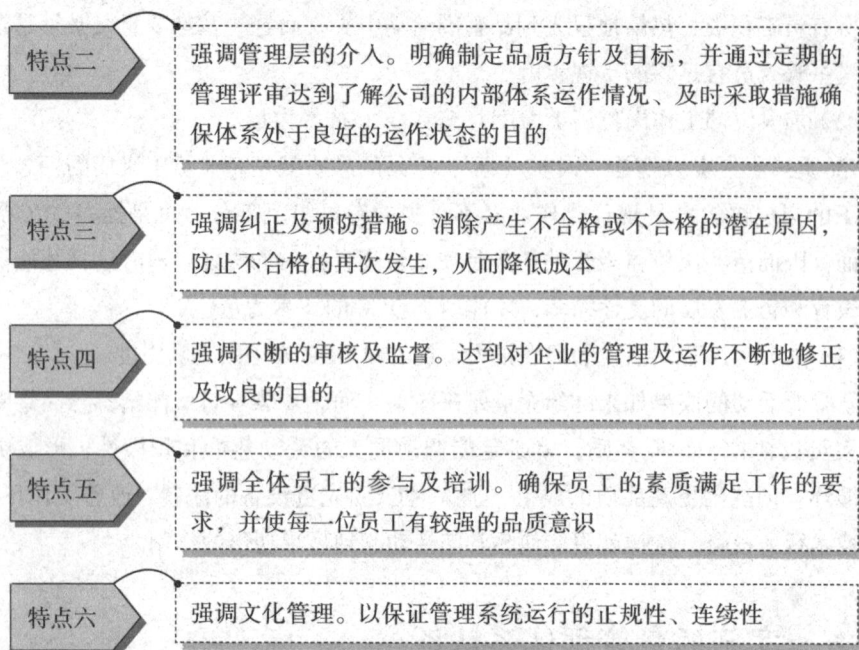

图5-15 认证的特点

2.认证的作用

认证有三个作用，如图5-16所示。

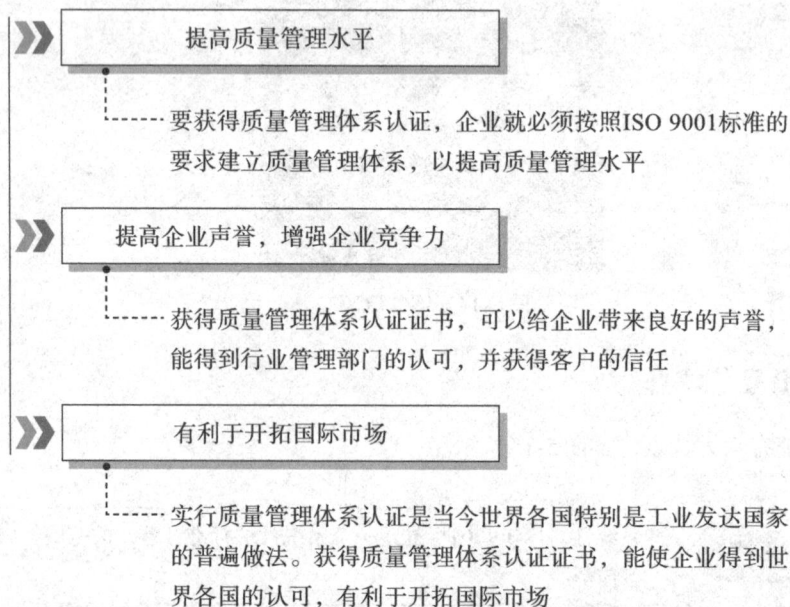

提高质量管理水平

要获得质量管理体系认证，企业就必须按照ISO 9001标准的要求建立质量管理体系，以提高质量管理水平

提高企业声誉，增强企业竞争力

获得质量管理体系认证证书，可以给企业带来良好的声誉，能得到行业管理部门的认可，并获得客户的信任

有利于开拓国际市场

实行质量管理体系认证是当今世界各国特别是工业发达国家的普遍做法。获得质量管理体系认证证书，能使企业得到世界各国的认可，有利于开拓国际市场

图5-16 认证的作用

3.认证机构的选择

企业在建立品质管理和品质保证体系并正常运作之后，就可以考虑怎样向认证机构申请认证。在选择认证机构时，一定要综合考虑几个因素，如图5-17所示。

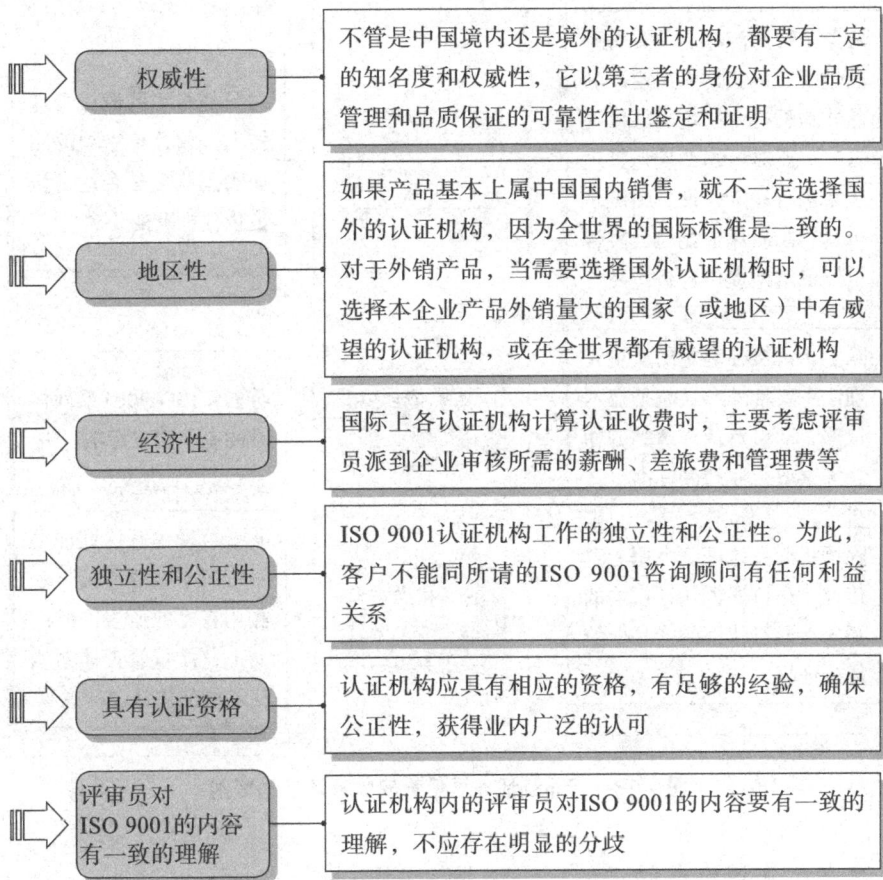

权威性	不管是中国境内还是境外的认证机构，都要有一定的知名度和权威性，它以第三者的身份对企业品质管理和品质保证的可靠性作出鉴定和证明
地区性	如果产品基本上属中国国内销售，就不一定选择国外的认证机构，因为全世界的国际标准是一致的。对于外销产品，当需要选择国外认证机构时，可以选择本企业产品外销量大的国家（或地区）中有威望的认证机构，或在全世界都有威望的认证机构
经济性	国际上各认证机构计算认证收费时，主要考虑评审员派到企业审核所需的薪酬、差旅费和管理费等
独立性和公正性	ISO 9001认证机构工作的独立性和公正性。为此，客户不能同所请的ISO 9001咨询顾问有任何利益关系
具有认证资格	认证机构应具有相应的资格，有足够的经验，确保公正性，获得业内广泛的认可
评审员对ISO 9001的内容有一致的理解	认证机构内的评审员对ISO 9001的内容要有一致的理解，不应存在明显的分歧

图5-17 选择认证机构考虑的因素

六、推行产品认证

产品认证是由第三方通过检验评定来确认企业的产品是否符合特定要求，并给予书面证明的程序。

世界大多数国家和地区都设立了自己的产品认证机构，使用不同的认证标志，来标明认证产品对相关标准的符合程度，如UL美国保险商实验室安全试验和鉴定认证、CE欧盟安全认证和中国CCC强制性产品认证标志等。

1.产品认证与质量管理体系认证的区别

产品认证与质量管理体系认证有着很大的区别，具体如图5-18所示。

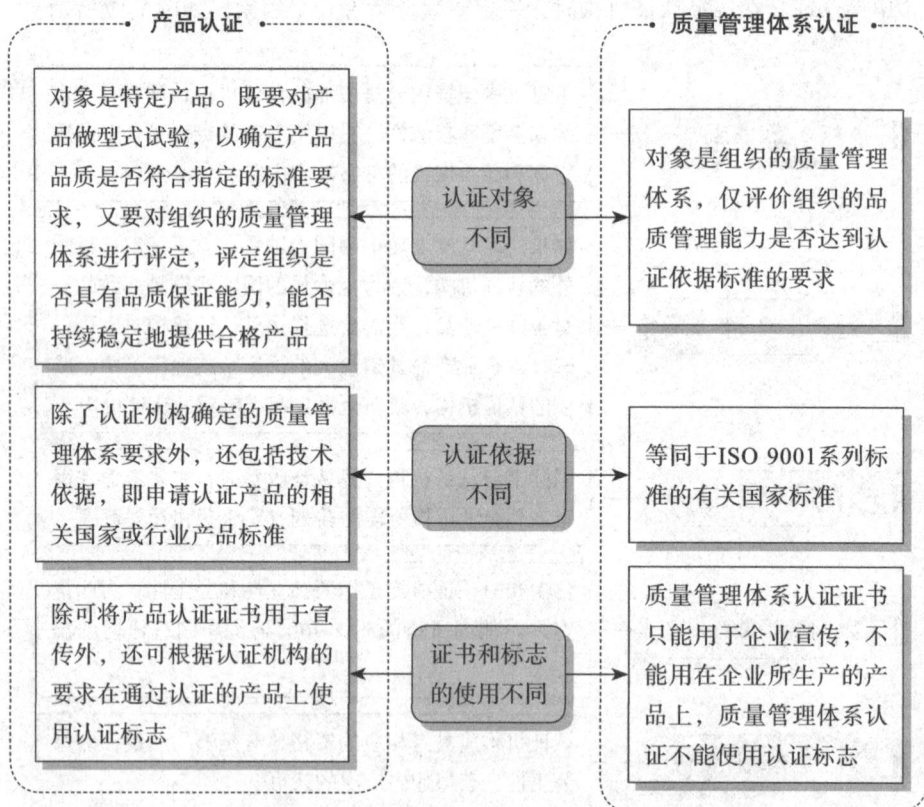

• 产品认证 •		质量管理体系认证 •
对象是特定产品。既要对产品做型式试验，以确定产品品质是否符合指定的标准要求，又要对组织的质量管理体系进行评定，评定组织是否具有品质保证能力，能否持续稳定地提供合格产品	认证对象不同	对象是组织的质量管理体系，仅评价组织的品质管理能力是否达到认证依据标准的要求
除了认证机构确定的质量管理体系要求外，还包括技术依据，即申请认证产品的相关国家或行业产品标准	认证依据不同	等同于ISO 9001系列标准的有关国家标准
除可将产品认证证书用于宣传外，还可根据认证机构的要求在通过认证的产品上使用认证标志	证书和标志的使用不同	质量管理体系认证证书只能用于企业宣传，不能用在企业所生产的产品上，质量管理体系认证不能使用认证标志

图5-18　产品认证与质量管理体系认证的区别

2.产品认证的类型

（1）按认证的国别不同，可分为国内产品认证和国外产品认证。

（2）按认证的种类，我国目前开展的产品认证可以分为：国家强制性产品认证和非强制性产品认证，具体如图5-19所示。

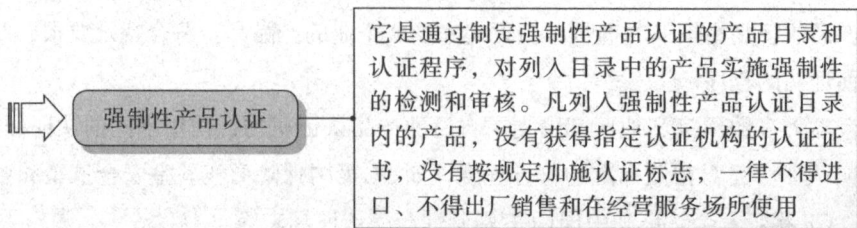

强制性产品认证	它是通过制定强制性产品认证的产品目录和认证程序，对列入目录中的产品实施强制性的检测和审核。凡列入强制性产品认证目录内的产品，没有获得指定认证机构的认证证书，没有按规定加施认证标志，一律不得进口、不得出厂销售和在经营服务场所使用

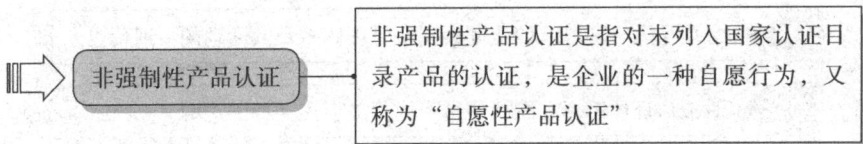

非强制性产品认证

非强制性产品认证是指对未列入国家认证目录产品的认证，是企业的一种自愿行为，又称为"自愿性产品认证"

图5-19 产品认证的种类

3.申请产品认证应符合的基本条件

申请产品认证的企业应符合的基本条件如图5-20所示。

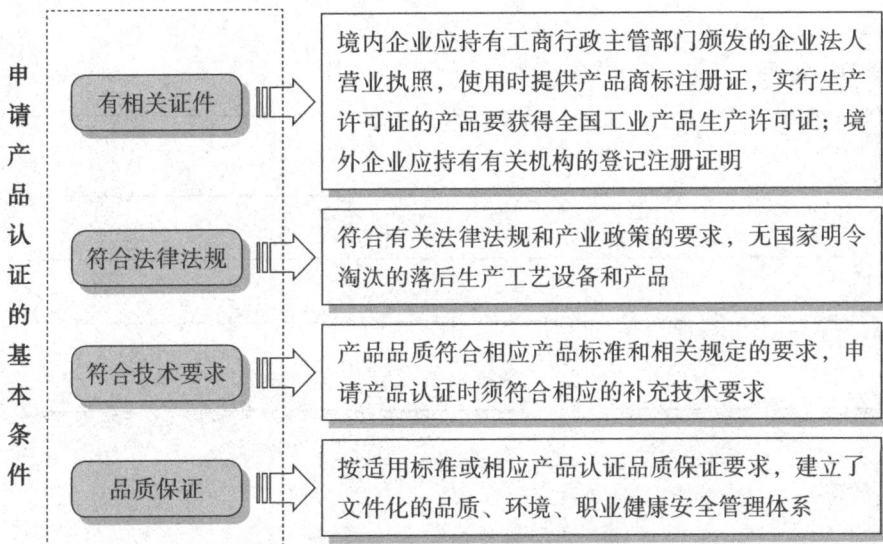

申请产品认证的基本条件

有相关证件 → 境内企业应持有工商行政主管部门颁发的企业法人营业执照，使用时提供产品商标注册证，实行生产许可证的产品要获得全国工业产品生产许可证；境外企业应持有有关机构的登记注册证明

符合法律法规 → 符合有关法律法规和产业政策的要求，无国家明令淘汰的落后生产工艺设备和产品

符合技术要求 → 产品品质符合相应产品标准和相关规定的要求，申请产品认证时须符合相应的补充技术要求

品质保证 → 按适用标准或相应产品认证品质保证要求，建立了文件化的品质、环境、职业健康安全管理体系

图5-20 申请产品认证的基本条件

4.申请认证要提供的材料

申请组织应向认证机构提交一份正式的、其授权代表签署的申请书（申请书表单由认证机构提供），申请书或其附件应至少包括如图5-21所示的内容。

01 申请认证的范围

02 申请企业同意遵守认证要求，提供评价所需要的信息

03 申请企业简况，如企业的性质、名称、地址、法律地位以及有关的人力和技术资源

图5-21

04 有关品质、环境、职业健康安全管理体系及其活动的一般信息

05 对拟认证体系标准删减的说明或其他引用文件的说明

06 申请产品认证时，还应提供申请认证的产品、认证制度和每种产品认证所依据的标准

图5-21　申请认证要提供的材料

学习小札

学 习 心 得

学习回顾

通过本章的学习，我有哪些收获？

1._____

2._____

3._____

4._____

5._____

自我反思

我还有哪些不足？

1._____

2._____

3._____

4._____

5._____

行动计划

我要做好以下几个方面的工作，来实现公司的精益生产管理。

1._____

2._____

3._____

4._____

5._____

第六章　精益生产之设备管理

情景导入

　　杨老师："设备的管理对于企业顺利生产，提高装备水平，提高企业经济效益有着重要意义。加强设备管理是企业顺利进行生产的条件，是企业提高经济效益的重要手段。提高了企业的装备水平，有利于促进企业的精益生产转型。因此，本节课，我们将一起来学习设备工具的管理。"

　　小张："杨老师，对于生产设备的管理，我觉得我做得不是很好，可是又找不到办法。"

　　杨老师："那你来说说，你经常遇到哪些问题？听听大家的意见，我们一起想办法解决。"

　　小张："比如，明明多次强调要按照设备的安全操作规程操作，可是有的员工却不遵守执行，导致发生意外事故。"

　　杨老师："相信这个问题，在座的许多班组长都遇到过。也有可能你们自己也曾经做过这样的事情。小王，你来说说你在设备管理中遇到过哪些问题。"

　　小王："对于设备的管理，我发现我们公司最大的问题就是设备摆放比较乱，明明划了统一放置工具区域，有的员工还是随手乱扔，导致工具经常在需要时找不到。有的设备安放也不是规划的位置，安装好又很难改动位置，也会导致一些问题。"

　　杨老师："这个问题，我可以建议你采用工具定人管理，专人负责。设备安装时也一定要跟进。"

　　小王："嗯，好的，我以后一定会实施好这两个方面。"

　　杨老师："至于小刘的问题，我将在接下来的讲解中为你解答。"

　　小张："好的，谢谢杨老师！"

第一节　设备的配置与制度化管理

设备管理是精益生产的重要内容。没有运转良好的设备，精益生产工作就无法正常开展，因此，必须做好设备管理工作。

讲师的话

一、设备的U形布置

设备U形布置的模型如图6-1所示。U形布置的本质在于生产线的入口和出口在同一条直线上。灵活增减作业现场的作业人员主要就靠设备U形布置实现。

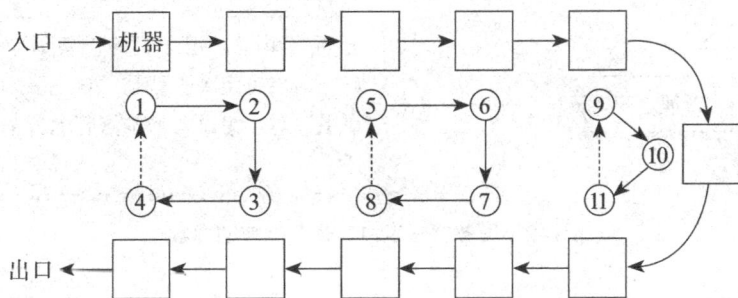

图6-1　设备的U形布置

精益生产方式的基本思想之一，是按后工序领取的数量进行生产，可以通过这种机械布置得以实现。因为在这种布置中，当一个加工完了的产品从出口出来时，另一个单位的原材料也同时从入口投入了，出入口的操作是由同一个操作人员按同一生产节拍进行的，这样既实现了生产线的平衡，也使生产线内待加工产品数量保持了稳定。

而且，通过明确规定各工序可持有的待加工产品数，即使出现了不平衡现象，也能很快发现，及时解决。

由于设备的U形布置机器间距离很近，多面手作业人员可以在多台机器上操作，这样可以减少操作人员。机器间的距离近又可采用辊道、传送带使之联系起来，实现单件生产与运输。当一个工件进入某工序的同时，原来在该工序加工的工件离开此工序，进入下一工序。这样，可以大量减少等待和运输的时间。

二、设备"三定户口化"制度

设备"三定户口化"制度，就是"设备定号、管理定户、保管定人"的制度，具体的内容如图6-2所示。

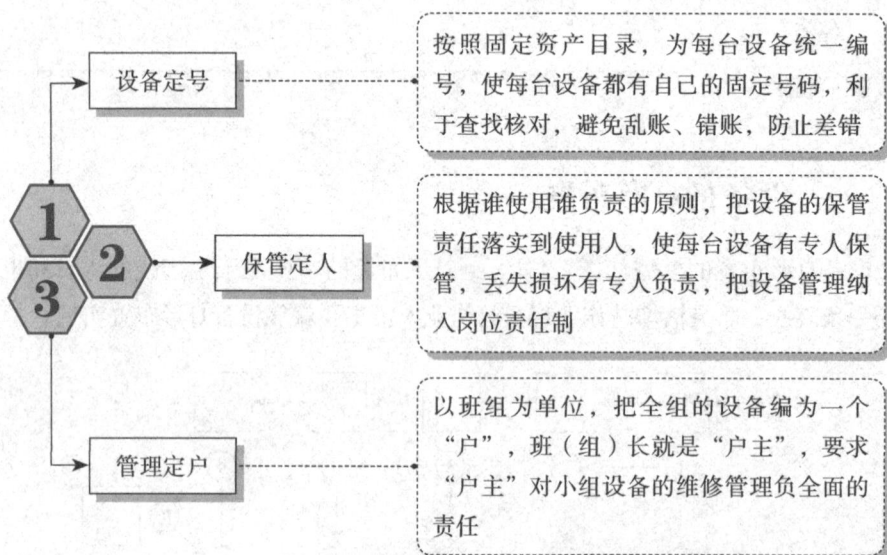

图6-2　设备"三定户口化"制度的内容

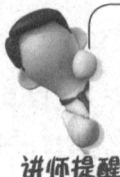

设备定号——按照固定资产目录，为每台设备统一编号，使每台设备都有自己的固定号码，利于查找核对，避免乱账、错账，防止差错

保管定人——根据谁使用谁负责的原则，把设备的保管责任落实到使用人，使每台设备有专人保管，丢失损坏有专人负责，把设备管理纳入岗位责任制

管理定户——以班组为单位，把全组的设备编为一个"户"，班（组）长就是"户主"，要求"户主"对小组设备的维修管理负全面的责任

> **讲师提醒**
>
> 设备的合理使用，可以减轻磨损，保护其良好的性能和应有的精度，从而充分发挥设备应有的生产效率。因此，在对设备使用时，应进行有效管理。

三、设备岗位专责制

设备岗位专责制，明确规定保管责任，是加强设备在使用阶段保管的好办法。岗位专责制的形式有以下几种：

（1）定人定机制。定人定机制是要使设备维护保养的各项规定落实到人，其具体要求如图6-3所示。

01 每一个操作人员固定使用一台设备

02 自动生产线或一人操作多台设备时，应根据具体情况制定相适应的定人定机保管办法

03 公用设备应指定专人负责保管

04 多人操作的大型设备，指定一个人为机台长，负责对该设备维护保养

图6-3　定人定机制的具体要求

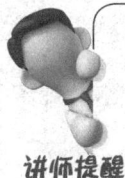

讲师提醒　实行定人定机制把保管的责任落实到操作者，使设备保管建立在牢固的员工基础上，但是没有考虑维修人员在设备保管中的责任。

（2）包机制。根据设备的工艺特点、生产条件的不同，包机制又有不同的形式，具体如图6-4所示。

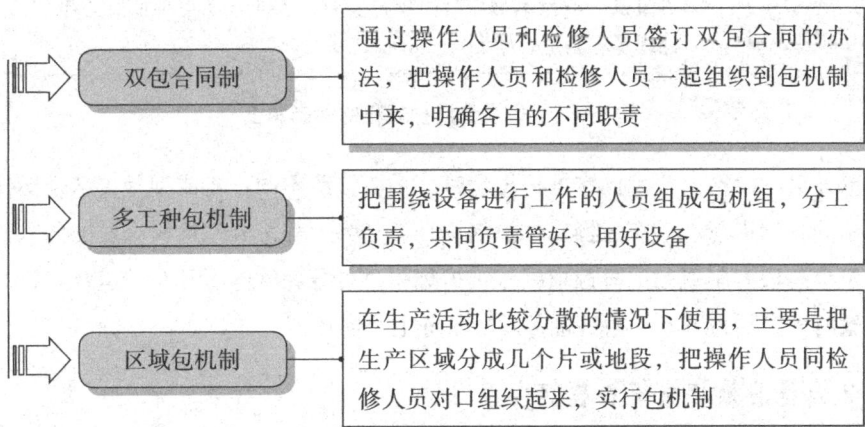

双包合同制　通过操作人员和检修人员签订双包合同的办法，把操作人员和检修人员一起组织到包机制中来，明确各自的不同职责

多工种包机制　把围绕设备进行工作的人员组成包机组，分工负责，共同负责管好、用好设备

区域包机制　在生产活动比较分散的情况下使用，主要是把生产区域分成几个片或地段，把操作人员同检修人员对口组织起来，实行包机制

图6-4　包机制的形式

四、实施设备安全生产制

设备安全生产制的重点是严格执行各种设备的操作维护规程，做到安全生产。设备的操作维护规程分为技术操作规程和安全操作规程两种。一般情况下，只合并编制一种操作规程，统称为技术安全操作维护规程，简称操作维护规程，由企业的设备工程部门和安全部门会同编制，必要时可以要求工艺部门、人力资源部门等单位参加。

1.设备的操作维护规程的编制

设备的操作维护规程可以按不同的角度进行编制，如图6-5所示。

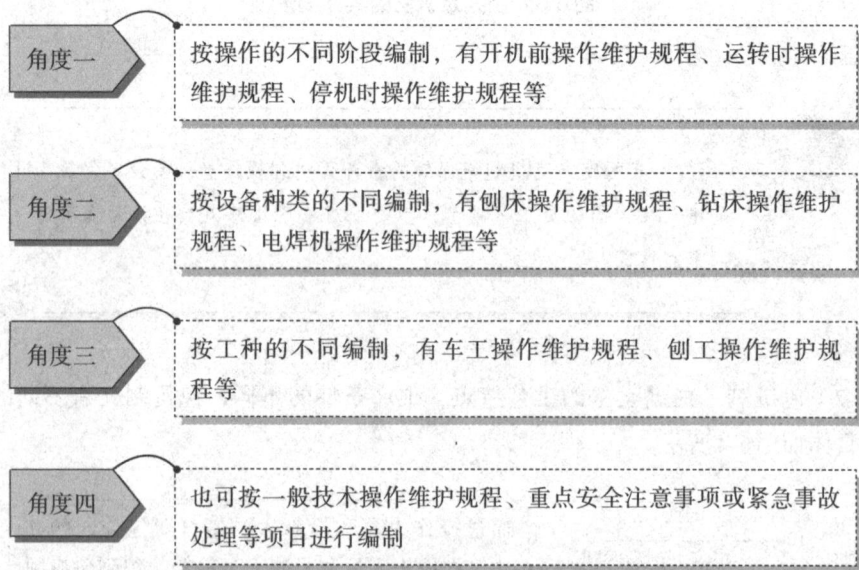

角度一	按操作的不同阶段编制，有开机前操作维护规程、运转时操作维护规程、停机时操作维护规程等
角度二	按设备种类的不同编制，有刨床操作维护规程、钻床操作维护规程、电焊机操作维护规程等
角度三	按工种的不同编制，有车工操作维护规程、刨工操作维护规程等
角度四	也可按一般技术操作维护规程、重点安全注意事项或紧急事故处理等项目进行编制

图6-5　设备操作维护规程的编制角度

单独编写设备的技术操作维护规程时，一般按照不同设备或型号，结合操作阶段的不同分别进行。如车床操作维护规程，可分为保养、开车前检查及准备、开车切削三个阶段。制氧站的分馏塔操作维护规程，可分为吹除、开车、运转、暂时停车、暂时停车后再开车、解冻前停车、解冻七个阶段。

2.设备的操作维护规程的内容

设备的操作维护规程，一般应包括图6-6所示的内容。

1　设备的主要操作规程和使用范围

设备的操作机械图或操作系统图　2

3　设备的润滑注油规定

设备的维护事项　4

5　使用设备时严禁事项及事故紧急处理步骤

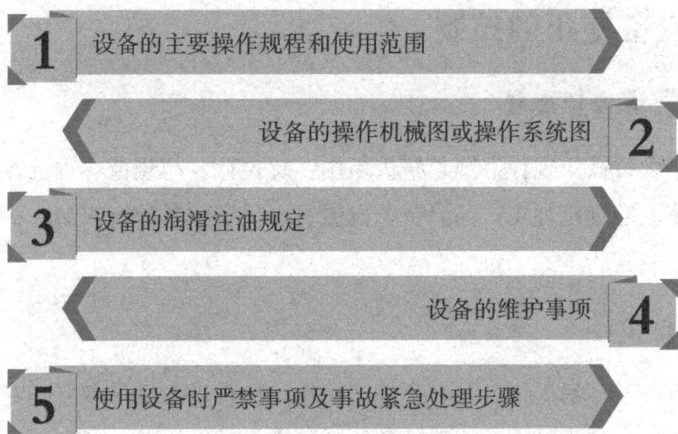

图6-6　设备的操作维护规程的内容

学习小札

第二节　设备管理的要点

　　设备使用是管理的重点，必须做好相关的监督、记录工作。只有按照正确的程序使用设备，才能保障精益生产工作顺利向前发展。

讲师的话

一、设备使用的控制

1.遵守设备操作规程

严格遵守设备操作规程，严禁精机粗用、超负荷、超规范、拼设备。操作者有权拒绝超负荷、超规范加工产品。企业机械员、设备工具处有权制止不合理使用设备的行为。

2.定人操作

凡主要生产设备的操作者，必须凭证操作。特种设备操作者需经安技环保处复训。没有操作证一律不得擅自使用设备。具体操作要点如图6-7所示。

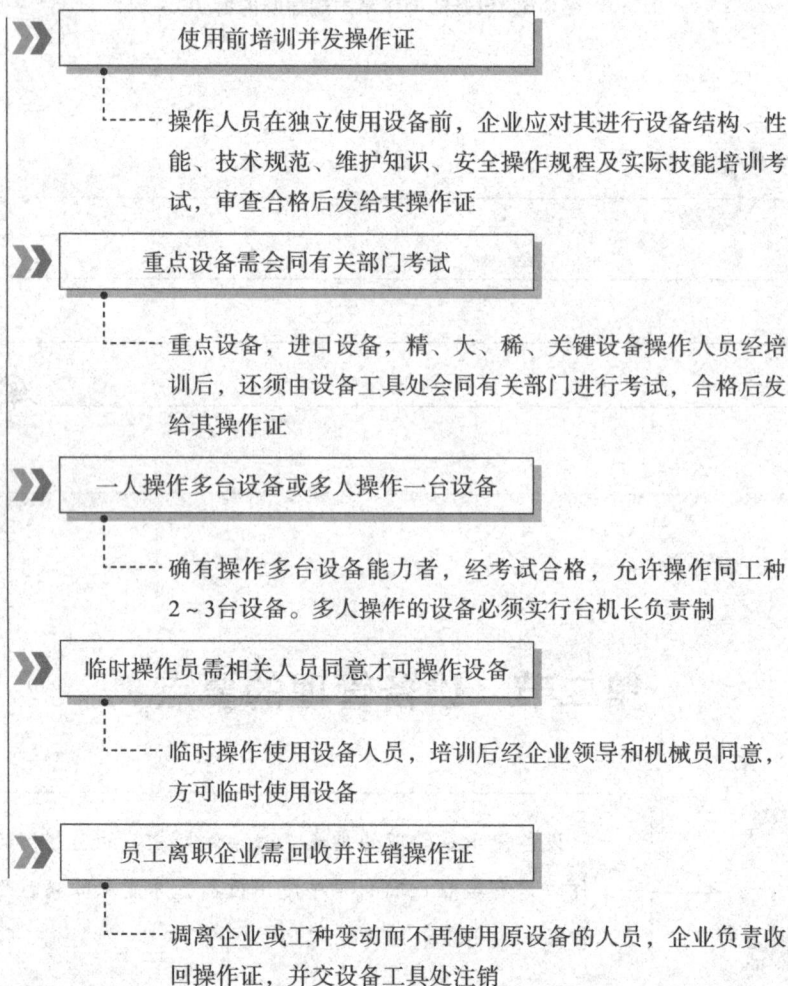

使用前培训并发操作证

.......操作人员在独立使用设备前，企业应对其进行设备结构、性能、技术规范、维护知识、安全操作规程及实际技能培训考试，审查合格后发给其操作证

重点设备需会同有关部门考试

.......重点设备，进口设备，精、大、稀、关键设备操作人员经培训后，还须由设备工具处会同有关部门进行考试，合格后发给其操作证

一人操作多台设备或多人操作一台设备

.......确有操作多台设备能力者，经考试合格，允许操作同工种2～3台设备。多人操作的设备必须实行台机长负责制

临时操作员需相关人员同意才可操作设备

.......临时操作使用设备人员，培训后经企业领导和机械员同意，方可临时使用设备

员工离职企业需回收并注销操作证

.......调离企业或工种变动而不再使用原设备的人员，企业负责收回操作证，并交设备工具处注销

图6-7　定人操作要点

3.规范使用要求

设备使用，必须符合"三好""四会""五项纪律"要求。

（1）三好。对设备操作人员的"三好"要求如图6-8所示。

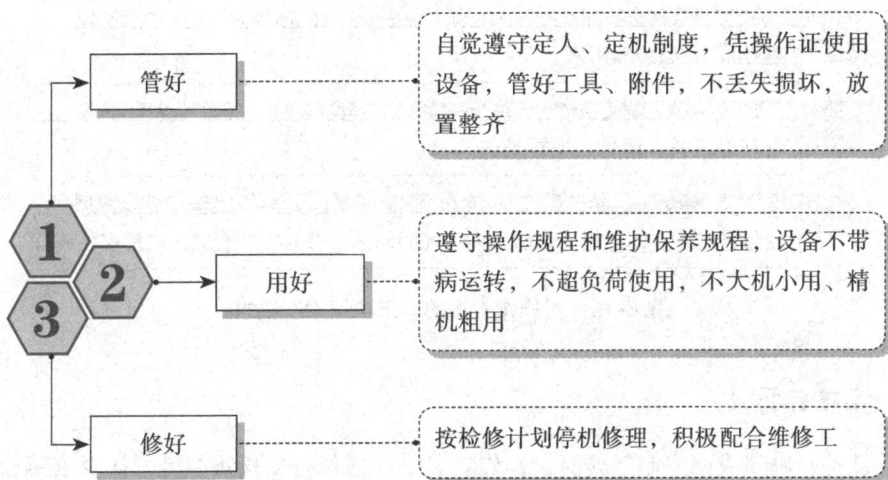

管好	自觉遵守定人、定机制度，凭操作证使用设备，管好工具、附件，不丢失损坏，放置整齐
用好	遵守操作规程和维护保养规程，设备不带病运转，不超负荷使用，不大机小用、精机粗用
修好	按检修计划停机修理，积极配合维修工

图6-8　对设备操作人员的"三好"要求

（2）四会。对操作人员基本功的"四会"要求如图6-9所示。

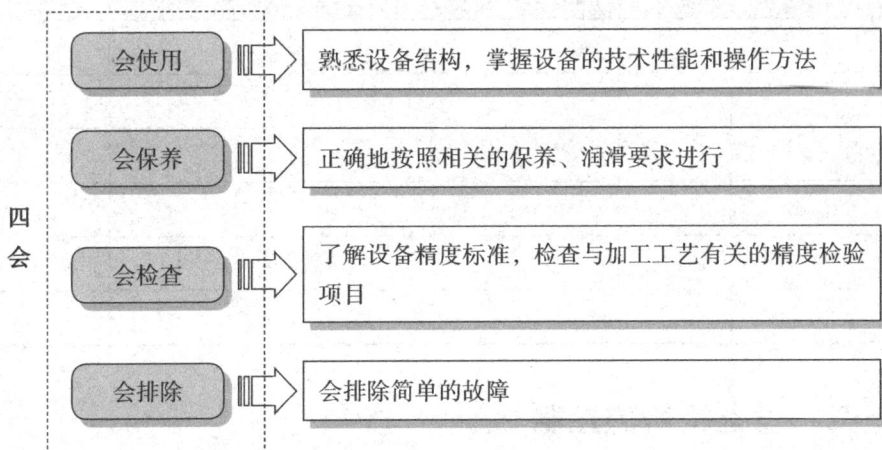

会使用	熟悉设备结构，掌握设备的技术性能和操作方法
会保养	正确地按照相关的保养、润滑要求进行
会检查	了解设备精度标准，检查与加工工艺有关的精度检验项目
会排除	会排除简单的故障

图6-9　对操作人员基本功的"四会"要求

（3）五项纪律。对操作人员的五项纪律要求如图6-10所示。

1	凭操作证使用设备，遵守安全操作规程
2	经常保持设备清洁，并按规定加油
3	遵守设备交接班制度
4	管理好工具、附件，不得遗失
5	发现异常，立即停机，自己不能处理的问题应及时通知有关人员检查处理

图6-10 对操作人员的"五项纪律"要求

4.按时记录

设备三班制或两班制运转时，操作者必须严格执行交接班制度，认真填写如表6-1所示的仪器设备使用记录表。

表6-1 仪器设备使用记录表

编号：

日期	班组	姓名	操作内容	使用情况	备注

二、设备检修的控制

精益生产要求设备保持精度，因此，必须定期进行校正。如果出现故障，必须进行修理。

1.设备校正

在生产管理中,如果各种设备精度有误差,就会导致生产、检验的误差。因此要定期对各种设备进行精度校正。

(1)校正范围。以下设备需要做精度校正,如图6-11所示。

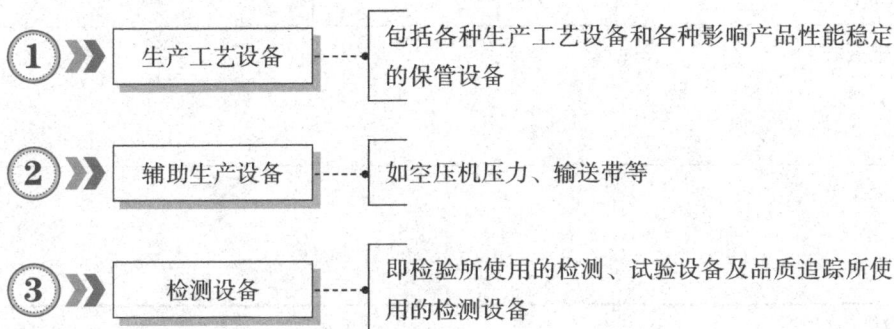

①	生产工艺设备	包括各种生产工艺设备和各种影响产品性能稳定的保管设备
②	辅助生产设备	如空压机压力、输送带等
③	检测设备	即检验所使用的检测、试验设备及品质追踪所使用的检测设备

图6-11 设备精度校正的范围

(2)校正方法。校正的方法有内部校正和外部校正两种,如图6-12所示。

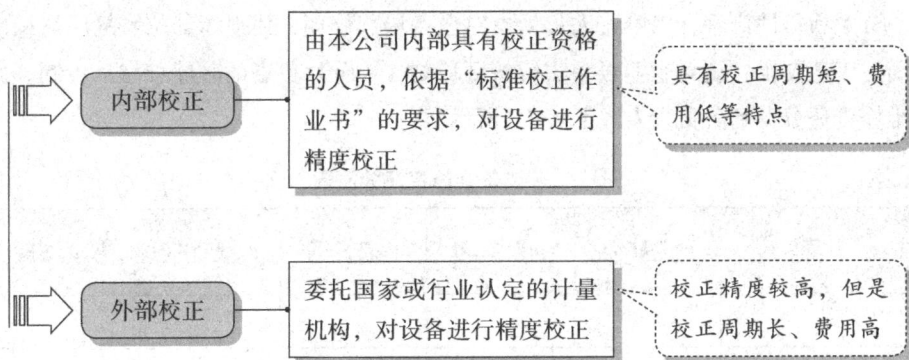

| 内部校正 | 由本公司内部具有校正资格的人员,依据"标准校正作业书"的要求,对设备进行精度校正 | 具有校正周期短、费用低等特点 |
| 外部校正 | 委托国家或行业认定的计量机构,对设备进行精度校正 | 校正精度较高,但是校正周期长、费用高 |

图6-12 设备精度校正的方法

(3)精度校正管理。对设备精度进行校正管理,要尽量注意培养内部校正人员,并对校正作业进行规范,最好制定标准校正作业规程之类的文件形式,如表6-2所示。在校正完成后,要贴上"已校正"的标签,并做好校正记录。

表6-2　设备精度校正记录

日期：

设备名称		型号		制造厂商		出厂编号	
校准条件：							
校准器名称		型号			编号		
校准规程：							
校准结论：							

检验员：　　　　　　　　　　　　　　　　　校准员：

2.设备维修

设备的维修主要分为以下几种类型。

（1）项目性修理。以维修人员为主对设备局部修理，使损坏部位恢复原有精度或满足工艺要求。要对企业设备实行按区域划分、分片负责的区域维修负责制，并将维修责任分派到各负责人，如表6-3所示。

表6-3　设备维修责任分派表

负责人＼车间	铸造车间	机加车间	电镀车间	装配车间	模具车间

（2）设备大修理。设备全部解体，按大修理标准，全面恢复设备的工作能力，配齐安全防护装置和必要的附件。生产部负责全厂设备大修理计划安排、质量检

验、费用结算、用户反馈。

设备大修理具体程序如图6-13所示。

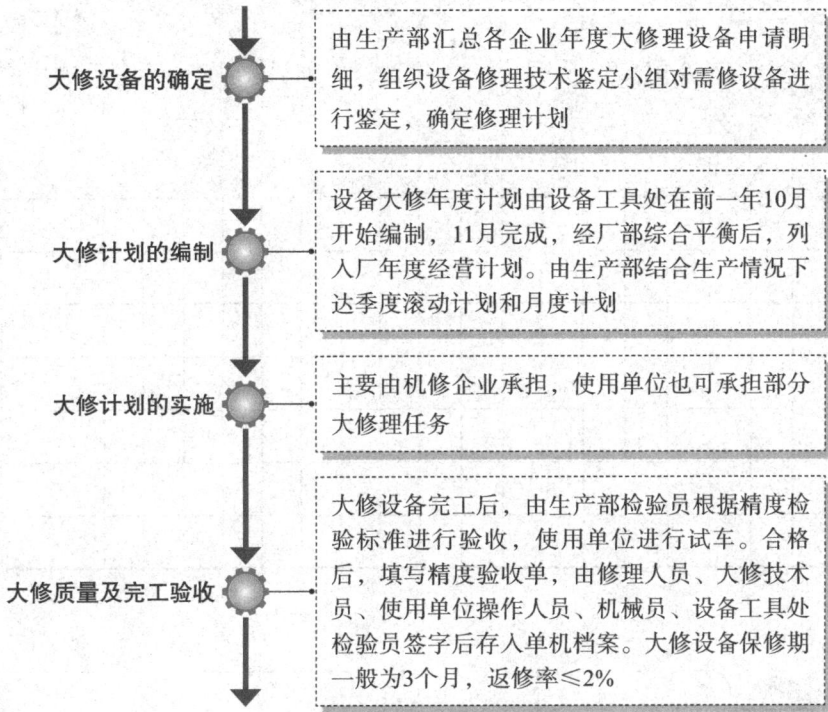

图6-13 设备大修理具体程序

3.做好维修记录

维修完毕，一般要做好相应的维修记录，如表6-4、表6-5所示，作为以后维修的数据资料。

表6-4 设备维修记录表

使用单位： 检验日期：

设备名称		设备编号		型号规格	
序号	维修内容	维修结果		维修人员	检验人员

表6-5　设备大修、项修完成情况明细表

序号	设备编号	设备名称	规格型号	制造厂	出厂日期	使用部门	复杂系数		修理类型		计划进度（季）				计划修理费用（元）		实际修理费用（元）		实际开工时间月、日	实际完成时间
							机	电	大修	项修	一	二	三	四	机	电	机	电		

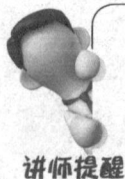

> **讲师提醒**　对于部分设备专业性较强，本企业自身的维修技术条件或维修能力方面不能满足生产对维修任务的要求，就应委托专业维修单位进行维修，并做好维修后的验收工作。

三、工装的管理

工装就是工艺装备，包括模具、夹具、夹辅具、刀具、专用量具、检具、工位器具等。工艺装备（工装）管理的基本要求是：及时申请领用生产中所必需的工装，做好工装的成套性工作，并合理使用和保管，在保证生产正常进行的前提下，延长工装使用寿命。

1.合理使用工装

各种工装的使用必须依据相应的使用说明，并符合生产的实际需要，具体应做到图6-14所示的要求。

要求一　结合多种产品的上场、下场，做好工装的上场准备与下场清理

要求二　在每种产品下场后，对生产中使用的工装要及时清理，进行鉴定，根据情况分别安排退库、改进或修复等工作，以保证产品再次上场时能够使用

要求三　工装的使用应按工艺要求，在工装强度、性能允许的范围内使用，严禁串规代用（如旋具代凿子、钳子代锤子）

要求四　不允许专用工装代替通用工装，精具粗用的现象应坚决禁止，并在使用中注意保持精度和使用的条件

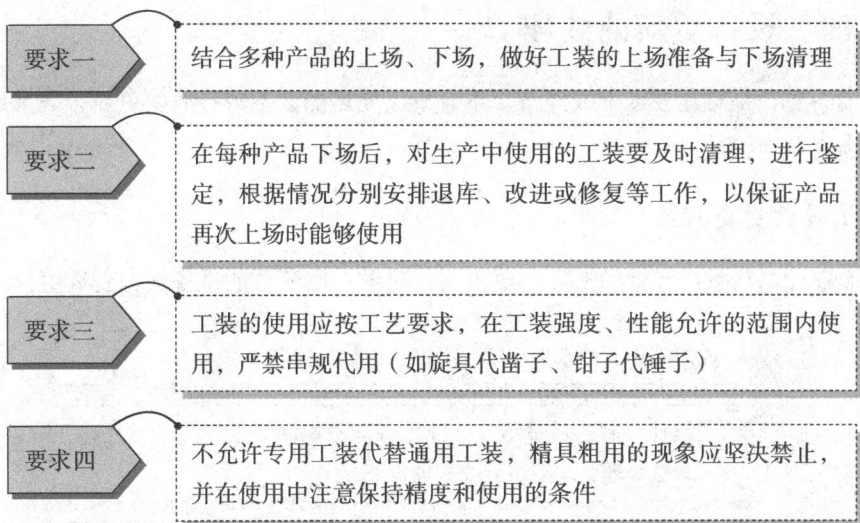

图6-14　合理使用工装的要求

2.妥善保管工装

（1）工装应放在固定场所，有精度要求的工装应按规定进行支撑、垫靠。

（2）工装箱要整齐、清洁，定位摆放，开箱知数，账物相符。

（3）无关物品特别是私人用品不允许放在工装箱内，使用完毕后的工装应进行油封或粉封，防止生锈变形，长期不用的工装应统一保管。

3.工装的清点和校验

（1）每天查对工装箱一次，一周核对账物一次，以保持工装账物相符。

（2）贵重和精密工装要特殊对待，切实做好使用保管、定期清洁、校验精度和轻拿轻放等事项。

（3）量具要做好周期检查鉴定工作，使之处于良好的技术状态。

4.工装的修复报废

工装都有一定的使用寿命，正常磨损和消耗不可避免，但凡能修复的应及时采取措施，恢复其原来的性能，如刀具的磨损、量具的修理等。对于不能修复的工装，在定额范围内可按手续报废并以旧换新，对于节约工装和爱护工装的员工应给予表扬。

生产现场还应协助做好专用工装的试验（如试模）工作，对专用工装提出修改意见。对于违反操作规程造成工夹具、刀具报废等情况，要查明原因，追究责任。

四、设备更新的处理

设备更新是对在技术上或经济上不宜继续使用的设备进行原样更新，或采用新的设备对其更换。

1.设备更新对象

企业应当从生产经营的实际需要出发，对图6-15所示的设备优先安排更新。

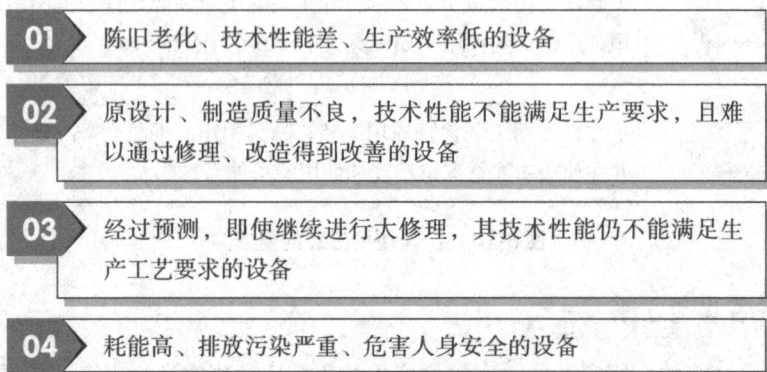

01 陈旧老化、技术性能差、生产效率低的设备

02 原设计、制造质量不良，技术性能不能满足生产要求，且难以通过修理、改造得到改善的设备

03 经过预测，即使继续进行大修理，其技术性能仍不能满足生产工艺要求的设备

04 耗能高、排放污染严重、危害人身安全的设备

图6-15 优先安排更新的设备

2.设备更新的方式

设备更新的方式如图6-16所示。

原样更换

指把使用多年、大修多次、再修复已不经济的设备更换一台同型号的设备。这种方式只能满足工艺要求，在没有新型号设备可以替换的情况下采用

设备更新的方式

技术更新

指用质量好、效率高、能耗少、环保的新型设备，替换技术性能落后又无法修复改造或者修理、改造不经济的老设备。这是设备更新的主要方式

图6-16 设备更新的方式

3.设备更新的时机

设备更新必然要考虑经济效益。那么，什么时候更新在经济上最有利，即选择其为更新的时机。设备更新时机应考虑四点内容，如图6-17所示。

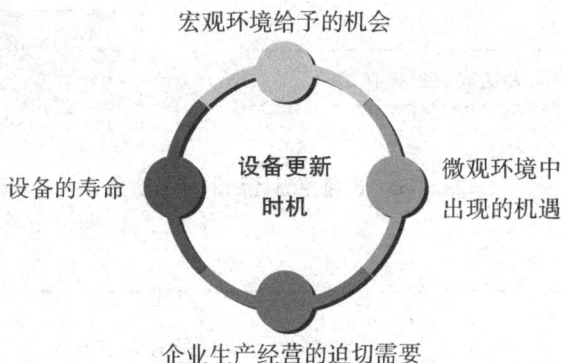

图6-17 设备更新时机

4. 设备更新规划

（1）设备更新规划的编制。设备更新规划的编制应在企业主管厂长的直接领导下，以设备动力部门为主，并在企业的规划、技术发展、生产、计划、财务部门的参与和配合下进行。

（2）设备更新规划的内容。主要包括现有设备的技术状态分析，需要更新设备的具体情况和理由，国内外可订购到的新设备的技术性能与价格，国内有关企业使用此类设备的技术经济效果和信息，要求新购置设备的到货和投产时间、资金来源等。

设备更新是企业生产经营活动的重要一环，要发挥企业各部门的作用，共同把工作做好。为避免工作内容的重复，应对设备更新规划和计划的编制做适当分工，一般采用图6-18所示的方法。

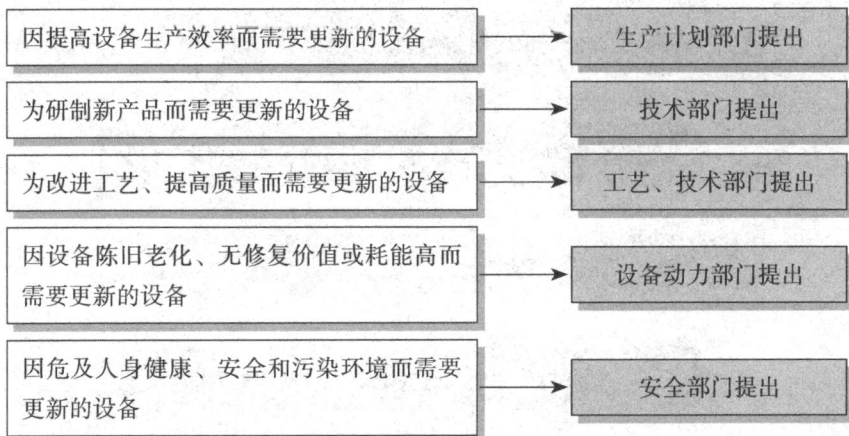

图6-18

由于上述需要又无现成设备更换的 → 规划和技术发展部门列入企业技术改造规划，作为新增设备予以安排

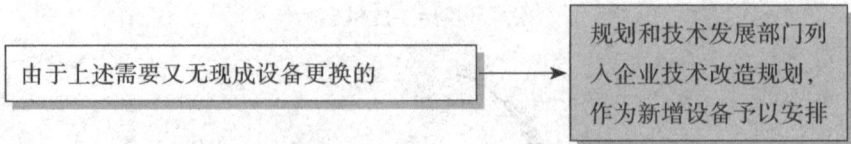

图6-18　设备更新计划的分工部分

讲师提醒

　　设备更新规划的编制应立足于通过对现有生产能力的改造来提高生产效率和产品水平。也就是说，设备更新要与设备大修理和设备技术改造相结合，既要更换相当数量的旧设备，又要结合具体生产对象，用新部件、新装置、新技术等对设备进行技术改造，使设备的技术性能达到，或局部达到先进水平。

5.设备更新实施

　　（1）编制和审定设备更新申请单。设备更新申请单由企业主管部门根据各设备使用部门的意见汇总编制，经有关部门审查，在充分进行技术经济分析论证的基础上，确认实施的可能性和资金来源等方面情况后，经上级主管部门和厂长审批后实施。

　　设备更新申请单的主要内容如图6-19所示。

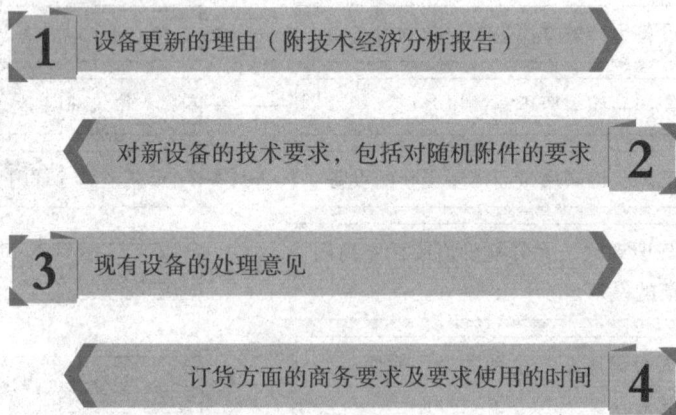

1　设备更新的理由（附技术经济分析报告）

对新设备的技术要求，包括对随机附件的要求　2

3　现有设备的处理意见

订货方面的商务要求及要求使用的时间　4

图6-19　设备更新申请单的主要内容

（2）对旧设备组织技术鉴定，确定残值，区别不同情况进行处理。对报废的受压容器及国家规定淘汰的设备，不得转售其他单位。目前尚无确定残值的较为科学的方法，但它是真实反映设备本身价值的量，确定它很有意义。因此，残值确定的合理与否，直接关系到经济分析的准确与否。

（3）更新实施。企业根据已制定好的规划对设备进行更新，更新完毕后必须做好相关记录。

五、设备报废的处理

设备使用到规定的寿命周期后，其主要性能严重劣化而不能满足生产工艺要求，且无修复价值，此时就要进行设备报废处理，以便更换或设置新型设备，适应企业发展的需要。

1.设备的报废条件

企业对属于下列情况之一的设备，如图6-20所示，应当按报废处理。

01 主要结构和部件严重损坏，虽经大修但技术性能仍不能达到生产使用要求和保证产品质量

02 设备老化、技术性能落后、耗能高、效率低、经济效益差

03 修理费用过高，经济上严重不合理

04 严重污染环境，危害人身安全与健康，没有修复、改造的价值

05 其他应当淘汰的设备

图6-20 设备的报废条件

2.设备报废的审批程序

由设备使用部门提出设备报废计划，写明报废理由，送交设备部门初步审查。经企业质量部门鉴定，经工艺、财务部门会签，并由设备管理部审核后，由使用部门填写"设备报废申请表"，如表6-6所示，送交主管领导批准。

表6-6　设备报废申请表

申请部门：　　　　　　　　　　　　　　　　　日期：　　　年　　　月　　　日

报废设备　　部门意见		报废原因	专家鉴定意见	机电部处理意见	财务部处理意见	分管总监意见	总经理意见
编号							
名称							
规格							
原值							
已折旧额							
预计年限							
实用年限							
使用部门							

讲师提醒

设备的报废必须依据相关程序进行，因为设备是企业的重要资产，一旦报废就是一种损失，只有按程序报废才能最大程度上减少损失。

3.报废设备的处理

报废设备的处理要点如图6-21所示。

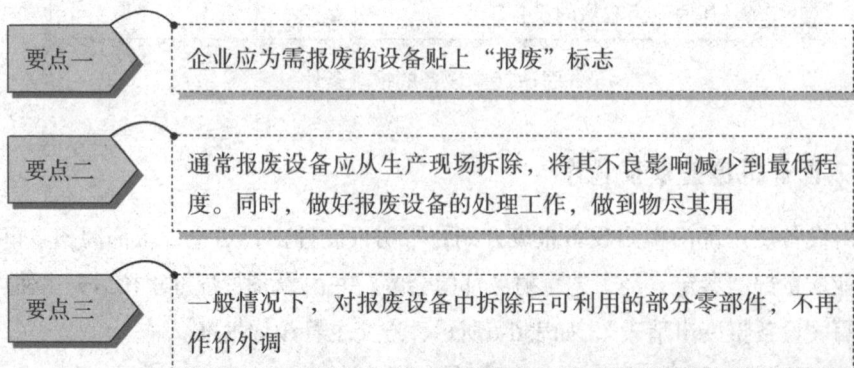

要点一　企业应为需报废的设备贴上"报废"标志

要点二　通常报废设备应从生产现场拆除，将其不良影响减少到最低程度。同时，做好报废设备的处理工作，做到物尽其用

要点三　一般情况下，对报废设备中拆除后可利用的部分零部件，不再作价外调

要点四	对于旧设备可以出售给其他企业做他用时，应向上级主管部门提出出售申请，核准后予以报废处理
要点五	设备报废后，设备部门应将批准的设备报废单送交财会部门注销账、卡
要点六	企业出售和报废设备所得的收益要用于设备改造和更新

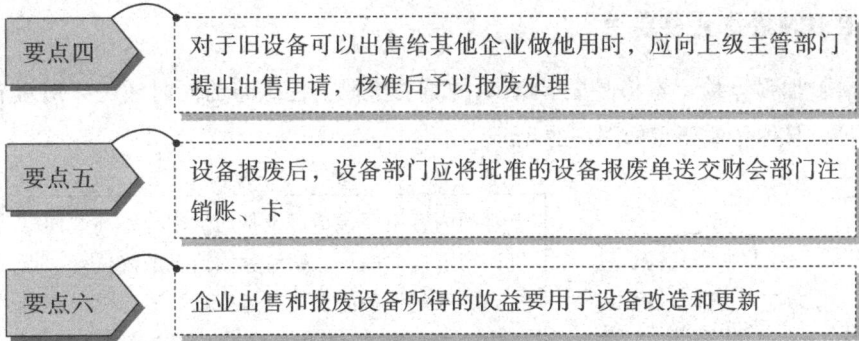

图6-21　报废设备的处理要点

六、开展设备TPM活动

TPM（Total Productive Maintenance）的中文意思就是"全员生产维护"，这是日本人在20世纪70年代提出的，是一种全员参与的生产维护方式。TPM活动是为企业解决经营管理难题，提升企业管理水平，实现精益生产的重要工具，是企业追求效益最大化的工程。

1.TPM活动的目标

TPM活动的目标必须明确，具体如图6-22所示。

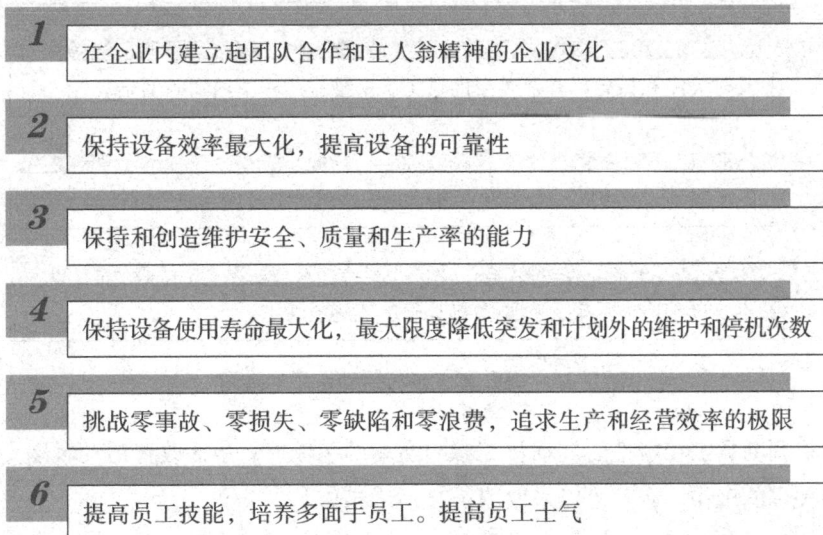

1	在企业内建立起团队合作和主人翁精神的企业文化
2	保持设备效率最大化，提高设备的可靠性
3	保持和创造维护安全、质量和生产率的能力
4	保持设备使用寿命最大化，最大限度降低突发和计划外的维护和停机次数
5	挑战零事故、零损失、零缺陷和零浪费，追求生产和经营效率的极限
6	提高员工技能，培养多面手员工。提高员工士气

图6-22　TPM活动的目标

2.TPM活动开展要点

（1）加强点检。点检是TPM活动的重要手段，在点检的同时还可以对设备进行维护，具体作业要点如图6-23所示。

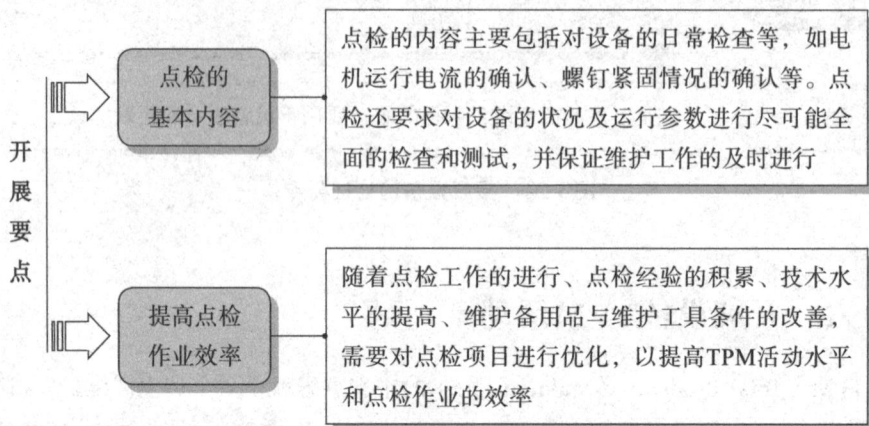

开展要点

点检的基本内容：点检的内容主要包括对设备的日常检查等，如电机运行电流的确认、螺钉紧固情况的确认等。点检还要求对设备的状况及运行参数进行尽可能全面的检查和测试，并保证维护工作的及时进行

提高点检作业效率：随着点检工作的进行、点检经验的积累、技术水平的提高、维护备用品与维护工具条件的改善，需要对点检项目进行优化，以提高TPM活动水平和点检作业的效率

图6-23　TPM活动开展要点

（2）提升员工参与活动的水平。企业应积极提高员工对TPM活动的认识，提升其执行水平，具体措施如图6-24所示。

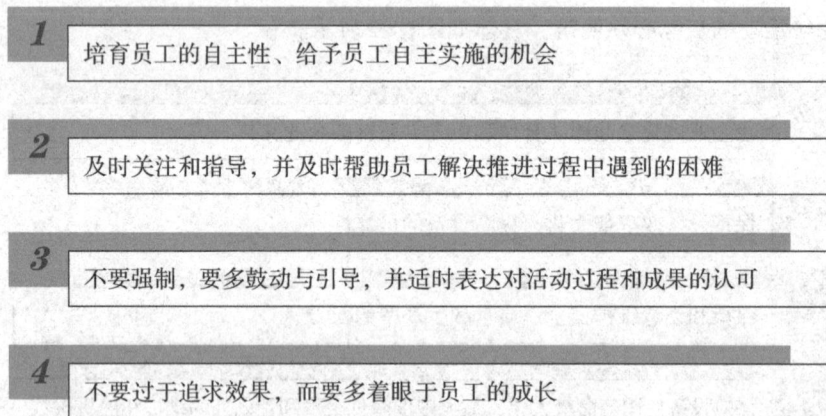

1　培育员工的自主性、给予员工自主实施的机会

2　及时关注和指导，并及时帮助员工解决推进过程中遇到的困难

3　不要强制，要多鼓动与引导，并适时表达对活动过程和成果的认可

4　不要过于追求效果，而要多着眼于员工的成长

图6-24　提升员工参与活动水平的措施

（3）调动员工积极性。调动员工参与活动的积极性，激活改善活动氛围是推进过程最关键的工作。企业可以采取图6-25所示措施。

- 将TPM活动与日常绩效考核挂钩，活动开展好的班组将获得更多奖励
- 强调TPM活动的重要意义，提高员工的认识
- 企业各级领导积极带头开展活动，起到以身作则的作用

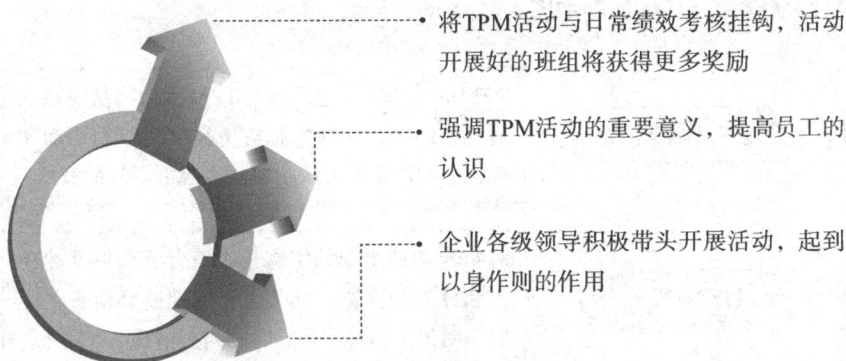

图6-25 调动员工积极性的措施

（4）将企业设备管理制度与TPM活动结合。应将企业设备管理制度与TPM活动结合，以方便活动开展，具体事项如图6-26所示。

事项一	负责企业设备、测量设备的进厂验收和使用、维护、修理、革新改造直到报废全过程的管理工作，保证设备正常运行和动力的安全稳供
事项二	组织拟定设备管理的各项规章制度、技术标准，编制设备修理的图纸资料，做好设备技术档案管理工作
事项三	组织编制设备的保养检修计划和动力预防性试验计划，保证计划检修及节假日设备检修的实施
事项四	组织设备润滑管理，搞好润滑"五定"工作，并监督设备润滑作业质量
事项五	应用现代化管理方法管好设备，总结推广维护新技术，对关键、重点连续生产设备实行预防维护
事项六	搞好设备资产管理工作

图6-26 企业设备管理制度与TPM活动结合的措施

（5）建立自主管理体制。企业可以通过TPM活动建立自主管理体制，从而全面加强TPM管理，具体活动如图6-27所示。

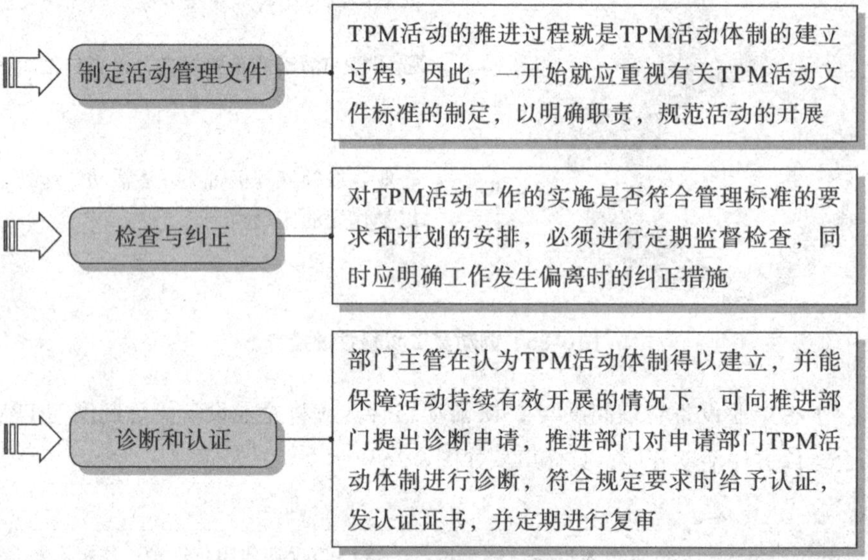

制定活动管理文件 → TPM活动的推进过程就是TPM活动体制的建立过程，因此，一开始就应重视有关TPM活动文件标准的制定，以明确职责，规范活动的开展

检查与纠正 → 对TPM活动工作的实施是否符合管理标准的要求和计划的安排，必须进行定期监督检查，同时应明确工作发生偏离时的纠正措施

诊断和认证 → 部门主管在认为TPM活动体制得以建立，并能保障活动持续有效开展的情况下，可向推进部门提出诊断申请，推进部门对申请部门TPM活动体制进行诊断，符合规定要求时给予认证，发认证证书，并定期进行复审

图6-27　建立自主管理体制的活动

学习小札

学习心得

学习回顾

通过本章的学习，我有哪些收获？

1.＿＿＿＿＿＿＿＿＿＿＿＿＿＿＿＿＿＿＿＿＿＿
2.＿＿＿＿＿＿＿＿＿＿＿＿＿＿＿＿＿＿＿＿＿＿
3.＿＿＿＿＿＿＿＿＿＿＿＿＿＿＿＿＿＿＿＿＿＿
4.＿＿＿＿＿＿＿＿＿＿＿＿＿＿＿＿＿＿＿
5.＿＿＿＿＿＿＿＿＿＿＿＿＿＿＿＿＿＿＿

自我反思

我还有哪些不足？

1.＿＿＿＿＿＿＿＿＿＿＿＿＿＿＿＿＿＿＿＿＿＿
2.＿＿＿＿＿＿＿＿＿＿＿＿＿＿＿＿＿＿＿＿＿＿
3.＿＿＿＿＿＿＿＿＿＿＿＿＿＿＿＿＿＿＿＿＿＿
4.＿＿＿＿＿＿＿＿＿＿＿＿＿＿＿＿＿＿＿＿＿＿
5.＿＿＿＿＿＿＿＿＿＿＿＿＿＿＿＿＿＿＿

行动计划

我要做好以下几个方面的工作，来加强公司的精益设备管理。

1.＿＿＿＿＿＿＿＿＿＿＿＿＿＿＿＿＿＿＿＿＿＿
2.＿＿＿＿＿＿＿＿＿＿＿＿＿＿＿＿＿＿＿＿＿＿
3.＿＿＿＿＿＿＿＿＿＿＿＿＿＿＿＿＿＿＿＿＿＿
4.＿＿＿＿＿＿＿＿＿＿＿＿＿＿＿＿＿＿＿＿＿＿
5.＿＿＿＿＿＿＿＿＿＿＿＿＿＿＿＿＿＿＿

第七章　精益生产之采购与仓储

杨老师："在企业生产中，原材料的采购与储存是非常重要的。大家作为生产管理者，都对采购和仓储有什么看法呢？"

小刘："原材料采购非常重要，原材料的质量也决定了产品质量，采购部应该把好关。当然，不只要抓好原材料质量，还要保证及时到料，'巧妇难为无米之炊'，及时到料才能生产。有的时候来料不及时很容易影响到交货期，那么生产部不仅要加班赶货，还有可能影响到其他订单的生产。"

杨老师："相信小刘同学遇到的问题很多同学都遇到过。"

台下学员纷纷响应。

杨老师："采购对于生产非常重要，那么大家在管好生产的同时也不要忘了和采购部门的沟通。"

小刘："好的。谢谢杨老师。"

杨老师："了解了大家对采购的想法，那么大家对仓储有什么想法呢？"

小李："我觉得仓储问题不只是仓库的问题，也是相关部门需要注意的。比如说按需采购，按要求的量生产。仓库可以反映很多问题，特别是盘点的时候，大大小小的问题就会一起浮出水面了，比如我公司上一次仓库盘点，竟然发现了去年采购的物料，奇怪的是以前为什么没有发现。"

杨老师："相信这也不是个别问题。"

"对。"台下的学员说。

杨老师："小李果然不是一个人战斗啊。那么这节课我们就讲讲精益生产中如果做好采购和仓储。"

第一节 采购管理

采购是精益生产的重要组成部分，只有严格控制采购成本和采购质量，才能为企业的生产活动提供品质优良的物料。

讲师的话

一、采购计划制订

采购计划PP（Procurement Plan），是指企业管理人员在了解市场供求情况，认识企业生产经营活动过程和掌握物料消耗规律的基础上，对计划期内物料采购管理活动所做的预见性的安排和部署。采购计划对精益生产的顺利开展具有非常重要的作用。

1.采购计划的制订依据

制订采购计划时，应考虑年度营销计划、年度生产计划、用料清单、库存情况、企业资金供应情况等相关因素，对经营活动的急需物品，应优先考虑。具体在制作时要考虑以下因素。

（1）年度营销计划。除非市场出现供不应求的状况，否则企业年度的经营计划多以营销计划为起点。而营销计划的拟订，又受到销售预测的影响。

（2）年度生产计划。一般而言，生产计划源于营销计划。若营销计划过于乐观，将使产量变成存货，增加企业的财务负担；反之，过度保守的营销计划，将使产量不足以供应客户所需，丧失了创造利润的机会。

因此，企业常因营销人员对市场的需求量估算失当，造成物料供需长久处于失衡状态，使得采购计划与预算必须经常调整修正，生产计划朝令夕改。

（3）用料清单。若产品工程变更层出不穷，会导致用料清单难做及时的反应与修订，以致根据产量所计算出来的物料需求数量与实际的使用量或规格不尽相符，从而造成采购数量过多或不够、物料规格过时或不易购得等。因而，采购计划的准确性，有赖于维持最新、最正确的用料清单。

（4）存量管制卡。由于应购数量必须扣除库存数量，因而，存量管制卡记载是否正确也会影响采购计划的准确性，如表7-1所示。这包括：料账是否一致、物料存量是否全为合格品。若账上数量与仓库架台上的数量不符，或存量中并非全数皆为规格正确的物料，则仓储的数量将低于实际可取用的数量。故采购计划中的应购数量将会偏低。

表7-1　存量管制卡

卡号：

品名			料号			请购点			安全存量		
规格			存放	库号：架位：		一次请购量			采购前置时间		
日期	凭证号码	摘要	入库		出库		结存数量	请（订）购记录						
			收	欠收	发	欠发		订购量	订购单号	订购日	请求交货日	实际交货日	交货量	备注

（5）物料标准成本。因为在编订采购预算时，对将来拟购物料的价格不容易预测，故多以标准成本替代。如果该标准成本的设定，缺乏过去的采购资料，也无工程人员严密精确地计算其原料、人工及制造费用等组合或生产的总成本，则其正确率会降低。

因而，标准成本与实际购入价格的差额，即是采购预算准确性的评估指标。

（6）生产效率。生产效率的高低，将使预计的物料需求量与实际的耗用量产生误差。产品的生产效率降低，会导致原物料的单位耗用量提高，从而使采购计划中的数量不能满足生产所需。当生产效率有降低趋势时，采购计划必须将此额外的耗用量计算进去，从而避免原物料短缺现象的发生。

（7）价格预期。在编订采购金额预算时，常对物料价格涨跌幅度、市场景气情况等多加预测，甚至将其列为调整预算的因素。但由于个人主观的判定与事实的变化常有差距，也可能会造成采购预算的偏差。

2.采购计划的制订要求

采购计划就是要确定怎样进行物料采购和服务，以最好地满足生产需求的过程。它重点需要考虑的问题包括：是否采购、采购什么、怎样采购及何时采购。一般而言，采购计划有年度采购计划、月度采购计划、日采购计划、日常经营需求计划等，其具体要求如图7-1所示。

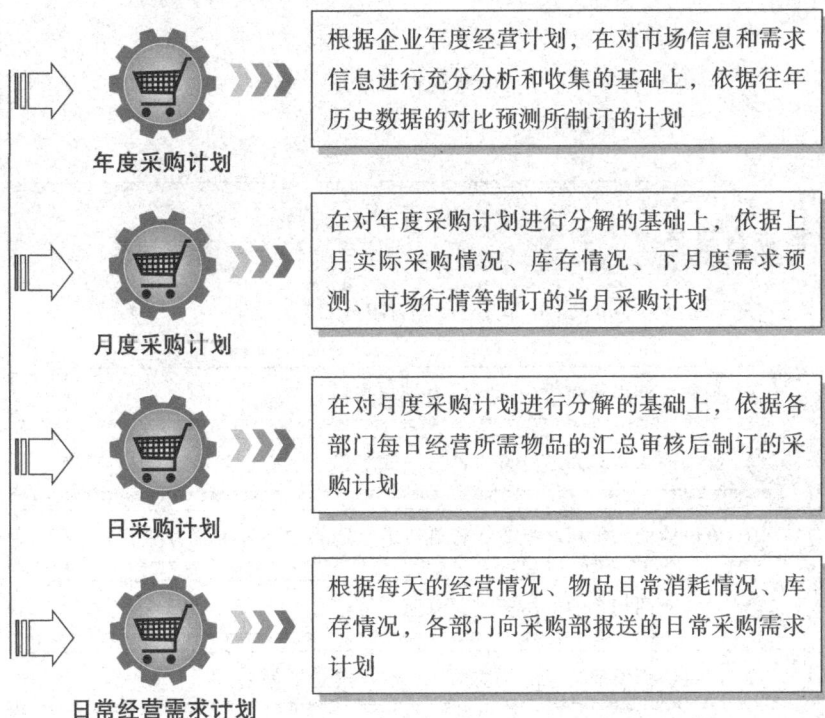

图7-1　采购计划的制订要求

二、供应商的控制

供应商是企业各类物资的主要供应者，精益生产必须掌握如何控制供应商，使其保证交货质量。

1.供应商开发

供应商开发的基本要求是质量、成本、交货期与服务并重。

2.供应商考核

供应商考核是指持续不断地对现有供应商保持监督控制，观察其是否能够实现预期绩效；对新供应商进行甄别，看其潜力是否能达到企业未来发展所需水平的过程。现有供应商是指已经通过了供应商甄别分析程序，并接受过至少一次订货的供应商。

讲师提醒

依据考核的结果，给予供应商升级或降级的处分；并根据采购策略的考虑，对合格、优良的供应商予优先议价、优先承揽的奖励，并建立合格供应商名录，对不符合标准的供应商予以拒绝往来的处分。

3.供应商扶持

被扶持供应商必须同时满足如图7-2所示的条件。

01	企业长期需要该供应商提供大量的来料
02	该企业本身品质不够好，在目前同类供应的交货品质中为中下等级
03	该供应商的价格水准等级较低，通常选用中下等级较为合适
04	该供应商与企业的历史配合意愿程度很高
05	该供应商不能为家庭作坊形式，也不能是贸易商
06	今后的价格水准可以在一个相对较低的水准上

图7-2　被扶持供应商应满足的条件

三、采购订单的控制

采购订单是企业向供应商发出的订货凭证，采购订单的控制要从四个方面进行，如图7-3所示。

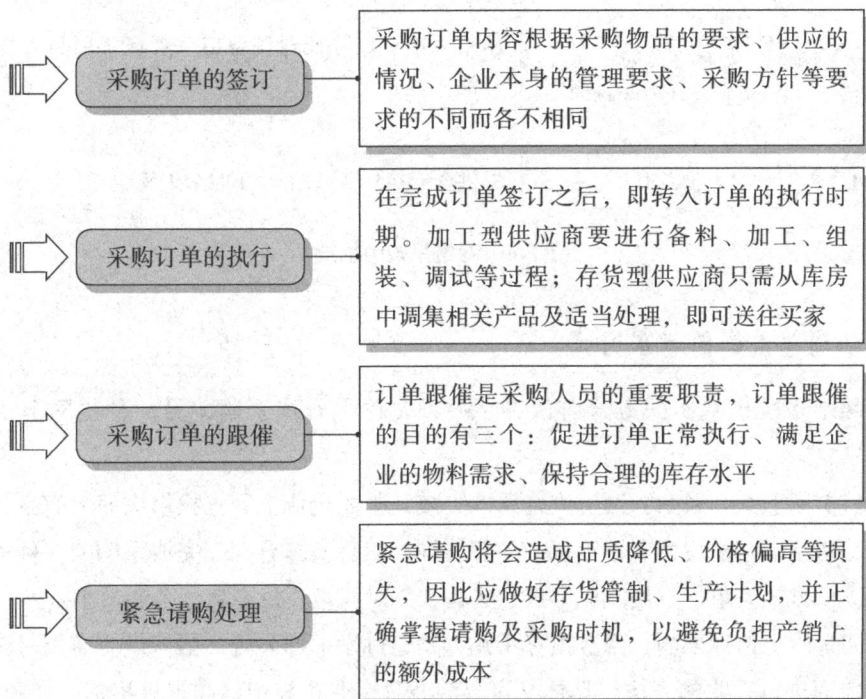

采购订单的签订 —— 采购订单内容根据采购物品的要求、供应的情况、企业本身的管理要求、采购方针等要求的不同而各不相同

采购订单的执行 —— 在完成订单签订之后，即转入订单的执行时期。加工型供应商要进行备料、加工、组装、调试等过程；存货型供应商只需从库房中调集相关产品及适当处理，即可送往买家

采购订单的跟催 —— 订单跟催是采购人员的重要职责，订单跟催的目的有三个：促进订单正常执行、满足企业的物料需求、保持合理的库存水平

紧急请购处理 —— 紧急请购将会造成品质降低、价格偏高等损失，因此应做好存货管制、生产计划，并正确掌握请购及采购时机，以避免负担产销上的额外成本

图7-3　采购订单控制要点

四、网络采购

网络采购是以网络为基础，以电子商务软件为依据所进行的一种采购活动。

1.网络采购的优点

随着互联网的发展，企业越来越多地通过网络采购所需物料，那么网路采购有什么优点呢，如图7-4所示。

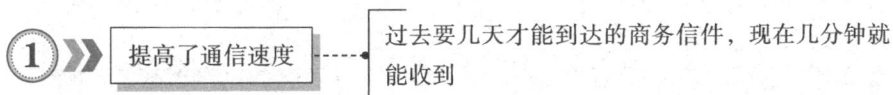

① ≫ 提高了通信速度 ┄┄ 过去要几天才能到达的商务信件，现在几分钟就能收到

图7-4

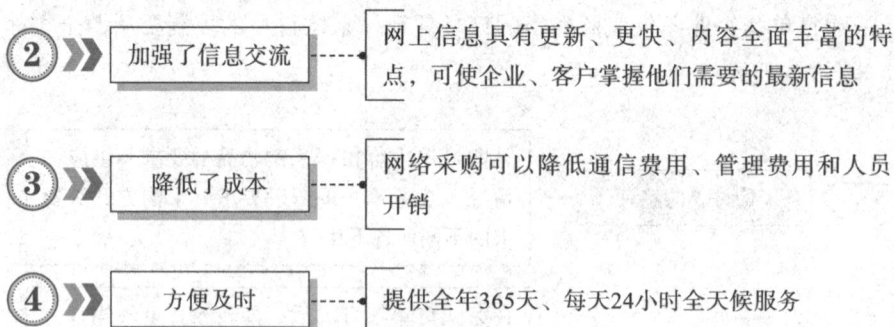

②	加强了信息交流	网上信息具有更新、更快、内容全面丰富的特点，可使企业、客户掌握他们需要的最新信息
③	降低了成本	网络采购可以降低通信费用、管理费用和人员开销
④	方便及时	提供全年365天、每天24小时全天候服务

图7-4　网络采购的优点

2.网络采购的基本方式

网络采购最基本的方式有两种：一种是网上查询采购，另一种是网上招标采购。

（1）网上查询采购。网上查询采购，就是采购企业上网查找供应商、商品，进行商品考察，与供应商联系洽谈、签订合同，然后实施合同而完成采购的一种采购方式。该方式简单、方便、成本低、采购快、时间短、效率高、采购量小。

（2）网上招标采购。网上招标采购，是通过发采购公告，招徕供应商上门而选择供应商进行采购的方法。具体又可分为两种：非正规招标和正规招标，如图7-5所示。

非正规招标

非正规招标并不是真正意义上的招标，它只是在自己的网页上发采购物料的告示，吸引供应商上门，直接商谈采购事宜而进行采购，没有投标竞标过程

网上招标采购

正规招标

正规招标采购是采购商在自己的网站或租驻他人的网站发布招标采购公告，招徕供应商上门投标，通过竞标评标选择供应商而进行采购的采购方式

图7-5　网上招标采购的方式

第二节　仓储管理

讲师的话

精益生产与规范化的仓储工作密不可分，只有切实保障了仓储工作的顺利，才能为精益生产提供最高效的原材料，从而使生产工作取得更大进展。

一、物料接收入库的控制

1.物料接收入库准备

若想物料顺利入库，必须做好四个方面的准备，如图7-6所示。

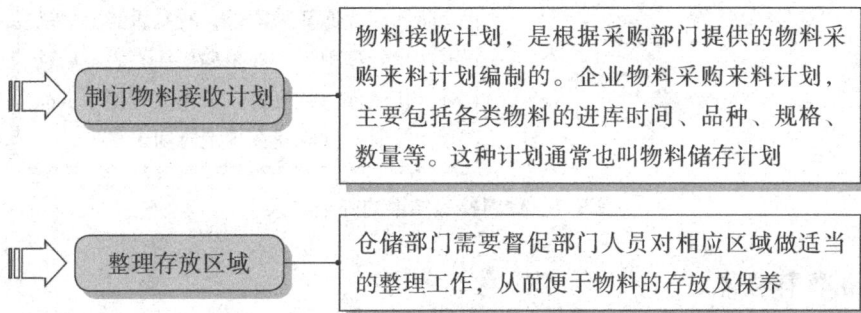

制订物料接收计划 → 物料接收计划，是根据采购部门提供的物料采购来料计划编制的。企业物料采购来料计划，主要包括各类物料的进库时间、品种、规格、数量等。这种计划通常也叫物料储存计划

整理存放区域 → 仓储部门需要督促部门人员对相应区域做适当的整理工作，从而便于物料的存放及保养

图7-6

精益生产管理实战手册（图解精华版）

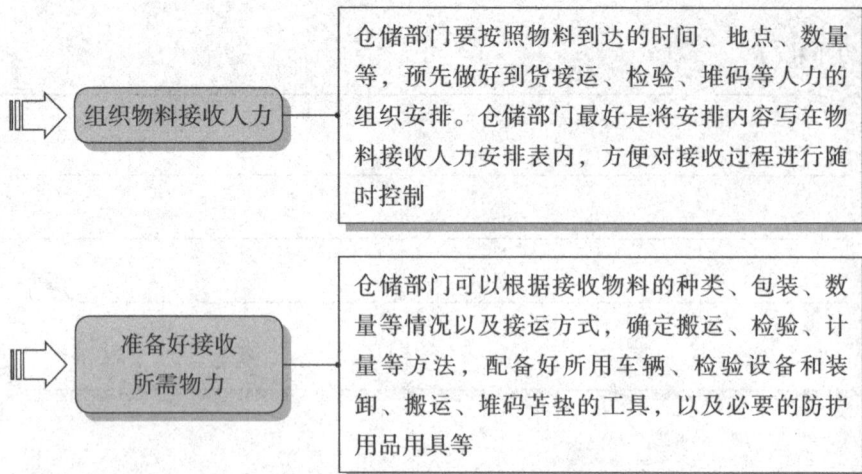

图7-6　物料接收入库准备

2.物料检验

仓储部门接到供应商送来的送货单后，应当及时进行验收，同时通知品质部门进行质量检验工作。仓储部门主要负责物料的数量、外观等方面的检验。而品质部门则负责物料性质、功能等方面的检验。

3.检验结果处理

仓储部门应依据检验结果处理相关物料，具体方式如图7-7所示。

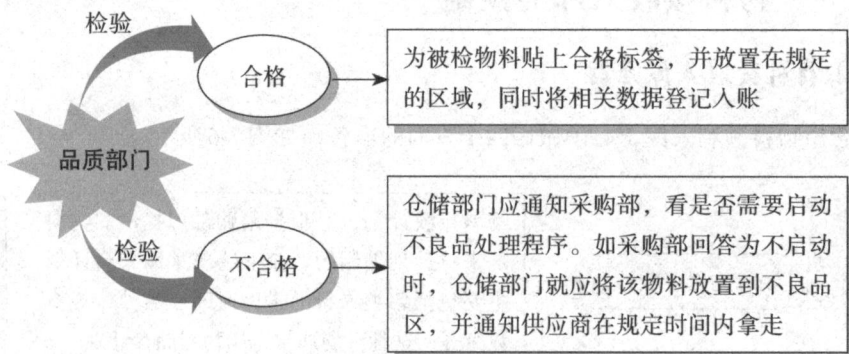

图7-7　物料检验结果的处理方式

4.物料特采

物料特采是指进料经IQC检验，品质低于允许水准，IQC虽提出退货的要求，

146

但企业由于生产的原因，而作出的"特别采用"的要求。

特采一般是在进料检验员判定不合格后，或者来不及检验时，由采购人员或物控提出，并填写"特采申请单"，经进料检验主管审核或工程技术主管复核，再经品质部高层主管或企业高层主管人员核准，最后将特采单复印件或副本分别送到进料检验人员、仓管人员手中，才算是完成特采的程序。

此时仓管人员应特别注明该批物料的状况并贴上标志，再发货给生产现场。

5.物料紧急放行

物料紧急放行是指因生产急需来不及检验就放行产品的做法。一般只有在下列情况下才允许紧急放行：发现的不合格产品能在技术上加以纠正，并且在经济上不会发生较大损失，也不会影响相关连接、相配的零部件质量。紧急放行应使用紧急放行单，如表7-2所示。

表7-2 紧急放行单

进料名称		物料编号			批量	
规格		数量			生产批号	
供应商名称						
业务经办人			职务／联系方式			
申请紧急放行原因及理由			申请人		日期	
审批意见			批准人		日期	

二、半成品、成品入库的控制

仓储部门人员除了做好物料的入库工作，也要做好半成品和成品的入库工作。仓储部门应明确入库作业准备的基本事项，方便员工操作。

1.入库检验

（1）生产部生产的半成品或成品，在入库前，由现场物料人员开具入库单，注明制造命令、产品名称、编号、规格、数量后，送品质部检验。

（2）品质部对半成品、成品实施检验。

（3）检验结果有合格（或允收）、不合格（或拒收）两种，如图7-8所示。

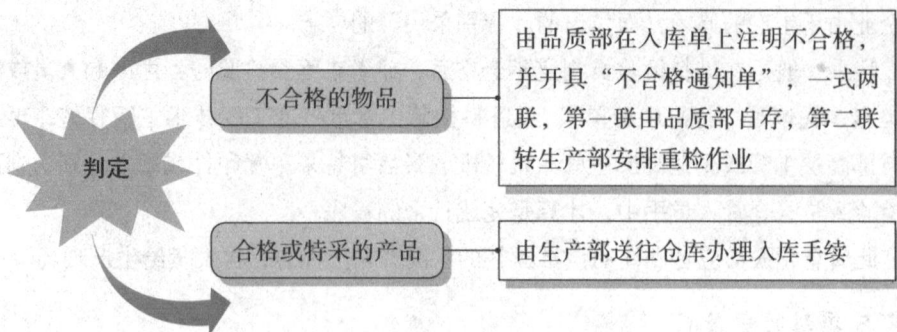

图7-8　成品、半成品入库检验结果处理要点

2.入库确认

仓库接收半成品、成品时要确认四点事项，如图7-9所示。

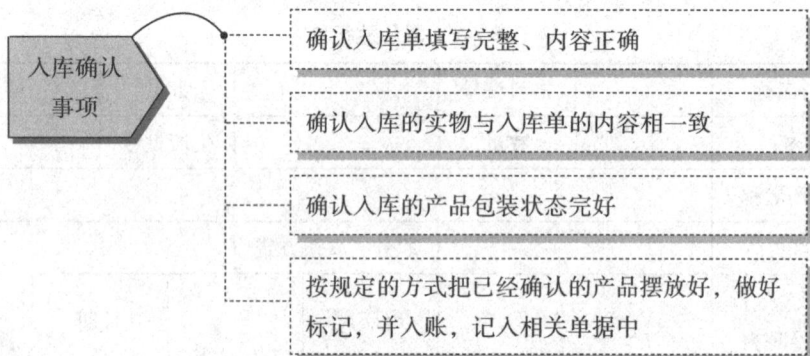

图7-9　入库的确认事项

三、储存质量的控制

1.日常储存基本要求

日常储存保管需要满足一些基本要求，具体内容如图7-10所示。

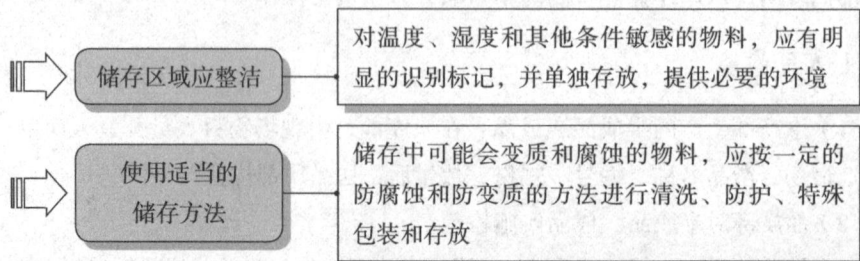

要对库存品
进行监控

> 如定期检验、对库存品实行先进先出的原则、定期熏蒸消毒等，做好库存品的检验记录。物料入库应验收合格，并注明接收日期，作出适当标记

定期检查
库存品状况

> 禁止非仓管人员进入，物料出库手续应齐全，加强仓库管理。储存物料应有一套清楚完整的账物卡管理制度

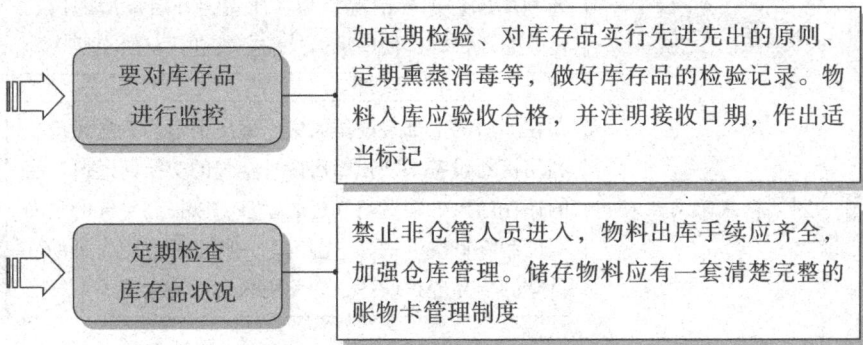

图7-10　日常储存保管基本要求

2.物品堆放管理

物品堆放有多种不同的方法，具体如图7-11所示。

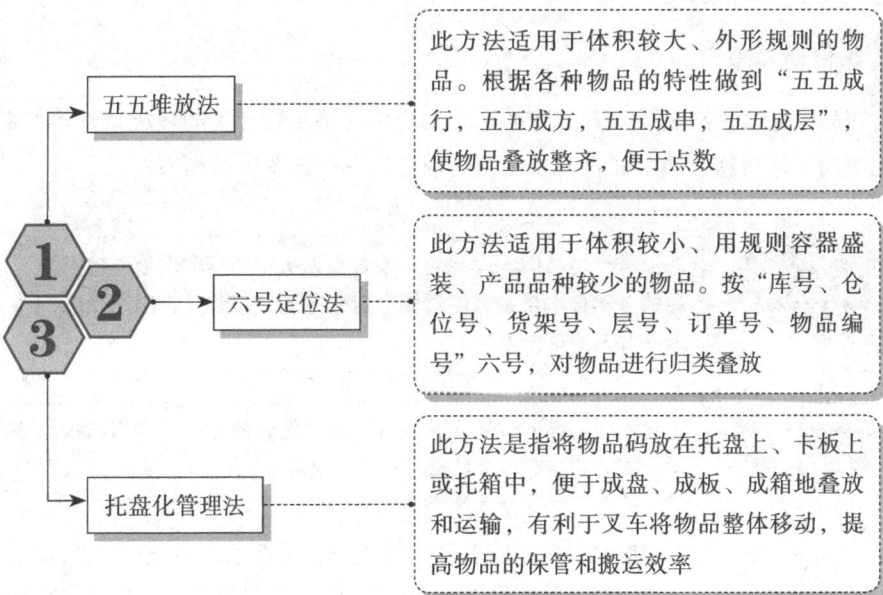

五五堆放法

> 此方法适用于体积较大、外形规则的物品。根据各种物品的特性做到"五五成行，五五成方，五五成串，五五成层"，使物品叠放整齐，便于点数

六号定位法

> 此方法适用于体积较小、用规则容器盛装、产品品种较少的物品。按"库号、仓位号、货架号、层号、订单号、物品编号"六号，对物品进行归类叠放

托盘化管理法

> 此方法是指将物品码放在托盘上、卡板上或托箱中，便于成盘、成板、成箱地叠放和运输，有利于叉车将物品整体移动，提高物品的保管和搬运效率

图7-11　物品堆放方法

3.通风管理

通风就是通过自然通风流动规律和机械通风两种方式，有目的地使仓库内外空气流通，以达到调节库内空气温、湿度的目的，如图7-12所示。

自然通风 —— 即利用库房内外的温差和气压差，开启库房的门、窗、通风口等，使库房内外的空气进行自然交换

机械通风 —— 即在库房的上部装设排风扇、库房下部装置送风扇，利用机器设备来加强库房内外空气的交换而通风。有的还在通风处装置空气过滤设备，以提高空气的洁净程度和降低空气的温、湿度。一些企业应用先进的、科学的物品养护设备，如使用联动开关仓窗等

图7-12　自然通风和机械通风的说明

4.密封管理

有些物品因为自身特质，需要密封保存。而密封就是利用绝热性与防潮性较好的材料，把物品尽可能地严密封闭起来，防止和减弱外界温、湿度对物品的影响，以达到安全储存的目的。

5.预防霉变

物品霉变的预防主要是针对物品霉变的外因（微生物产生的环境条件等）而采取相应的技术措施。通常而言，预防霉变的措施具体如图7-13所示。

措施一 —— 加强每批物品的入库检查。检查有无水渍和霉腐现象，检查物品的自然含水量是否超过储存保管范围，包装是否损坏受潮，内部有无发热现象等

措施二 —— 针对不同物品的性质，采取分类储存保管的方式，为不同物品创造所需的储存保管环境，以防物品霉变

措施三 —— 根据不同季节、不同地区、不同储存保管环境，采取相应的通风降湿措施，使库内温度和湿度达到抑制霉菌生长和繁殖的标准

措施四 —— 选择合理的储存场所。易霉物品应尽量安排在空气流通、光线较强、比较干燥的库房，并应避免与含水量大的物品一起储存

措施五 —— 对物品进行密封

| 措施六 | 做好日常的清洁卫生，以避免仓库里的积尘吸潮，导致菌类寄生繁殖 |

| 措施七 | 易霉腐物品在保管期间应勤加检查和加强保护 |

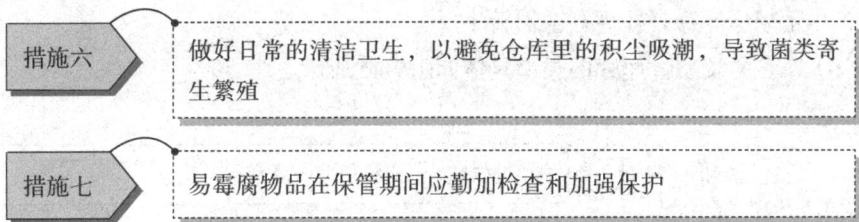

图7-13　预防霉变的措施

6.预防锈蚀

金属物品和金属制品的防锈方法有很多，有些在生产过程就应予以考虑。在仓储作业中，仓管人员应采用必要的措施，预防锈蚀，具体措施如图7-14所示。

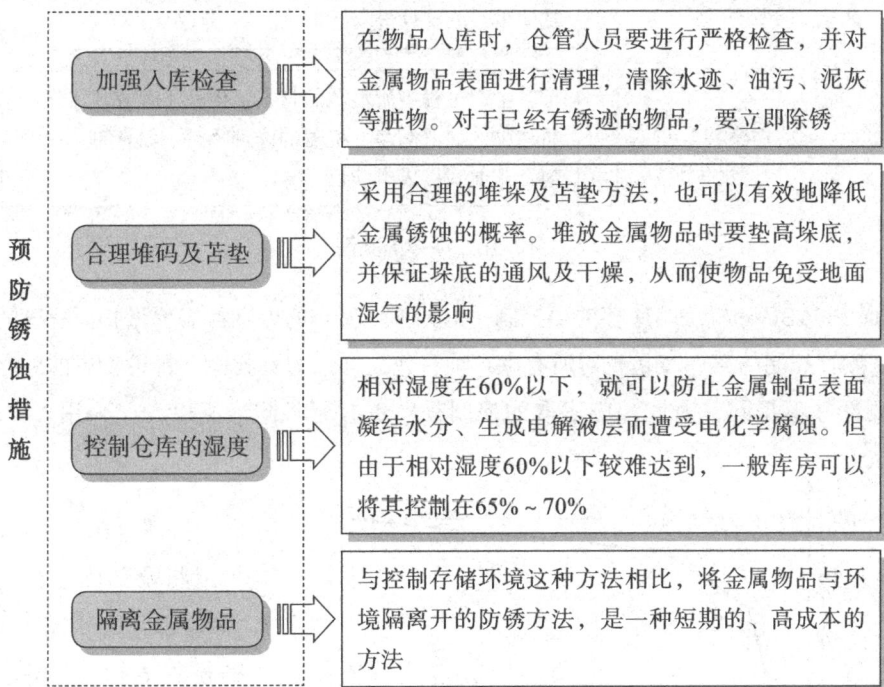

预防锈蚀措施	加强入库检查	在物品入库时，仓管人员要进行严格检查，并对金属物品表面进行清理，清除水迹、油污、泥灰等脏物。对于已经有锈迹的物品，要立即除锈
	合理堆码及苫垫	采用合理的堆垛及苫垫方法，也可以有效地降低金属锈蚀的概率。堆放金属物品时要垫高垛底，并保证垛底的通风及干燥，从而使物品免受地面湿气的影响
	控制仓库的湿度	相对湿度在60%以下，就可以防止金属制品表面凝结水分、生成电解液层而遭受电化学腐蚀。但由于相对湿度60%以下较难达到，一般库房可以将其控制在65%～70%
	隔离金属物品	与控制存储环境这种方法相比，将金属物品与环境隔离开的防锈方法，是一种短期的、高成本的方法

图7-14　预防锈蚀的措施

四、库存与零库存

1.库存控制

任何企业或多或少都有库存。库存容易占用资金，因此，企业应加强对库存的管理，尽量减少库存，提高资金周转率。

（1）库存的类型。库存的类型具体如图7-15所示。

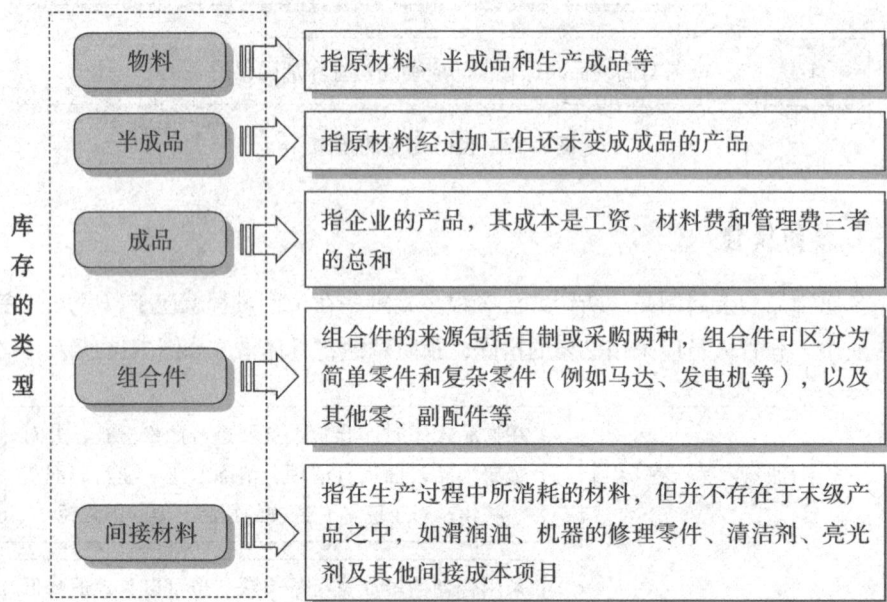

物料	指原材料、半成品和生产成品等
半成品	指原材料经过加工但还未变成成品的产品
成品	指企业的产品，其成本是工资、材料费和管理费三者的总和
组合件	组合件的来源包括自制或采购两种，组合件可区分为简单零件和复杂零件（例如马达、发电机等），以及其他零、副配件等
间接材料	指在生产过程中所消耗的材料，但并不存在于末级产品之中，如滑润油、机器的修理零件、清洁剂、亮光剂及其他间接成本项目

图7-15　库存的类型

（2）ABC分析法。库存需要控制，但并不是所有的库存都需要做相同程度的控制。库存控制的第一步是先对所有库存项目建立详细的资料库，每种物料的库存其重要性并不相同，因此，应采取的控制程序也有所不同。所以，应采用ABC分析法。

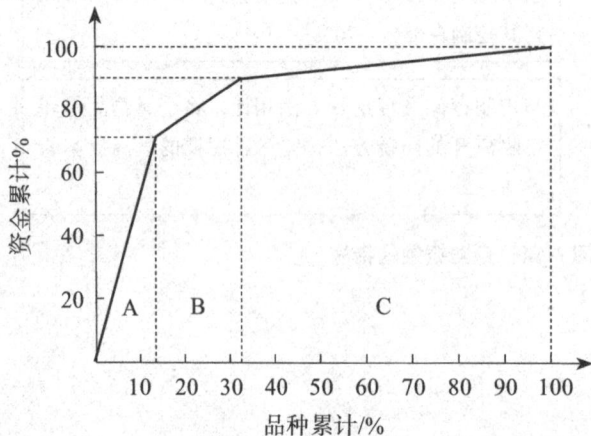

图7-16　ABC分析法

按照ABC分析法，可以将全部库存物料分为A、B、C三类，A类物料项数约为10%，所占资金约为70%；C类物料项数约为70%，所占资金约为10%；其余为B类物料，其项数与所占资金均为20%，如图7-16所示。

（3）定量订货法。当存量达到某一基准（订购点）时，便开始发出请购单以着手补充库存量，这种"订购量一定，而请购时期不一定"的库存控制方法就是定量订货法。

（4）定期订货法。定期订货法是事先决定固定的订货时间，进行库存量补充的订货方法。这种方法请购期是固定的，但订购量不是固定的。该方法适用于ABC分析中A类项目的物料。

2.零库存

（1）零库存的含义。零库存是一种特殊的库存概念，零库存并不是等于不要储备和没有储备。所谓的零库存，是指物料（包括原材料、半成品和成品等）在采购、生产、销售、配送等一个或几个经营环节中，不以仓库存储的形式存在，而均是处于周转的状态。

它并不是指以仓库储存形式的某种或某些物品的储存数量真正为零，而是通过实施特定的库存控制策略，实现库存量的最小化。

所以零库存管理的内涵是以仓库储存形式的某些物品数量为零，即不保存经常性库存，可以说它是在物资有充分社会储备保证的前提下，所采取的一种特殊供给方式。

（2）零库存管理的重要作用。对企业来说，零库存管理可以减少库存浪费，非常重要，其作用有两点，如图7-17所示。

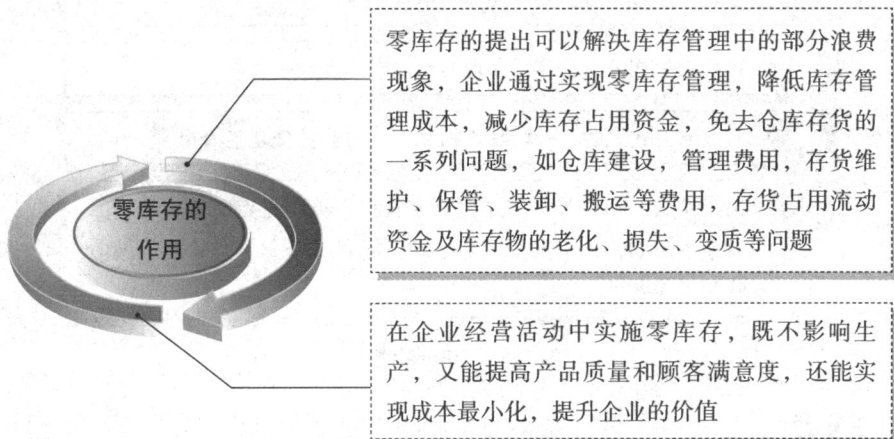

零库存的作用

零库存的提出可以解决库存管理中的部分浪费现象，企业通过实现零库存管理，降低库存管理成本，减少库存占用资金，免去仓库存货的一系列问题，如仓库建设，管理费用，存货维护、保管、装卸、搬运等费用，存货占用流动资金及库存物的老化、损失、变质等问题

在企业经营活动中实施零库存，既不影响生产，又能提高产品质量和顾客满意度，还能实现成本最小化，提升企业的价值

图7-17 零库存管理的作用

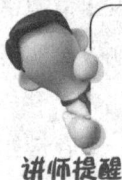

> 讲师提醒
>
> 零库存管理缩短了原材料的供应时间，并减少了重大事故的发生，所以零库存管理可以缩短产品生产周期，规避市场变化和产品升级换代而产生的降价、滞销等风险。

五、盘点的控制

盘点是仓库的一项重要工作，只有通过定期的盘点，才能确知仓库中所储存物品的具体数目和质量，以便为精益生产工作提供最准确的物料。

1.开展盘点培训工作

每当定期盘点时，相关部门可能需要抽调人手增援。对于从各部门抽调来的人手，必须加以组织分配，并进行短期的培训，使其掌握盘点的相关知识和方法等。

2.初盘

初盘的要点如图7-18所示。

01	指定时间停止仓库物品进出
02	各初盘小组在负责人带领下进入盘点区域，至少2人一组，在仓管人员引导下进行各项物品的清点工作
03	初盘人员在清点物品后，填写盘点卡，做到一物一卡
04	盘点卡一式三联，一联贴于物品上，两联转交复盘人员
05	初盘负责人组织专人根据盘点卡资料，填写盘点清单，将物品盘点卡资料填入。盘点清单一式三联，一联存被盘仓库，另两联交复盘人员

图7-18　初盘的要点

3.复盘

初盘结束后，复盘人员在各负责人带领下进入盘点区域，在仓管人员及初盘人员的引导下进行物品复盘工作。复盘的要点如图7-19所示。

要点一	复盘可采用100%复盘，也可采用抽盘，复盘方式由企业盘点领导小组确定，但复盘比例不可低于30%
要点二	复盘人员根据实际状况，可采用由账至物或由物至账的抽盘作业。由账至物，即在盘点清单上随意抽出若干项目，逐一至现场核对，检查盘点清单、盘点卡与实物三者是否一致。由物至账，即在现场随意指定一种物品，再由此对盘点清单、盘点卡进行核对，检查三者是否相符
要点三	对核对无误的项目，复盘人员应在盘点卡与盘点清单上签字确认；对核对有误的，应会同初盘人员、仓管人员修改盘点卡、盘点清单中所填的数量，并签字确认
要点四	复盘人员将两联盘点卡及两联盘点清单一并上交财务部

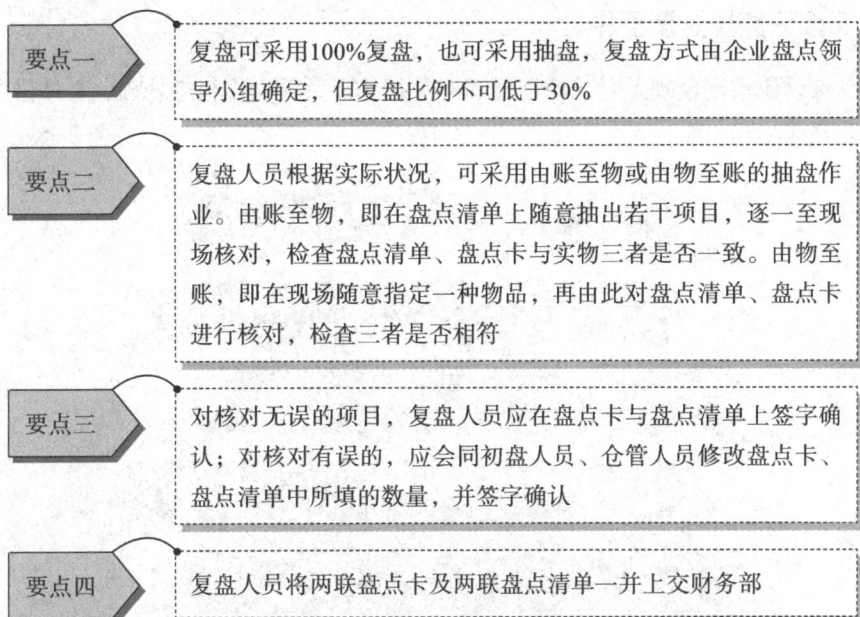

图7-19 复盘的要点

4.确认盘点差异

盘点所得资料与账目核对结果，如发现账物不符的现象，仓储部门应追查原因，可从以下事项着手进行，如图7-20所示。

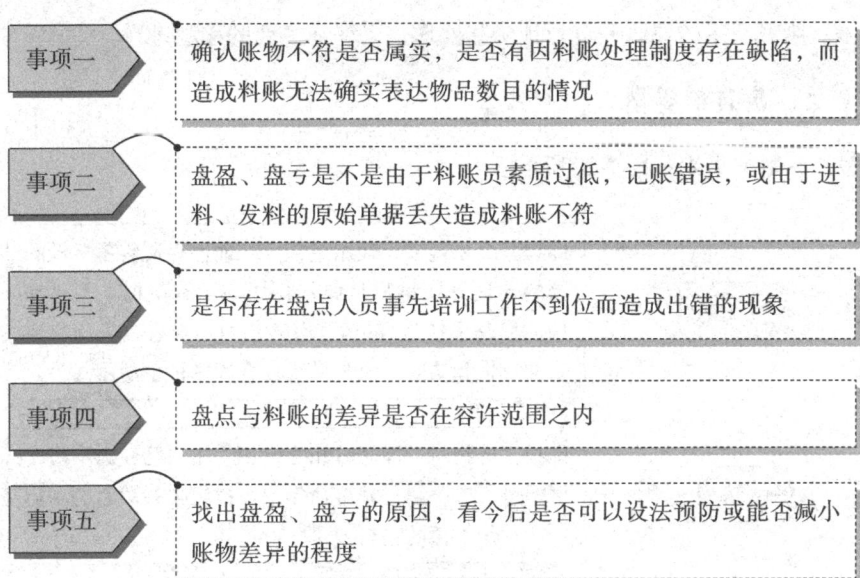

事项一	确认账物不符是否属实，是否有因料账处理制度存在缺陷，而造成料账无法确实表达物品数目的情况
事项二	盘盈、盘亏是不是由于料账员素质过低，记账错误，或由于进料、发料的原始单据丢失造成料账不符
事项三	是否存在盘点人员事先培训工作不到位而造成出错的现象
事项四	盘点与料账的差异是否在容许范围之内
事项五	找出盘盈、盘亏的原因，看今后是否可以设法预防或能否减小账物差异的程度

图7-20 确认盘点差异的事项

5.盘点差异处理工作

盘点后应根据出现差异的原因对问题进行分析，并作出相应处理，具体措施如图 7-21 所示。

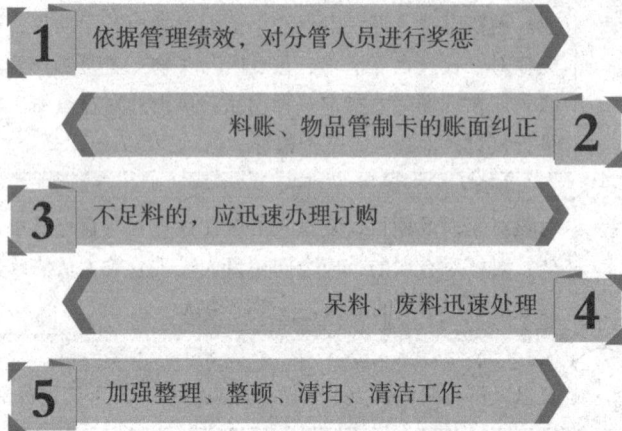

1 依据管理绩效，对分管人员进行奖惩

料账、物品管制卡的账面纠正 2

3 不足料的，应迅速办理订购

呆料、废料迅速处理 4

5 加强整理、整顿、清扫、清洁工作

图 7-21　盘点差异的处理方式

六、呆、废料的控制

呆、废料的存在，会占用一定的库存和成本，影响生产计划的执行，因而必须分析呆、废料产生的原因并进行预防和处理，以保证生产的顺利进行。

1.呆、废料的类别

呆、废料的类别如图 7-22 所示。

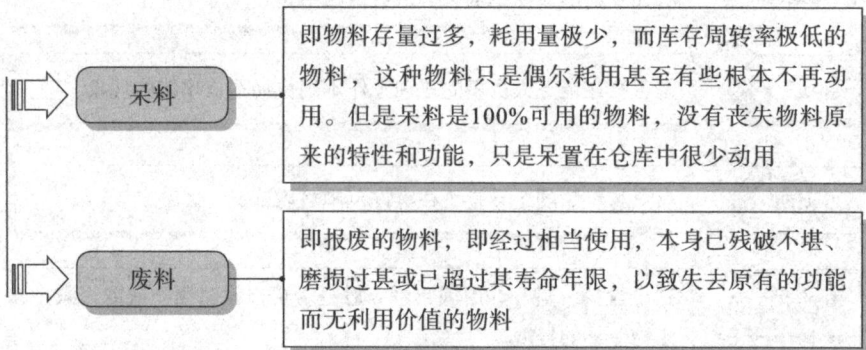

呆料 —— 即物料存量过多，耗用量极少，而库存周转率极低的物料，这种物料只是偶尔耗用甚至有些根本不再动用。但是呆料是100%可用的物料，没有丧失物料原来的特性和功能，只是呆置在仓库中很少动用

废料 —— 即报废的物料，即经过相当使用，本身已残破不堪、磨损过其或已超过其寿命年限，以致失去原有的功能而无利用价值的物料

图 7-22　呆、废料的类别

2.呆料的预防

呆料预防重于处理，可以从呆料的产生原因来进行相应的防范，如表7-3所示。

表7-3　呆料的预防措施

序号	部门	具体措施
1	销售部门	（1）加强销售计划的稳定性，对销售计划的变更要加以规划；切忌使销售计划变更频繁，使购进的物料变成仓库中的呆料。 （2）客户的订货应确实把握，尤其是特殊订货不宜让客户随意取消；否则物料准备下去，容易变成呆料。 （3）消除客户百分之百的优先主义，客户预订的产品型号或规格应减少变更，尤其是特殊型号和规格的产品更应设法降低客户变更的机会；否则会产生很多的呆料。 （4）销售人员接受的订货内容应确实把握，并把正确而完整的订货内容传送至计划部门
2	设计部门	（1）加强设计人员的能力，减少设计错误的机会，不至于因设计错误而产生大量呆料。 （2）设计力求完整，设计完成后先经过完整的试验，才能大批订购物料。 （3）设计时要尽量使零件、包装材料等标准化。这样就可尽量避免因零件与包装材料种类过多而使呆料增加
3	计划与生产部门	（1）加强产销的协调，增加生产计划的稳定性，对紧急订单妥善处理。如此可减少呆料的产生。 （2）生产计划的拟订应合乎现状。若因生产计划错误而造成备料错误，自会产生呆料。 （3）生产线加强发料、退料的管理，则生产线上的呆料自然会减少。 （4）新旧产品更替，生产计划应十分周密，以防止旧物料变成呆料
4	仓储部门	（1）物料计划应加强，消灭物料计划失常的现象。 （2）对存量加以控制，勿使存量过多，以减少呆料产生。 （3）强化仓储管理，加强账物的一致性
5	采购部门	（1）减少物料的不当请购、订购。 （2）加强辅导供应商，呆料现象自可降低
6	验收管理部门	（1）物料验收时，避免混入不合格物料，强化进料检验并彻底执行。 （2）加强检验仪器的精良化，减少物料鱼目混珠的机会，消灭不良物料入库的机会

3.呆料的处理

呆料的处理方法如图7-23所示。

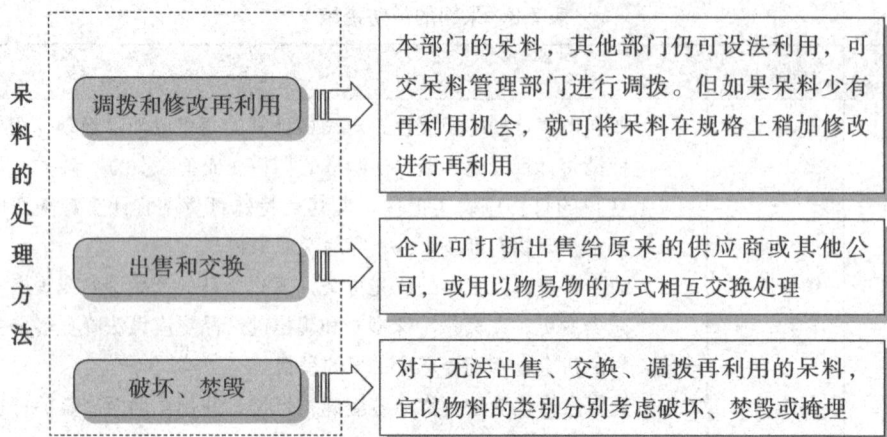

图7-23　呆料的处理方法

呆料的处理方法

调拨和修改再利用	本部门的呆料，其他部门仍可设法利用，可交呆料管理部门进行调拨。但如果呆料少有再利用机会，就可将呆料在规格上稍加修改进行再利用
出售和交换	企业可打折出售给原来的供应商或其他公司，或用以物易物的方式相互交换处理
破坏、焚毁	对于无法出售、交换、调拨再利用的呆料，宜以物料的类别分别考虑破坏、焚毁或掩埋

4.废料的预防

根据废料产生的原因，可以采取图7-24所示的预防对策。

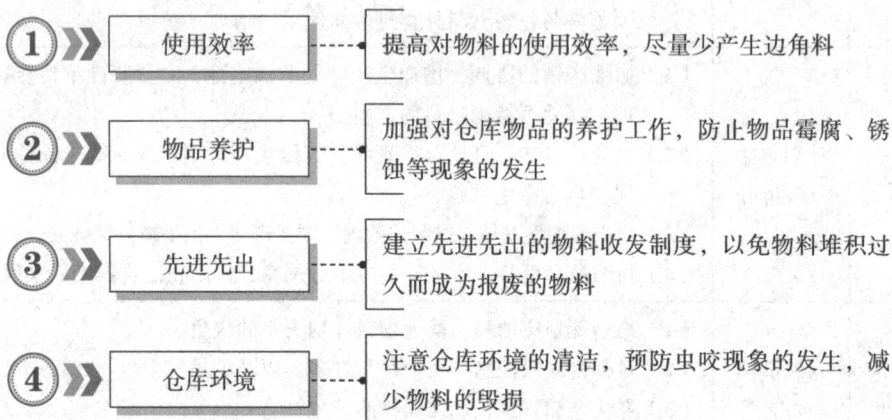

① 使用效率	提高对物料的使用效率，尽量少产生边角料
② 物品养护	加强对仓库物品的养护工作，防止物品霉腐、锈蚀等现象的发生
③ 先进先出	建立先进先出的物料收发制度，以免物料堆积过久而成为报废的物料
④ 仓库环境	注意仓库环境的清洁，预防虫咬现象的发生，减少物料的毁损

图7-24　废料的预防对策

5.废料的处理

在规模较小的企业，废料积累到一定程度时宜出售处理。对于规模较大的企业，可将废料集中一处进行解体，将解体后的物料分类处理。处理要点如图7-25所示。

废料的处理	移作他用	废料解体后，有些可移作他用的物料，如机械零件、电子零件等
	残料利用	废料解体后，其中仍有残料，如钢片、钢条等可做残料利用
	废料分类后使用或出售	废料解体后，要将剩余废料进行分类，如钢料、铝、铅、铜、塑胶等适当分类，可以回炉加工或作价出售
	留档备查	处理好后，同时做好档案资料，以备日后查询

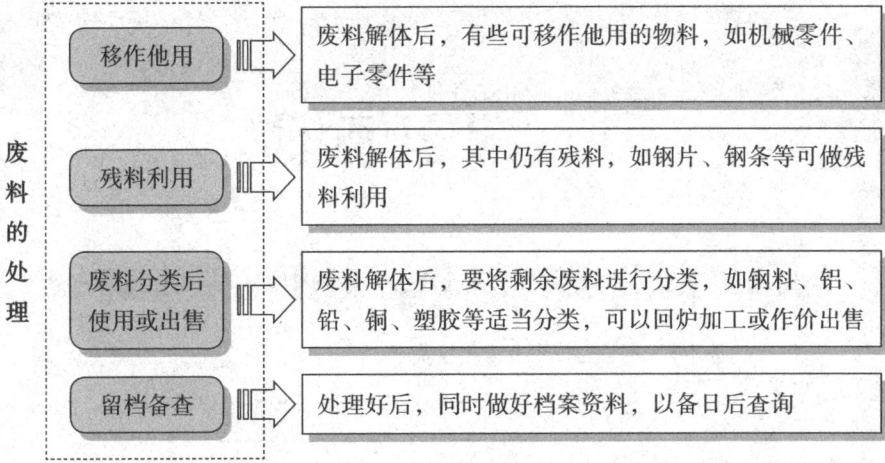

图7-25　废料的处理要点

学习小札

学习心得

学习回顾

通过本章的学习，我有哪些收获？

1._____
2._____
3._____
4._____
5._____

自我反思

我还有哪些不足？

1._____
2._____
3._____
4._____
5._____

行动计划

我要做好以下几个方面的工作，来促进公司的精益采购与仓储管理的
实现。

1._____
2._____
3._____
4._____
5._____

第八章 精益生产之安全管理

情景导入

上课之前，杨老师给大家播放了几个企业火灾的视频。

看了视频之后，学员们有点沉默。

杨老师："看了这个视频，想必大家心里都不好受吧？"

小张："是的。以前总以为安全事故离我们非常遥远，现在才意识到我们平时都应该多注意，做好事故防范工作，做好安全培训。"

小王："刚来公司工作的时候听老员工讲，以前有发生过剪刀从工作台上掉落伤到脚的事情，后来改为用绳子把剪刀系在工作台上。"

小李："听说我公司发生过很严重的火灾，损失很大，且有一人死亡。以前我并没有太往心里去，总觉得自己很注意了，应该就够了。刚看了视频感觉平时再小心都不为过，真是太惨烈了。"

……

杨老师等到学员们心情平静后开口说："所有事故都是人的不安全行为和物的不安全状态造成的。而这些不安全的因素都是可以避免的。"

小张："还需要我们大家平时多注意，公司也要多做一些安全知识培训。"

杨老师："是的。很多安全事故的发生追根究底是因为企业不够重视，没有做好安全培训，监管不到位，使员工安全意识薄弱，设备使用不规范等。而这些都是可以避免的。"

小张："我们公司就没做过专门的安全知识培训，大家也缺乏这方面的意识。"

杨老师："那么等我们学完这节课，你就会更懂得安全的重要性了，培训结束可以思考一下如何使领导更重视安全培训。"

小张："好的。"

第一节　安全生产防护

企业只有做好了安全防护，才能使精益生产顺利地进行，并保证作业人员的人身安全，从而减少损失，提高效益。

一、开展安全生产教育

企业管理应对全员进行安全教育，增强全体人员安全生产责任感，掌握安全生产的科学知识，提高安全操作的技能和贯彻执行各项安全规章制度的自觉性，才能确保现场生产安全。

1.安全教育方式

安全生产教育的方式有多种，可以根据具体情况进行安全教育，如图8-1所示。

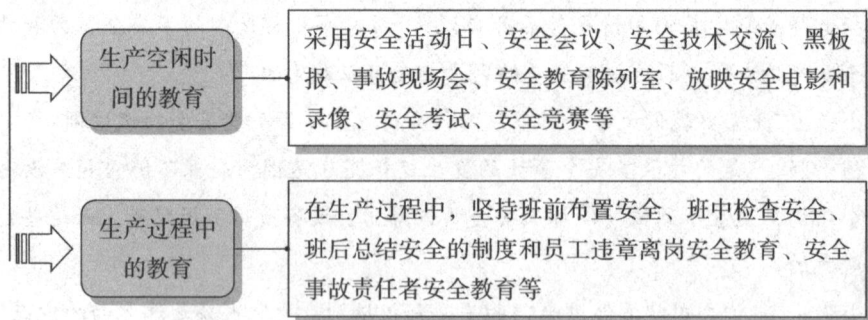

生产空闲时间的教育	采用安全活动日、安全会议、安全技术交流、黑板报、事故现场会、安全教育陈列室、放映安全电影和录像、安全考试、安全竞赛等
生产过程中的教育	在生产过程中，坚持班前布置安全、班中检查安全、班后总结安全的制度和员工违章离岗安全教育、安全事故责任者安全教育等

图8-1　安全教育方式

2.安全教育内容

对于不同的人员要进行有针对性的教育，具体的教育内容如表8-1所示。

表8-1 安全教育内容

序号	教育对象	教育内容
1	新进员工	新员工在分配到车间后，要进行二级教育： （1）车间教育。主要对本车间的生产概况、安全生产情况、安全注意事项、安全规程等进行教育 （2）班组教育。由班组长组织进行，对具体的岗位工种性质、班组安全生产概况、安全防护设施使用、事故发生时的紧急救护措施等进行教育
2	特种作业人员	主要针对操作电气、起重、焊接、锅炉、压力容器等工种，这类人员不仅要进行教育，还要进行专门的安全技术知识培训，考试合格后才能上岗
3	调岗人员	对新岗位的各种安全知识及操作进行教育，一般只需进行车间、班组二级安全教育
4	复工人员	（1）工伤复工时，应进行安全意识教育、岗位安全操作技能教育及预防措施和安全对策教育等，重点要引导其避免操作上的失误 （2）休假复工时，结合复工者的具体情况消除其思想上的余波，有的放矢地进行教育，如重温本工种安全作业规定，熟悉机器设备的性能，进行实际操作练习等

二、配备劳动防护用品

对于生产中必不可少的安全帽、安全带、绝缘护品、防毒面具、防尘口罩等员工个人特殊劳动防护用品，必须根据特定工种的要求配备齐全，并保证质量。

1.防护用品的种类

防护用品的种类如图8-2所示。

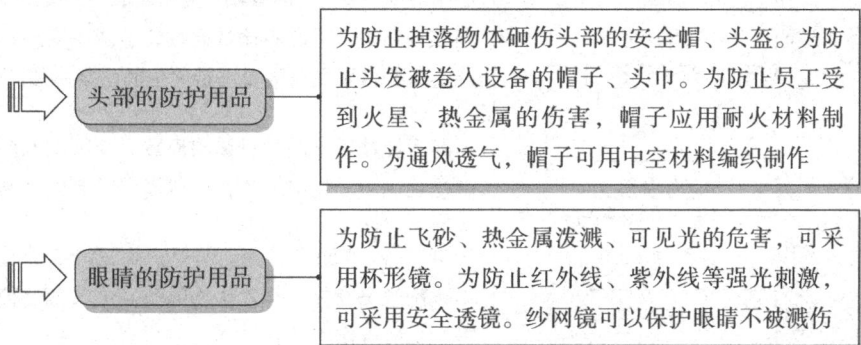

头部的防护用品 → 为防止掉落物体砸伤头部的安全帽、头盔。为防止头发被卷入设备的帽子、头巾。为防止员工受到火星、热金属的伤害，帽子应用耐火材料制作。为通风透气，帽子可用中空材料编织制作

眼睛的防护用品 → 为防止飞砂、热金属泼溅、可见光的危害，可采用杯形镜。为防止红外线、紫外线等强光刺激，可采用安全透镜。纱网镜可以保护眼睛不被溅伤

图8-2

防护面具 → 塑胶质的脸部防御物品一般被用来保护脸和眼睛不被光线冲击。防毒面具用于避免化学药品、毒气的伤害。一般防尘及防止传染可用口罩

脚和腿的防护用品 → 安全鞋在搬运重物或锐利物时使用，也可减少在火炉旁工作的火星溅伤。为防止铁钉等锐物，鞋底应由特殊材质制作。在潮湿和打滑的地面，鞋底应有防滑结构

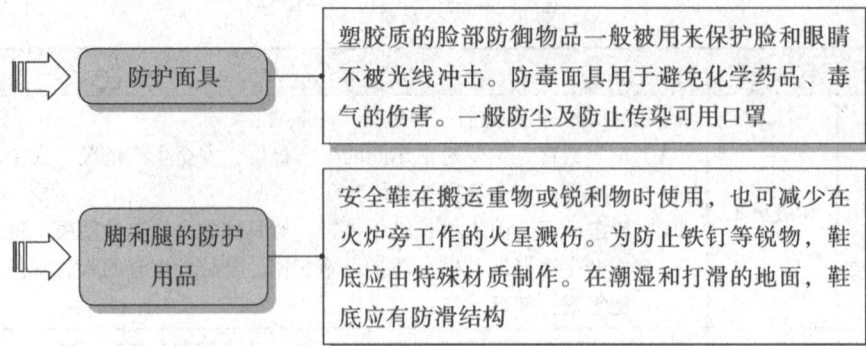

图8-2 防护用品的种类

2.监督防护用品的使用

在进行现场安全巡视监督时，一定要监督并教育员工按照使用要求佩戴和使用防护用品。在佩戴和使用防护用品时，要防止发生九种情况，如图8-3所示。

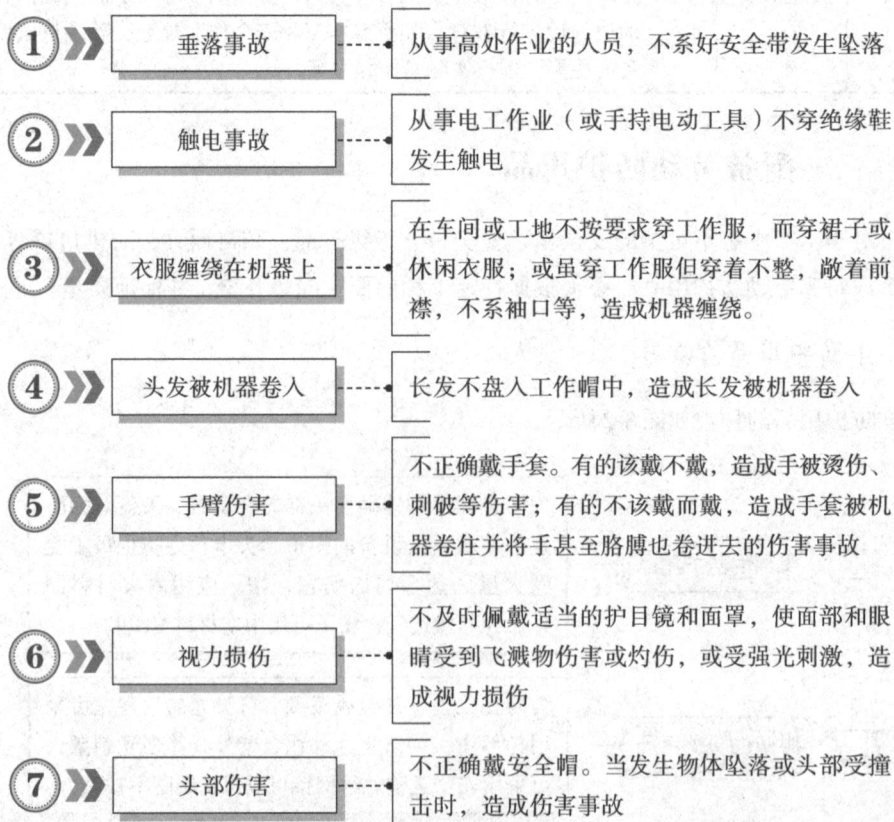

① 垂落事故 ----- 从事高处作业的人员，不系好安全带发生坠落

② 触电事故 ----- 从事电工作业（或手持电动工具）不穿绝缘鞋发生触电

③ 衣服缠绕在机器上 ----- 在车间或工地不按要求穿工作服，而穿裙子或休闲衣服；或虽穿工作服但穿着不整，敞着前襟，不系袖口等，造成机器缠绕。

④ 头发被机器卷入 ----- 长发不盘入工作帽中，造成长发被机器卷入

⑤ 手臂伤害 ----- 不正确戴手套。有的该戴不戴，造成手被烫伤、刺破等伤害；有的不该戴而戴，造成手套被机器卷住并将手甚至胳膊也卷进去的伤害事故

⑥ 视力损伤 ----- 不及时佩戴适当的护目镜和面罩，使面部和眼睛受到飞溅物伤害或灼伤，或受强光刺激，造成视力损伤

⑦ 头部伤害 ----- 不正确戴安全帽。当发生物体坠落或头部受撞击时，造成伤害事故

⑧ ▶▶ 脚部伤害 ------- 在工作场所不按规定穿用防护皮鞋，造成脚部伤害

⑨ ▶▶ 中毒伤害 ------- 不能正确选择和使用各类口罩、面具，不会熟练使用防毒护品，造成中毒伤害

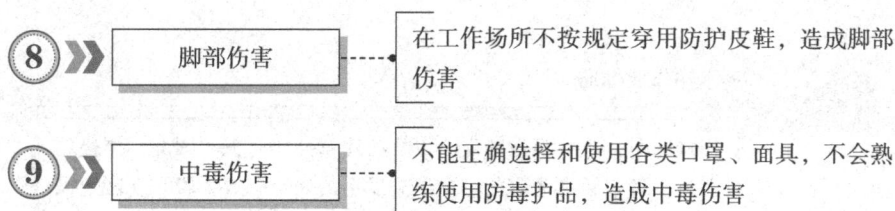

图8-3　使用防护用品防止发生的情况

三、安全生产监督

1.制定安全作业基准

安全作业基准是员工安全操作的准则。如果没有的话，即使员工注意到了不安全的状态或行为，也会因没有共同的规定，很难彻底地执行。

安全作业基准可以针对生产车间的整体进行制定，也可以仅就不同的机器设备进行制定。此外，安全作业基准可以以规定、办法、制度、操作规程等形式体现。企业要结合本部门的实际，制定出具有可操作性的安全作业基准。

2.监督安全操作

安全作业基准是实施安全生产的核心，对于安全作业基准必须认真执行，不能随意违反和破坏，否则就会发生安全事故。

明确了安全作业基准，最关键的问题是在实践中要严格遵守和认真执行。具体如图8-4所示。

要求一　**在操作过程中要保持精力集中**

人的操作动作不仅要通过大脑的思考，还要受心理状态的支配。如果心理状态不正常，精力自然也不会高度集中，在操作过程中就会出现操作方法不当而发生事故。为此，操作者在操作过程中一定要始终保持精力集中

在操作中要认真做到文明操作　要求二

文明操作是确保安全操作的重要组成部分，做到明确任务要求，熟悉所需原料性质，检查设备及其防护装置有无异常现象，排除设备周围的阻碍物品，力求做到准备充分，避免中途分散注意力

图8-4

要求三　遵守作业标准

实践证明，绝大多数的安全事故与违章操作有关。因此，严格要求员工遵守标准是避免安全事故发生的一个有效手段。在制定操作业标准的过程中，已经充分地考虑了安全方面的因素，违章操作很可能导致安全事故发生

图8-4　监督安全操作的内容

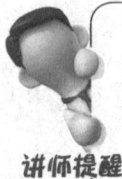

讲师提醒

对于企业而言，在进行现场巡视监督时，一定要仔细跟踪确认，尤其要对易发事故工序进行检查。如果发现没有按作业标准进行作业，要立即指出，并纠正到位。

四、机器设备安全控制

设备是进行生产作业的必需工具，其安全与否直接影响到生产的安全，具体可从以下几方面进行，如图8-5所示。

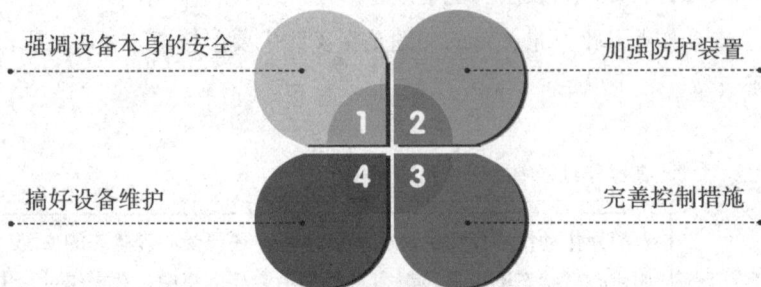

强调设备本身的安全　　　　　　加强防护装置

1　2

4　3

搞好设备维护　　　　　　完善控制措施

图8-5　机器设备安全控制措施

1.强调设备本身的安全

设备本身的安全主要包括：设备具有科学合理的设计方案，具有自动防错与防误功能，综合考虑了人—机系统的适宜性，使用的材料要可靠、稳定。

2.加强防护装置

从机器投入运行起始，就要全面配备必要的防护装置，并且在后续的管理中逐

步完善，不断增加。这些内容可以包括：安全保护装置，关键器件的监控措施，关键状态的检测器件，异常情况的报警器和防护器。当现场缺乏这些装置时，就需要考虑如何用管理措施去弥补。

3.完善控制措施

随着机器、设备的不断使用，原有的管理制度会显现出弊端或漏洞，这时就需要尽快采取措施修订和完善，以便实现可持续控制。通常需要修订的内容主要包括：通过先进科技手段识别潜在的危害性，通过防护措施改善操作环境，用夹具、治具或工具等减轻人员繁重和危险的操作步骤，用醒目的标志牌来警示区域，通过培训不断提高人员的操作技能。

4.搞好设备维护

搞好设备维护的关键是要发扬全员参与精神，实现全面预防保养。这些内容主要包括：要求全员按标准、规格正确使用设备，不能胡乱挪用；按计划定期实施预防保养；运行中要定期检验，及时维修，严禁带"病"作业；对于维修无效和使用期已满的设备坚决实施报废处理。

五、生产危险区作业安全控制

危险区的作业是导致安全问题的重要因素，因此如何做好相关的安全管理是生产安全的重要工作。

1.高温、低温工序作业管理

高温、低温工序作业的安全管理主要从以下两方面进行：

（1）温度监测及记录。应采用具有可测量室内"干温"和"湿温"的干湿温度计作为测量工具。

（2）非正常范围内的应对。非正常温度范围内，企业应做好如图8-6所示的几种情况的应对措施。

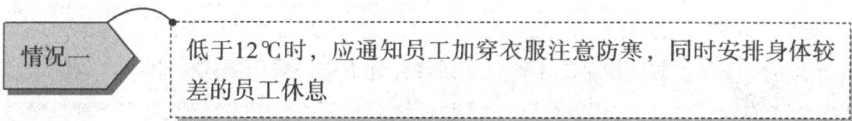

情况一	低于12℃时，应通知员工加穿衣服注意防寒，同时安排身体较差的员工休息

图8-6

情况二	高于35℃时，由企业提供清热降暑茶水供员工饮用，同时应增加员工中途小憩时间或次数，并尽可能地打开门窗，促使空气流通和安装足够的降温设施。
情况三	经常有水或其他液体的地面，应该注意排水和防止液体的渗透
情况四	在易使脚部潮湿、受寒的工作地点，要设木头站板
情况五	湿度太大时，可加入干化剂（如防白水）防止产品质量因空气湿度大而受影响

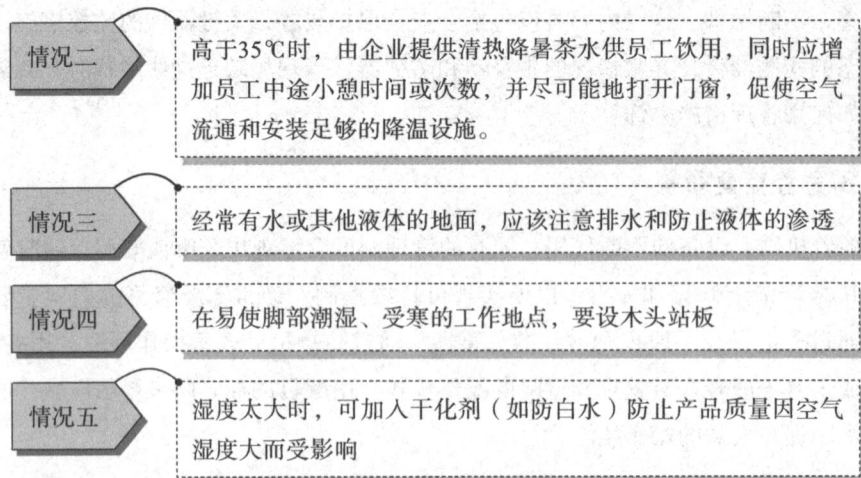

图8-6　非正常范围内的应对措施

2.有毒、有害工序作业管理

有毒、有害工序作业的安全管理重点包括图8-7所示几方面。

重点一	必须在有毒、有害作业区张贴警告标志，配置有效的防护用品等培训员工正确使用
重点二	产生有毒、有害物质的工作场所，必须按国家有关法规进行定期检测（如油漆厂做空气检测）
重点三	应禁止在有粉尘或者散放有毒气体的工作场所用餐和饮水
重点四	散放易热、易爆物质的各种场所，应该禁火
重点五	散发有害健康的蒸气、气体和粉尘的设备要严加密闭，必要时应装通风、吸尘和净化装置
重点六	散发粉尘的生产，在条件允许下应该采用湿式作业
重点七	有毒物品和危险物品应该分别储藏在专设场所，并且严格管理

重点八	在接触酸碱等腐蚀性物质并且有烧伤危险的工作地点,应设有冲洗设备,如洗眼器
重点九	废料或废水应该妥善处理,不要使它危害工人和周围的居民
重点十	各种气瓶存放和使用时,必须距离明火10m以上,并避免在阳光下暴晒,搬运时不能碰撞
重点十一	氧气瓶要有瓶盖和安全阀,以防油脂沾染,并且不能和可燃气瓶同放一处

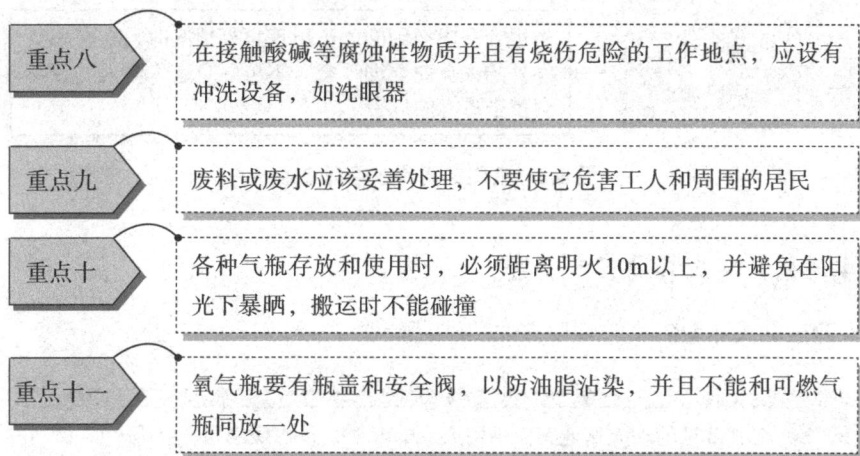

图8-7 有毒、有害工序作业管理重点

3.作业管理

有限空间是指封闭或者部分封闭,与外界相对隔离,出入口较为狭窄,作业人员不能长时间在内工作,自然通风不良,易造成有毒有害、易燃易爆物质积聚或者氧含量不足的空间。

有限空间作业的管理要求如图8-8所示。

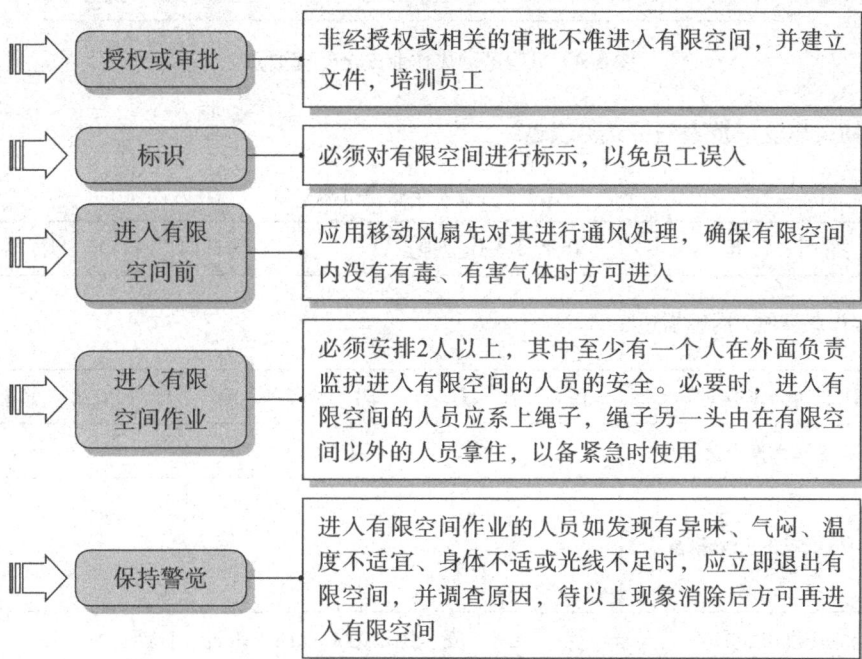

授权或审批	非经授权或相关的审批不准进入有限空间,并建立文件,培训员工
标识	必须对有限空间进行标示,以免员工误入
进入有限空间前	应用移动风扇先对其进行通风处理,确保有限空间内没有有毒、有害气体时方可进入
进入有限空间作业	必须安排2人以上,其中至少有一个人在外面负责监护进入有限空间的人员的安全。必要时,进入有限空间的人员应系上绳子,绳子另一头由在有限空间以外的人员拿住,以备紧急时使用
保持警觉	进入有限空间作业的人员如发现有异味、气闷、温度不适宜、身体不适或光线不足时,应立即退出有限空间,并调查原因,待以上现象消除后方可再进入有限空间

图8-8

➡️ 出现意外及
时呼救 ｜ 当进入有限空间的人员出现意外情况时，在有限空间外的人员应立即呼救，不可独自进入救人，否则会带来更大的危害

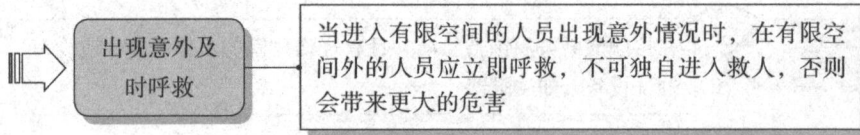

图8-8　有限空间作业管理要求

4.危险区动火作业安全管理

危险区动火作业安全管理要点如图8-9所示。

1 企业常见的动火作业有使用明火、电焊、金属物切割和研磨等

2 由安全主任对使用明火（如电焊）作业进行管制和监督

3 动火作业实施审批制度，未经安全主任或总经理批准不能使用明火

4 在动火作业处摆放灭火器

5 由需要动火的部门填报"动火作业审批表"，经安全主任签署后才能作业

图8-9　危险区动火作业安全管理要点

动火作业审批表的格式见表8-2。

表8-2　动火作业审批表

申请部门／负责人：	申请动火作业地点：		申请日期：　年　月　日
动火作业事项／内容描述			
计划动火作业时间	由　　年　月　日　时　分至　　年　月　日　时　分止		
申请动火作业人员	共　　　　　人		
计划采取的安全措施			
安全主任批准、日期：		安全生产第一责任人审批、日期：	

续表

动火作业现场考察情况（安全消防办记录）	
现场监护人员	共　　人
安全主任现场考察意见	
现场清理情况	记录人：　　　　　　　　日期：
安全主任签名：	安全生产第一责任人复核：

说明：

（1）一般小型焊接及明火作业需经部门负责人批准后执行，必须严格按照相关安全作业指导文件进行操作。如有跨部门小型焊接及明火作业必须经安全主任批准后方可执行。

（2）大型焊接及明火作业（如车间改装、设备安装及大型设备或设施维修等）必须填报本"动火作业审批表"，并经安全主任和安全生产第一责任人批准后才能进行相关作业。

5.无尘车间作业管理

无尘车间要求车间没有对产品质量造成影响的浮尘，主要适用于制药、食品、电子企业。其作业要求如图8-10所示。

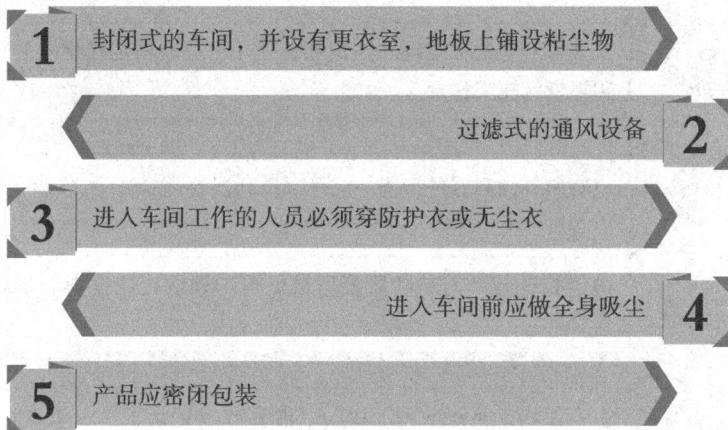

1　封闭式的车间，并设有更衣室，地板上铺设粘尘物

2　过滤式的通风设备

3　进入车间工作的人员必须穿防护衣或无尘衣

4　进入车间前应做全身吸尘

5　产品应密闭包装

图8-10　无尘车间作业要求

171

6.防静电作业管理

防静电就是消除产品或部件对静电的敏感，如SMT（英文Surface Mounted Technology的缩写，是指表面组装技术，是目前电子组装行业里最流行的一种技术和工艺）生产车间。其作业要求如图8-11所示。

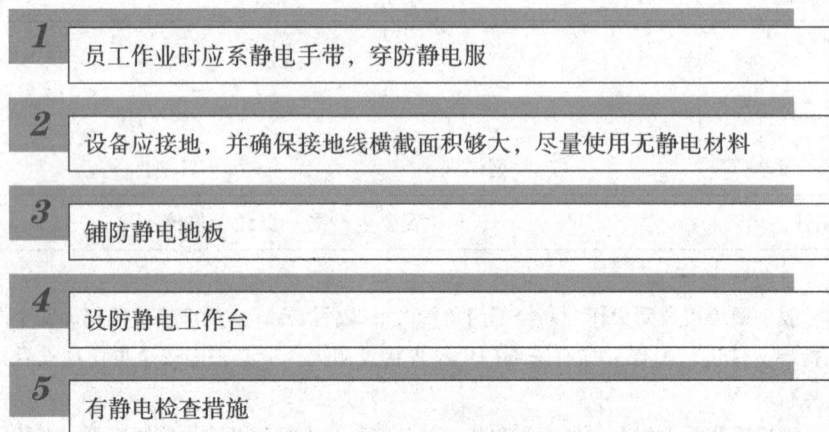

1	员工作业时应系静电手带，穿防静电服
2	设备应接地，并确保接地线横截面积够大，尽量使用无静电材料
3	铺防静电地板
4	设防静电工作台
5	有静电检查措施

图8-11　防静电作业管理要求

六、生产利器安全控制

利器就是在生产过程中，需要使用带有伤害性和危险性的器具。生产现场中常见的利器有剪钳、剪刀、刀片、缝纫针、注射针头、镊子、旋具、金属钩、锥子等。生产利器的具体控制管理方法如图8-12所示。

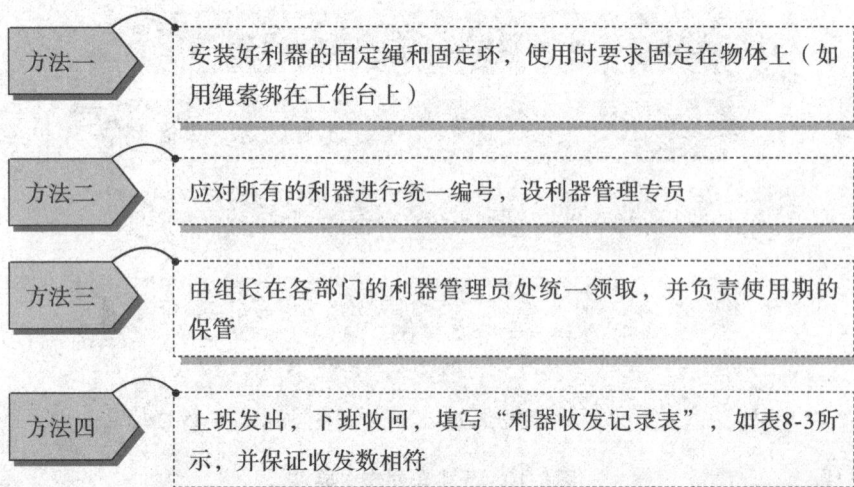

方法一	安装好利器的固定绳和固定环，使用时要求固定在物体上（如用绳索绑在工作台上）
方法二	应对所有的利器进行统一编号，设利器管理专员
方法三	由组长在各部门的利器管理员处统一领取，并负责使用期的保管
方法四	上班发出，下班收回，填写"利器收发记录表"，如表8-3所示，并保证收发数相符

方法五 利器只能由指定的人员在指定的空间范围内使用，严格按有关规定方法及步骤使用

方法六 任何使用利器的工人如需离开车间，必须向现场管理者交回所使用的利器

方法七 缩小利器流通范围，禁止任何有锋利刀口的器械流入车间，严禁使用规定以外的利器

方法八 成品包装车间不允许使用利器

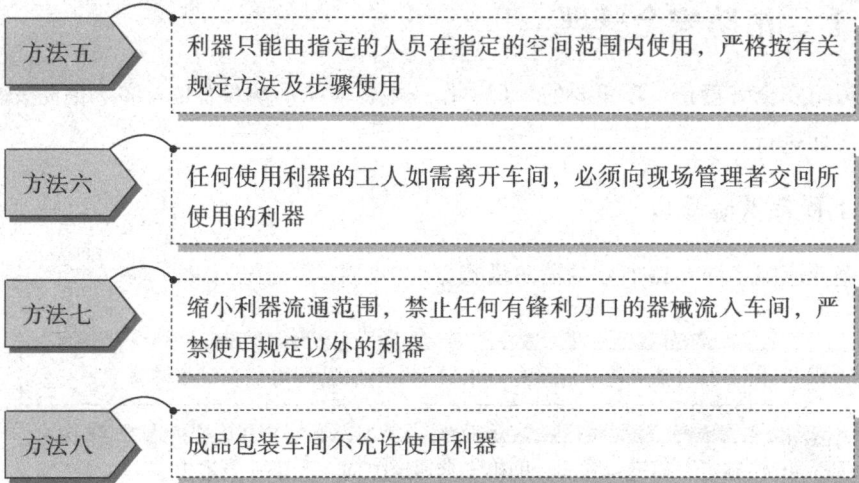

图8-12 生产利器安全控制管理方法

利器收发记录表的格式如表8-3所示。

表8-3 利器收发记录表

部门： 日期： 利器管理员：

利器名称编号	上午（数量）			下午（数量）			加班（数量）			利器损坏及遗失状况
	发出	回收	使用者	发出	回收	使用者	发出	回收	使用者	

利器种类：A.剪钳　B.剪刀　C.刀片　D.缝纫针　E.注射针头　F.镊子

G.旋具　H.金属钩、锥子

讲师提醒

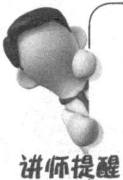

利器遗失时，必须要找回，如找不到须将现场生产的产品隔离查找，直至找到为止，并追究有关人员责任。利器更换或收回时，如果有折断或破碎情况，必须要收集所有破损部分，如破损部分未收回则应对产品进行隔离。

七、消防安全管理

消防安全管理是一项重要的管理工作，主要应从消防设备的配备和消防安全检查两方面进行。

1.配备消防设施

企业应配备图8-13所示的消防设施。

1	灭火器、消火栓、应急灯、出口指示灯、防爆灯、自动喷淋管
2	绘制走火通道示意图。明确安全通道方向，利于人员逃生
3	安装温控门和防火门。可以在出现火灾时阻止火情扩散
4	沙桶或沙堆，用于灭火

图8-13　应配备的消防设施

> **讲师提醒**
>
> 所有的消防设施必须要编写清单，以便作业人员明了消防设备的名称、数量和分布位置。

2.开展消防安全检查

消防安全检查内容如图8-14所示。

01	灭火器位置摆放是否移动，压力是否不足
02	消火栓是否供水，水管等是否完好无损
03	消防水位的检查与测试，要求对消防水位做到每星期进行一次检查，查看水位是否保持在原水位线及正常位

04	消防水带的检查，要求每年进行一次，检查水带是否有漏水破损的现象，若有上述情况必须修复或更换
05	消防通道是否受阻，停电应急灯是否能发挥其"应急亮灯"的作用
06	紧急出口标志是否损坏，疏散标志是否正确
07	安监系统、火警联络装置及呼叫警铃是否有效

图8-14　消防安全检查的内容

检查结果应记录，并以表格的形式展示，具体如表8-4所示。

表8-4　消防安全巡查记录表

检查时间：　　年　月　日　　　频率：　　次/周

检查对象（在相应的□打"√"）：

□灭火器　　　　□消火栓　　　　□应急灯　　　　□出口指示灯　　　　□自动喷淋器

分布区域	编号	检查结果	分布区域	编号	检查结果	分布区域	编号	检查结果	分布区域	编号	检查结果

（注：检查结果正常打"√"，不正常打"×"，并将改善情况记录于下栏内。）

检查不正常情况	纠正行动	纠正措施

检查人：

学习小札

_____

_____

_____

第二节　生产事故处理

讲师的话

　　企业一般都会做好安全培训，但是安全事故并不鲜见。企业需做好安全检查，安全检查是保障生产安全的重要措施，通过安全检查发现安全隐患并及时解决。另外企业也有必要提前准备好事故应急预案，或者进行事故应急演习。

一、生产事故处理程序

　　发生工伤时，负伤人员或者最先发现的人应立即报告上级，并按图8-15所示的工伤处理流程处置。

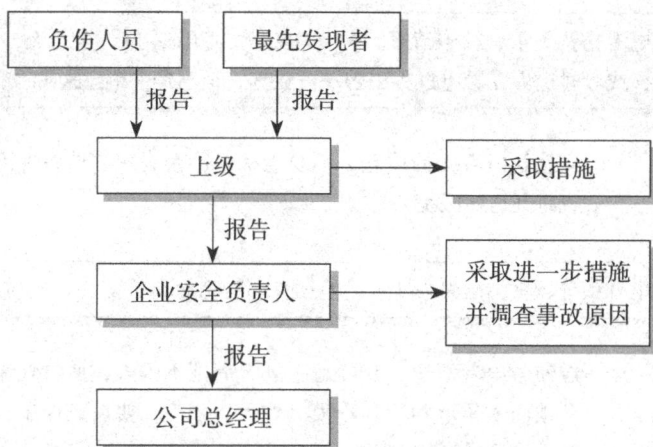

图8-15 工伤事故处理流程图

二、生产事故应急措施

事故往往具有突发性。因此在事故发生后要保持头脑清醒，切勿惊慌失措，以免扩大生产损失和人员伤亡。一般的处理顺序如图8-16所示。

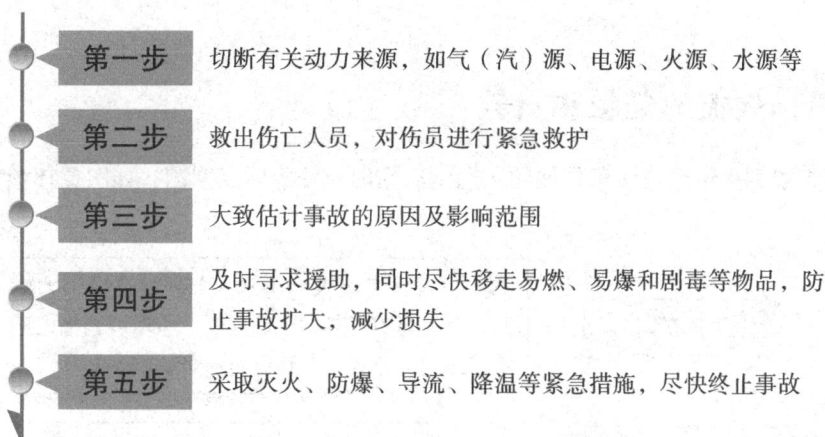

第一步	切断有关动力来源，如气（汽）源、电源、火源、水源等
第二步	救出伤亡人员，对伤员进行紧急救护
第三步	大致估计事故的原因及影响范围
第四步	及时寻求援助，同时尽快移走易燃、易爆和剧毒等物品，防止事故扩大，减少损失
第五步	采取灭火、防爆、导流、降温等紧急措施，尽快终止事故

图8-16 生产事故应急处理顺序

三、触电的救护

当触电者脱离电源后，应根据触电者的具体情况，迅速对症救护，如图8-17所示。

触电者伤势不重、神志清醒，但有些心慌、四肢发麻、全身无力，或者触电者在触电过程中曾一度昏迷，但已经清醒过来

应使触电者安静休息，不要走动，严密观察并请医生前来诊治或将其送往医院

触电者伤势较重，已失去知觉，但还有心脏跳动和呼吸

应使触电者舒适、安静地平卧，周围不围人，使空气流通，解开他的衣领以利于其呼吸。如天气寒冷，要注意保温，并速请医生诊治或将其送往医院

触电者伤势严重，呼吸停止或心脏跳动停止，或两者都已停止

应立即施行人工呼吸和胸外心脏按压，并速请医生诊治或将其送往医院。应当注意，急救要尽快地进行，不能等候医生的到来。在送往医院的途中，也不能中止急救

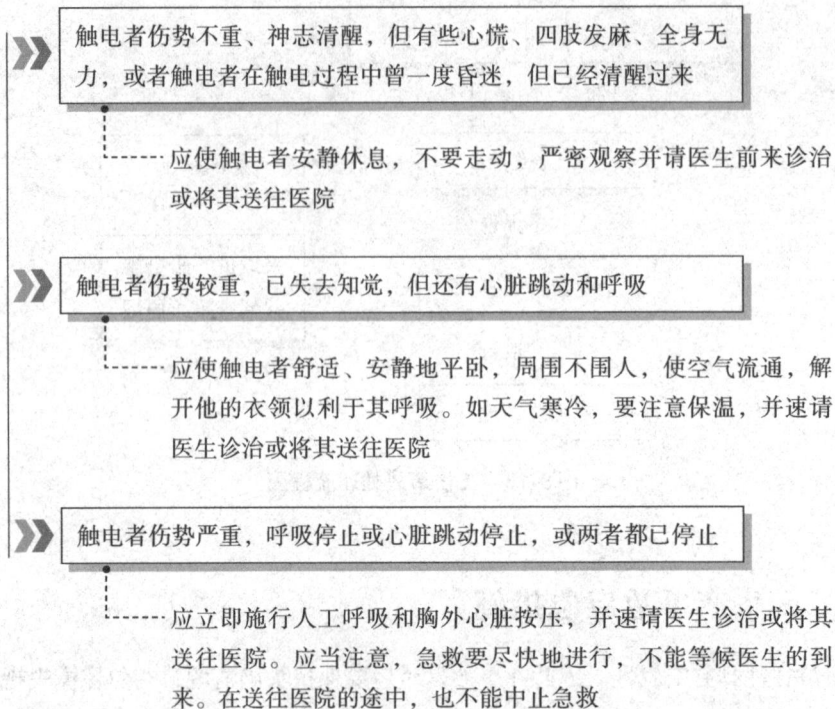

图8-17　触电者不同情况的现场急救措施

四、火灾的急救和自救

（1）遇到火情时应注意的问题。遇到火情时应注意两点问题，如图8-18所示。

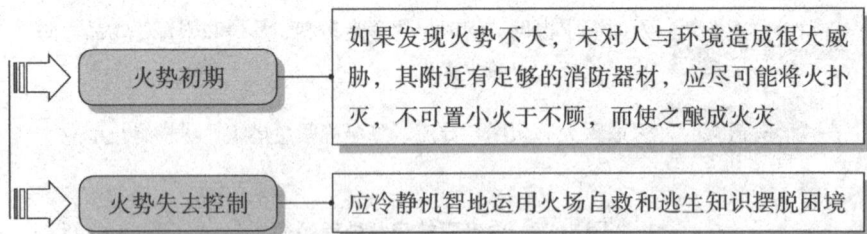

火势初期 ——— 如果发现火势不大，未对人与环境造成很大威胁，其附近有足够的消防器材，应尽可能将火扑灭，不可置小火于不顾，而使之酿成火灾

火势失去控制 ——— 应冷静机智地运用火场自救和逃生知识摆脱困境

图8-18　遇到火情时应注意的问题

（2）建筑物内发生火灾时自救和逃生。建筑物内发生火灾时，自救和逃生应注意六点内容，如图8-19所示。

记住消防通道	要熟悉周围环境，牢记消防通道路线	
保持镇静、尽快撤离	突遇火灾，面对浓烟和大火，首先要使自己保持镇静，迅速判断危险地点和安全地点，果断决定逃生的办法，尽快撤离	
有序疏散	如果火灾现场人员较多，切记不要相互拥挤、盲目跟从或乱冲乱撞，应有组织、有秩序地进行疏散	
不用电梯	要利用消防通道，不可进入电梯	
利用高空缓降器或救生绳	火场人员可以通过建筑物内的高空缓降器或救生绳，离开危险的楼层	
房间被火围困，应做好防护、等待救援	假如用手摸房门已感到烫手，或已知房间被火围困，此时切不可打开房门，首先应关紧迎火的门窗，打开背火的门窗用湿毛巾或湿布条塞住门窗缝隙，或者用水浸湿棉被蒙上门窗，防止烟火侵入，固守待救	
站在阳台或窗口	被烟火围困暂时无法逃离的人员，应尽量站在阳台或窗口等易于被人发现和能避免烟火近身的地方	

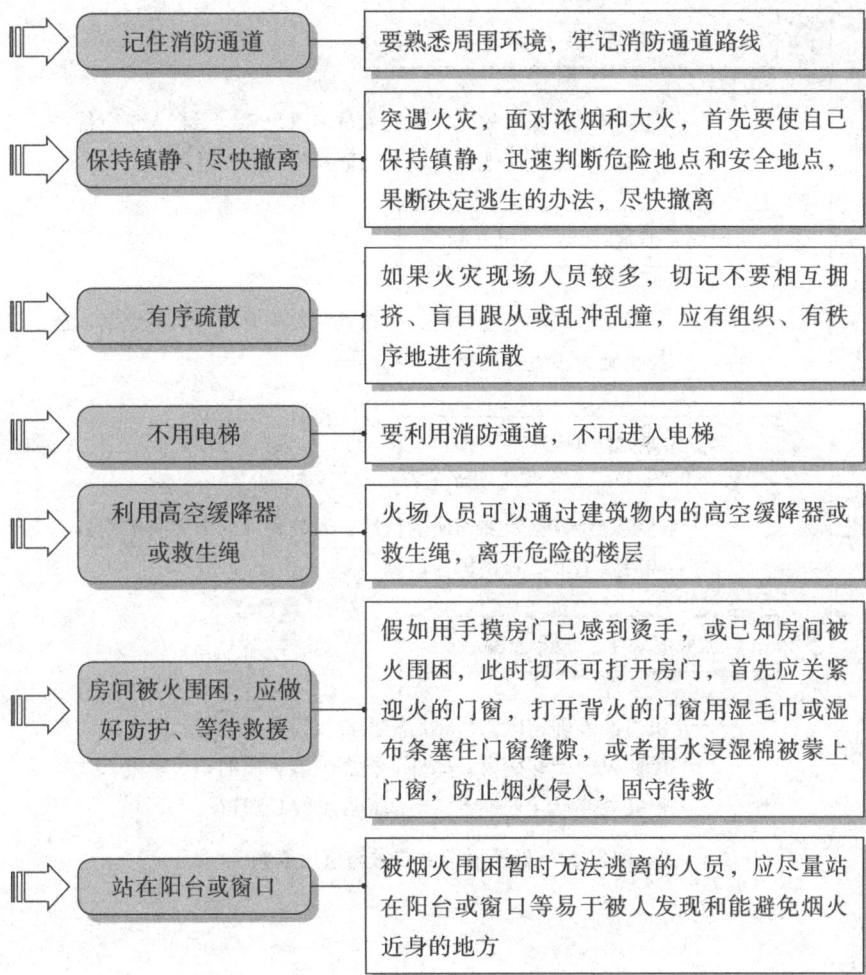

图8-19　建筑物内发生火灾时自救和逃生的要领

讲师提醒

撤离时要朝明亮或外面空旷的地方跑，同时尽量向楼下跑。若通道已被烟火封阻，则应背向烟火方向离开，通过阳台、气窗、天台等往室外逃生。如果现场烟雾很大或断电，能见度低，无法辨明方向，则应贴近墙壁或按指示灯的提示，摸索前进，尽力找到安全出口。

五、毒气泄漏的自救与逃生

毒气泄漏逃生时，应注意四项内容，如图8-20所示。

≫ 统一指挥，有序撤离

⋯⋯ 发生毒气泄漏事故时，现场人员不可恐慌，要有人负责统一指挥，井然有序地撤离，并采取相应的监护措施

≫ 撤离时抓紧时间，当机立断

⋯⋯ 从毒气泄漏现场逃生时，要抓紧宝贵的时间，当机立断，选择正确的逃生方法撤离

≫ 佩戴防护用具

⋯⋯ 逃生时要根据泄漏物质的特性，佩戴相应的个体防护用具，或用湿毛巾、衣物捂住口鼻

≫ 撤离时确定、避开泄漏源

⋯⋯ 沉着冷静确定风向，然后根据毒气泄漏源位置，向上风向或沿侧风向转移撤离；另外，根据泄漏物质的相对密度，选择沿高处或低洼处逃生，但切忌在低洼处滞留

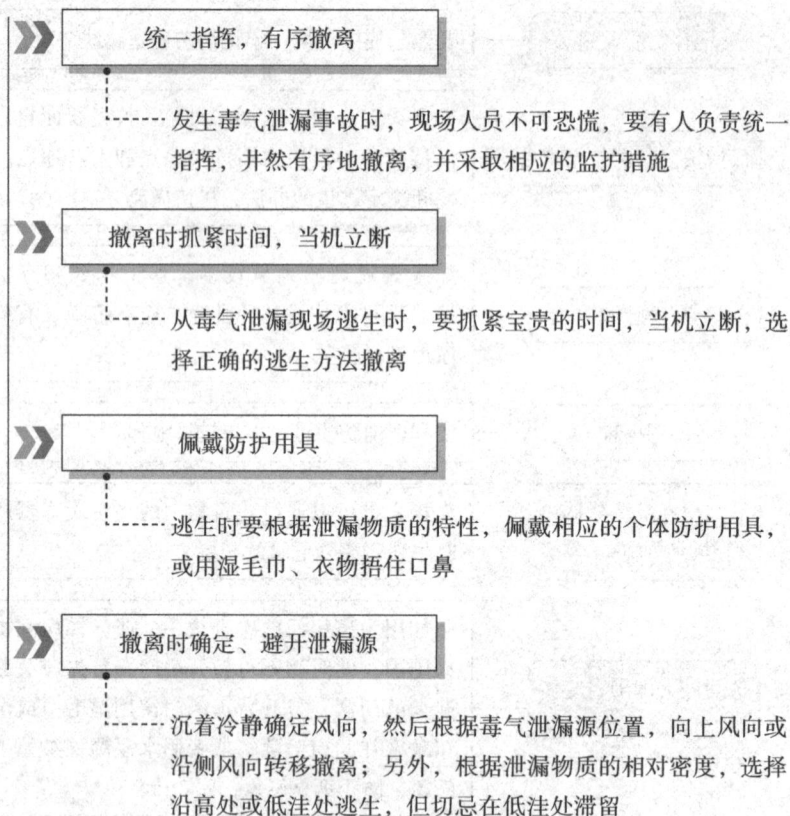

图8-20　毒气泄漏的自救与逃生要领

学习小札

学习心得

学习回顾

通过本章的学习，我有哪些收获？

1._____
2._____
3._____
4._____
5._____

自我反思

我还有哪些不足？

1._____
2._____
3._____
4._____
5._____

行动计划

我要做好以下几个方面的工作，来促进公司的精益生产安全管理。

1._____
2._____
3._____
4._____
5._____

第九章　精益生产之成本控制

杨老师："我来考考大家，精益生产的核心是什么啊？大家记得吗？"

"消灭浪费！"学员们异口同声地说。

杨老师："看来大家学得都很好。我们说的消灭浪费其实也就是消灭成本的浪费。企业运行的各个方面都需要成本，而我们生产过程中时刻都存在着浪费。"

小张："以前我们有个工序是先用刮片后用棉签，员工操作时用完刮片放在台面上，拿起棉签擦拭，后来经过改进把棉签和刮片结合在一起，用完刮片可以直接用棉签，省下了2秒钟，这就节省了成本。"

杨老师："是的。只要大家在工作中多观察多思考，很容易发现一些生产过程中容易忽视的浪费，也许是时间浪费，也许是人力浪费，也许是材料浪费。"

小李："杨老师，我觉得我在成本控制方面做得不好，但是又不知道该怎么改进。"

杨老师："没关系，这节课就是要系统地梳理一下生产成本的知识，然后再结合生产实际来分析、控制生产成本的方法。其实大家不是不懂生产成本，只是大家的知识不够系统，没有成功运用到生产中，没有结合精益生产的管理理念来运用。"

小李："对呀。让我说一说成本的知识我也能说出来，但是让我在生产中随时去考虑成本问题，我就没办法了，我可能会及时考虑到交货期、考虑到合格率等，但是总会忽略成本问题。"

杨老师："相信这不只是小李同学的困惑，其他同学也有这样的问题。"

台下学员纷纷点头表示同意。

杨老师："那么经过这节课，相信大家的疑惑都能得到解答。"

第一节　生产成本与其控制程序

生产成本控制是企业为了降低成本，对各种生产消耗和费用进行引导、限制及监督，使实际成本维持在预定的标准成本之内的一系列工作。

一、生产成本的定义

生产成本是指产品从原料的投入到生产加工的转换，直到成品的产出这一过程中所花费的总费用，包括人工费用、物流费用、生产加工费用等。

即：

$$成本＝人工费用＋物流费用＋生产加工费用＋其他费用$$

企业生存的最基本条件是获取利润。产品价格中，一部分是成本，一部分是利润，而想不损失利润，又不能提高产品价格，只有降低成本。降低成本或控制成本支出是企业本身可掌握的事，又是提高利润最稳健、踏实的做法。因此，在竞争激烈的今天，降低成本是相当重要的。

二、生产成本构成

如果从生产的角度出发，生产成本可以包括原材料费、人工费、设备费与制造费，如图9-1所示。

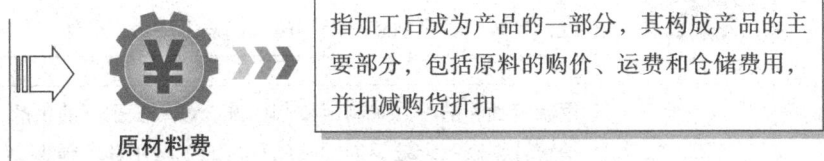

¥

指加工后成为产品的一部分，其构成产品的主要部分，包括原料的购价、运费和仓储费用，并扣减购货折扣

原材料费

图9-1

指直接从事产品制造的工作人员，例如加工与装配人员、班组长等。其成本包括直接人工的薪资与福利

人工费

指用于生产设备耗用的费用，包括设备购买与设备维护方面的费用

设备费

指原料费与人工费之外的一切制造成本，包括间接材料、间接人工、折旧、水电费用、租金、保险费等。间接材料，如制造过程中所需的工具、夹具、模具、润滑油、接着剂及螺丝钉等；间接人工是指与产品的生产并无直接关系的人员，例如各级管理人员、品管人员、维修人员及清洁人员等

制造费

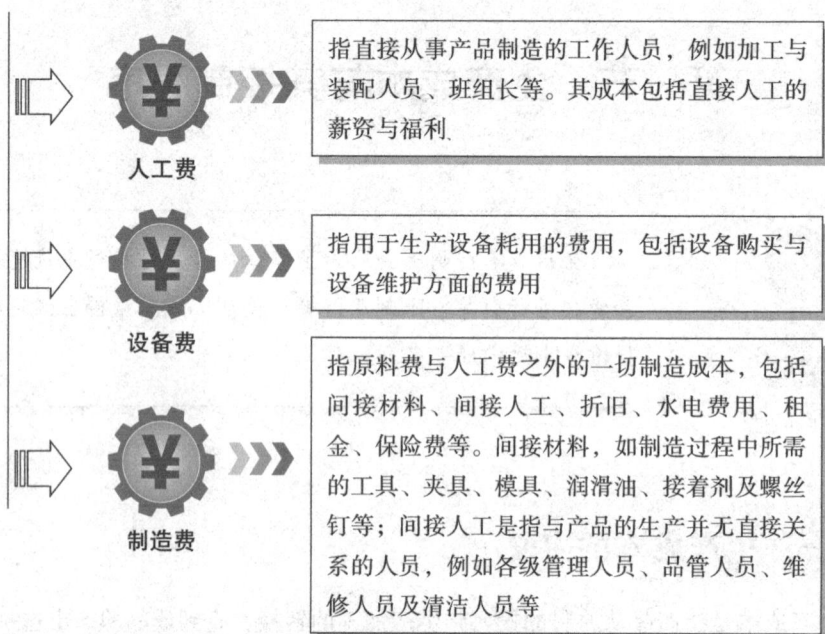

图9-1　生产成本的构成

三、生产成本控制基本程序

生产过程中的成本控制，就是在产品的制造过程中，对成本形成的各项因素，按照事先拟定的标准严格加以监督。发现偏差，就及时采取措施加以纠正，从而使生产过程中各项资源的消耗和费用开支，限制在标准规定的范围之内。

1.制定成本标准

成本标准是成本控制的准绳。成本标准，包括成本计划中规定的各项指标。制定成本标准的方法如图9-2所示。

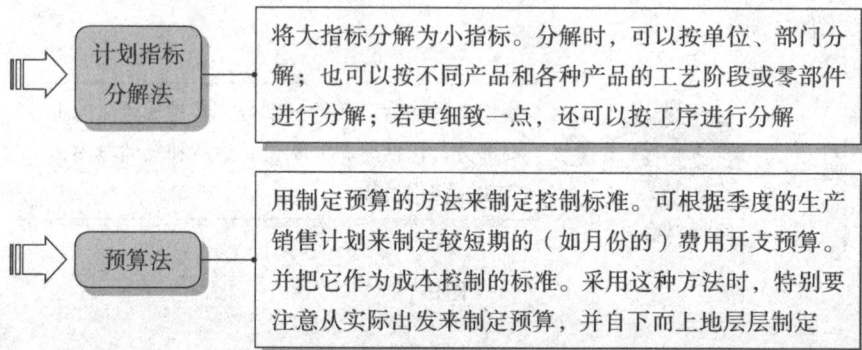

计划指标分解法

将大指标分解为小指标。分解时，可以按单位、部门分解；也可以按不同产品和各种产品的工艺阶段或零部件进行分解；若更细致一点，还可以按工序进行分解

预算法

用制定预算的方法来制定控制标准。可根据季度的生产销售计划来制定较短期的（如月份的）费用开支预算。并把它作为成本控制的标准。采用这种方法时，特别要注意从实际出发来制定预算，并自下而上地层层制定

定额法 → 建立起定额和费用开支限额，并将这些定额和限额作为控制标准来进行控制。在生产过程中，凡是能建立定额的地方，都应把定额建立起来，如材料消耗定额、工时定额等。实行定额控制的方法有利于控制的具体化和经常化

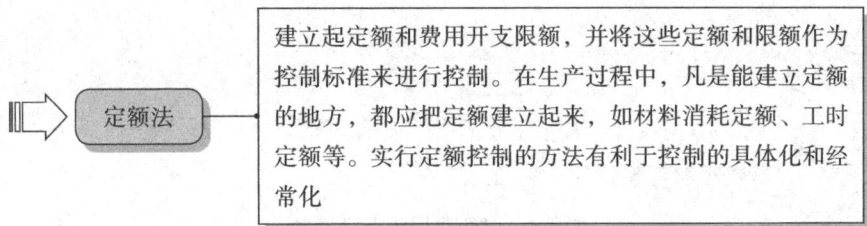

图9-2 制定成本标准的方法

2. 监督成本的形成

监督成本的形成是指根据控制标准，对成本形成的各个项目经常进行检查、评比和监督。不仅要检查指标本身的执行情况，而且要检查和监督影响指标的各项条件，如设备、工艺、工具、员工技术水平、工作环境等。所以，成本的日常控制要求要与生产作业计划与控制等结合起来进行。成本日常控制的主要方面如图9-3所示。

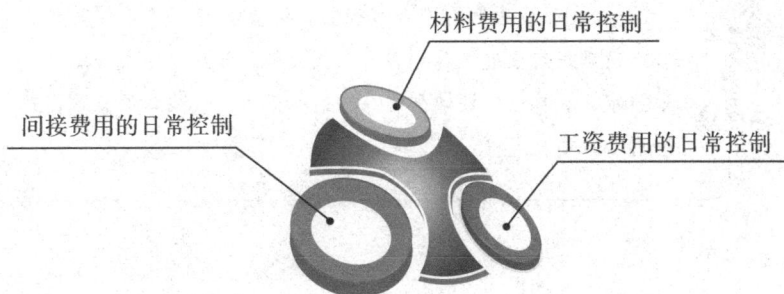

材料费用的日常控制

间接费用的日常控制

工资费用的日常控制

图9-3 成本日常控制的主要方面

（1）材料费用的日常控制。材料费用的日常控制包括几个方面，如图9-4所示。

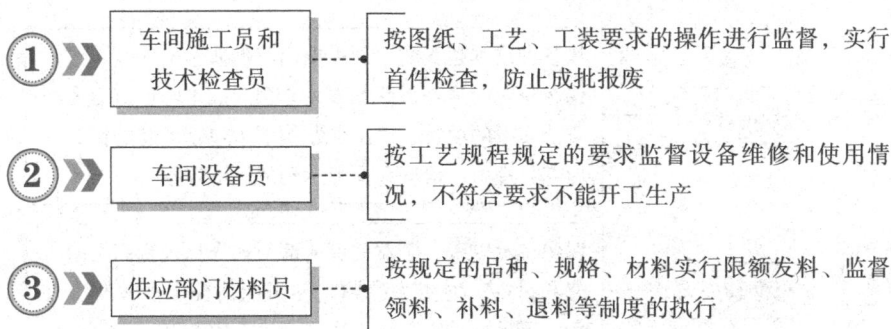

① 车间施工员和技术检查员 ----- 按图纸、工艺、工装要求的操作进行监督，实行首件检查，防止成批报废

② 车间设备员 ----- 按工艺规程规定的要求监督设备维修和使用情况，不符合要求不能开工生产

③ 供应部门材料员 ----- 按规定的品种、规格、材料实行限额发料、监督领料、补料、退料等制度的执行

图9-4

④ ▶▶ 生产调度人员 ┈┈┄ 控制生产批量、合理下料、合理投料、监督期量标准的执行

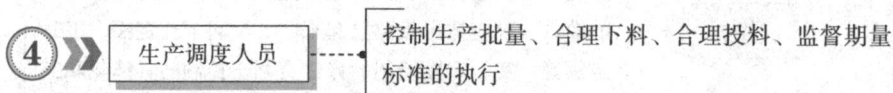

图9-4 材料费用的日常控制

（2）工资费用的日常控制。工资费用的日常控制主要是对生产现场的工时定额、出勤率、工时利用率、劳动组织的调整，奖金、津贴等的监督和控制。

此外，要监督车间内部作业计划的合理安排，要合理投产、合理派工，控制窝工、停工、加班加点等。

（3）间接费用的日常控制。车间管理费的项目很多，发生的情况各异。有定额的按定额控制，无定额的按各项费用预算进行控制。

讲师提醒

上述各生产费用的日常控制，应委派专人负责控制和监督，使费用发生的执行者实行自我控制，还应当在责任制中加以规定。这样才能调动全体员工的积极性，使成本的日常控制有群众基础。

3. 及时纠正偏差

针对成本差异发生的原因，应查明责任者，分情况、分轻重缓急，提出改进措施，加以贯彻执行。对于重大差异项目的纠正，一般采用如图9-5所示的程序。

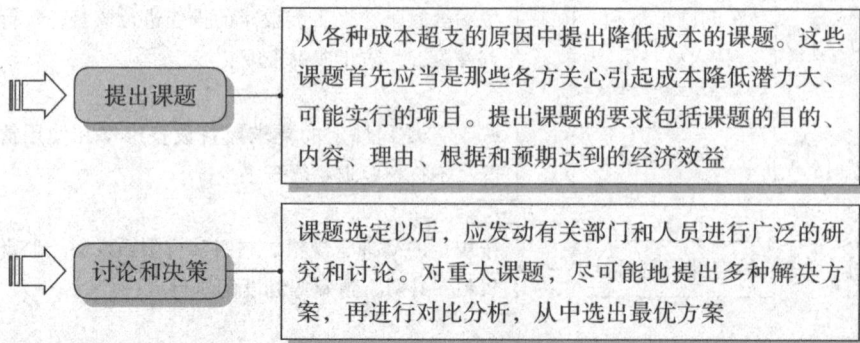

⇨ 提出课题 ─ 从各种成本超支的原因中提出降低成本的课题。这些课题首先应当是那些各方关心引起成本降低潜力大、可能实行的项目。提出课题的要求包括课题的目的、内容、理由、根据和预期达到的经济效益

⇨ 讨论和决策 ─ 课题选定以后，应发动有关部门和人员进行广泛的研究和讨论。对重大课题，尽可能地提出多种解决方案，再进行对比分析，从中选出最优方案

| 确定细节 | 确定方案实施的方法、步骤及负责执行的具体部门和人员 |
| 贯彻执行确定的方案 | 在执行过程中也要及时加以监督检查。方案实施以后，还要检查方案实施后的经济效益，衡量是否达到了预期目的 |

图9-5　重大差异项目的纠正程序

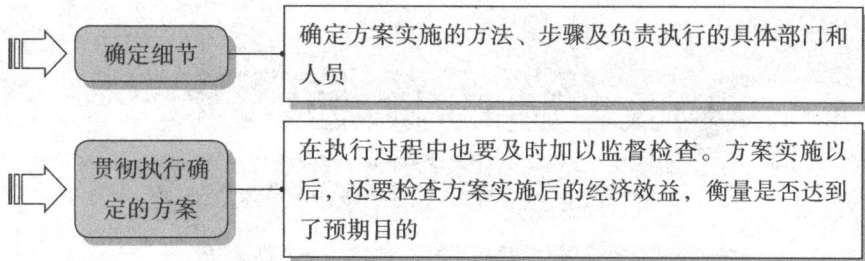

学习小札

第二节　生产成本控制方法

讲师的话

企业要控制生产成本首先要建立成本控制制度，并对生产各个方面做好规定，最重要是消除生产现场的七大浪费，实施以旧换新制度并开展废物回收利用活动。

一、建立成本控制制度

加强成本控制，必须实施有关的基础性工作，如建立各项成本控制制度，如图

9-6所示。

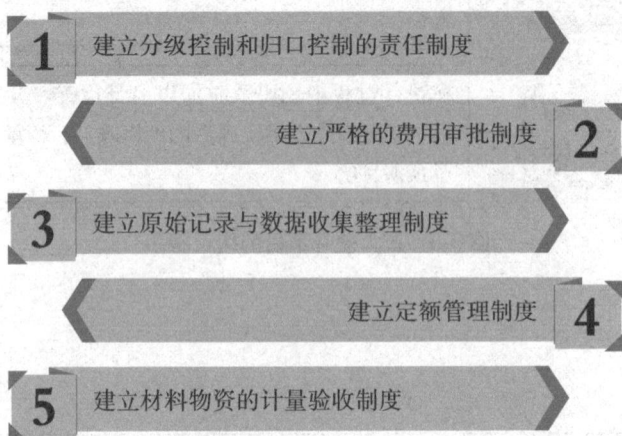

图9-6　成本控制制度的内容

1.建立分级控制和归口控制的责任制度

为了调动全体员工对成本控制的积极性，必须明确和协调各级组织（厂部、车间、班组等）和各归口的职能管理部门（如财会、生产、技术、销售、物资、设备等）在成本控制方面的权限与责任，建立健全成本控制的责任制度。

因此，要将成本计划所规定的各项经济指标，按其性质和内容进行层层分解，逐级落实到各个车间、班组和各个职能科室，实行分级归口控制。

根据权、责、利三结合的原则，在建立成本控制责任制的同时，必须赋予责任单位和部门以一定的经济权限和利益，使其有搞好本单位责任成本的相对的自主权。这些自主权的内容如图9-7所示。

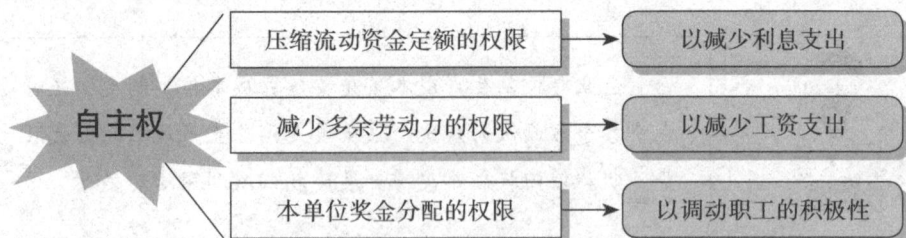

图9-7　本单位责任成本的自主权

2.建立严格的费用审批制度

一切费用预算在开支以前都要经过申请、批准手续后才能支付，即使是原来计划规定的，也要经过申请和批准。这样做，有利于一切费用在将要发生前再进行一次深入的研究。根据变化了的新情况，再一次确定费用的合理性，以保证一切费用的使用效果。

3.建立原始记录与数据收集整理制度

原始记录是成本与控制核算赖以进行的基础资料或第一手资料。根据成本控制和成本核算的需要，结合其他企业管理的要求，建立健全简便易行的原始记录制度，如企业对材料、燃料和动力、工时等的消耗，员工出勤，产品产量及入库，费用开支，产品质量检验等，都要制定相应格式的原始记录，并如实填写，及时传递。

4.建立定额管理制度

定额管理制度是以定额为依据来安排计划、控制消耗的一种科学管理制度。

因此，建立健全定额管理制度，对编制成本（费用）计划、组织成本（费用）核算、进行成本控制和分析都具有重要的意义。应根据目前已达到的水平、结合当前管理的水平、采用适当的方法，科学合理地制定各种定额。定额制定后，要加强对定额执行情况的核算、检查和分析工作；还应根据企业生产技术水平的变化和管理水平的提高，定期地修订定额。

5.建立材料物资的计量验收制度

材料物资的计量和验收，既是材料物资管理的基础工作，又为材料物资的计价提供了基础数据——数量。如果没有如实的验收和准确的计量，便不可能对产品成本中的材料费用进行正确核算。

因此，每个企业都要建立健全材料物资的计量验收制度。如对材料物资的收发、领退，在产品、半成品的内部转移，产成品完工入库等，都要建立相应的计量和验收制度。

讲师提醒　制度制定之后要监督员工按制度要求执行，否则制度就形同虚设，没有实际意义。企业应定期对制度的执行情况进行检查，以确认制度执行情况。

二、消除浪费

1.浪费的含义

传统意义上人们认为只有材料的报废、退货、废弃才是浪费。现在，浪费是指一切不增值的活动，包括时间、成本等的浪费。

成本控制的内容，不是那些宏观、抽象的事物，而是在每天的工作中，员工努力发现浪费等具体问题，并着手解决，从而改善品质，节约经费，缩短工时。

2.生产现场的浪费

消除浪费的出发点，就是要分辨出哪些现象属于浪费，哪些现象不属于浪费，然后努力消除产生浪费的不合理现象。企业生产现场中的七大浪费现象如图9-8所示。

等待的浪费
·作业"动作"中"等作"的情况 ·设备"监视"中"闲视"的情况

搬运的浪费
·对象空间的移动 ·时间的耗费 ·人力、工具的占用

不良/修理的浪费
·废料的损失 ·设备、人员工时的损失 ·额外的修复、挑选、追加检查 ·额外的检查预防人员

动作的浪费
·对象取放、反转、对准 ·作业步行、弯腰、转身

库存的浪费
·不必要的搬运、存放、防护、寻找 ·资金占用、额外的管理费用 ·物品价值衰减、呆料、废料 ·空间场地占用，影响通过、使用、进出料 ·库存用具随意摆放占用空间

制造过多/过早的浪费
·制造过多 ·制造过早 ·制造过细

加工的浪费
·多余的加工、颠倒的程序 ·零散的步骤、不适、复杂

图9-8　生产现场中的七大浪费

3.消除浪费的措施

（1）常规控制措施。常规的控制浪费的措施如图9-9所示。

| 1 | 减少库存量，排除过剩生产，避免零件、半成品、成品存货过多 |

| 2 | 避免库房、货架过剩 |

| 3 | 避免卡车、台车、叉车、运输线等搬运工具过剩 |

| 4 | 避免购置不必要的机器、设备 |

| 5 | 避免出现多余的文具、桌椅等办公设备 |

图9-9　常规控制浪费的措施

（2）浪费情况公布。将浪费的情况公布出来，使员工熟知，自觉改变浪费的做法。

（3）遵循科学的时间使用法，提高工作效率。消除"拿起""放下""清点""搬运"等不增值的动作。避免因"寻找""等待""避免"等动作而引起的浪费。制定合理的作业标准，并严格执行，从而提高工作效率。

（4）减少能源浪费。减少能源浪费的措施如图9-10所示。

| 1 | 贴上节约用电指南，提醒员工要节约用电 |

| 2 | 控制空调合适温度指标 |

| 3 | 将光管、风扇进行颜色管理，避免无标识而随意开关的浪费 |

| 4 | 对各种废物垃圾实施分类处理，回收可用的垃圾 |

| 5 | 将节约与环境保护结合起来 |

图9-10　减少能源浪费的措施

三、设定标准时间

标准时间就是一名员工以标准作业方法、标准速度进行作业所需的时间。企业实施标准时间主要是为了提高作业效率，进而降低生产成本。

1.标准时间的定义

标准时间，就是在图9-11所示条件下，员工完成作业所需的时间。

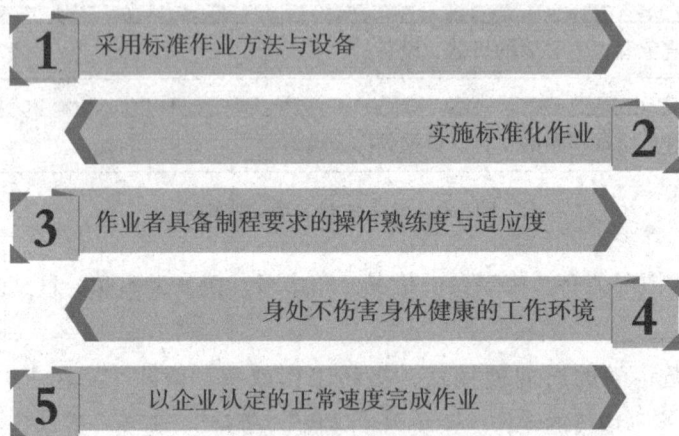

图9-11　设定标准时间的条件

2.标准时间的构成

标准时间的构成如图9-12所示。

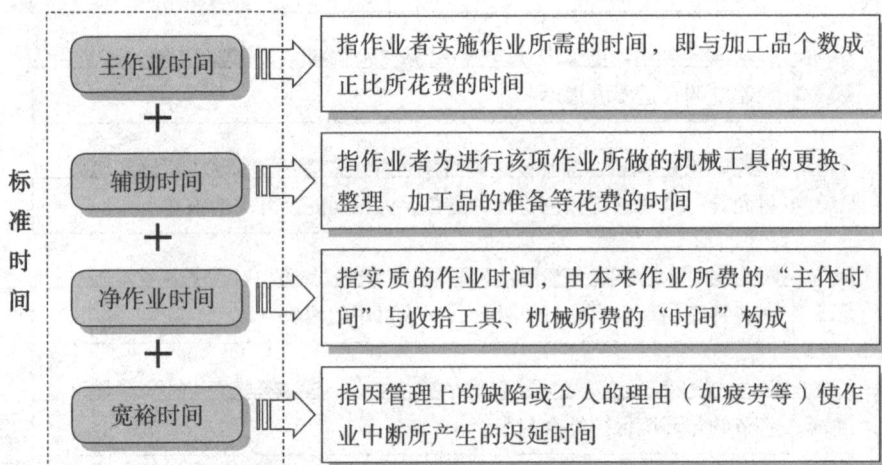

图9-12　标准时间的构成

3.标准时间的计算公式

标准时间=净作业时间+宽裕时间=净作业时间×（1+宽裕率）

净作业时间=码表观测值×评核系数

宽裕率=宽裕时间÷净作业时间

式中：

①码表观测值即观测值，不包括异常值后的算术平均值；

②评核系数：由现实作业所得的观测时间转换成标准时间的系数，用以评估实际作业速度相对标准速度是超前或落后，通常以80%～125%区分等级；

③宽裕率是指一般使用统计性的经验值，为20%～30%。

4.标准时间的用途

标准时间广泛应用于企业的各个管理层面。其具体用途如图9-13所示。

01	用来决定最适当的作业方法（当有两种以上作业方法时）
02	以小组作业来说，可使作业者的工作时间保持平衡，并提高作业效率
03	决定每名作业者负责的机器台数
04	为生产计划、标准成本、效率建立基础数据
05	决定外协单价的基础数据
06	建立衡量生产力、作业效率的基础数据
07	订立周计划、日程计划的基础数据
08	订立标准成本与实际成本差异分析的基础数据
09	决定劳动管理费的基础数据
10	订立人员计划的基础数据

图9-13 标准时间的用途

5.标准时间的设定

（1）码表观测法。码表观测法是指将一个周期的作业，分解成适当长度的要素作业，利用码表与时间观测表进行观测分析，设定该作业的标准时间的方法。

以要素作业来分析作业、观测时间的原因如图9-14所示。

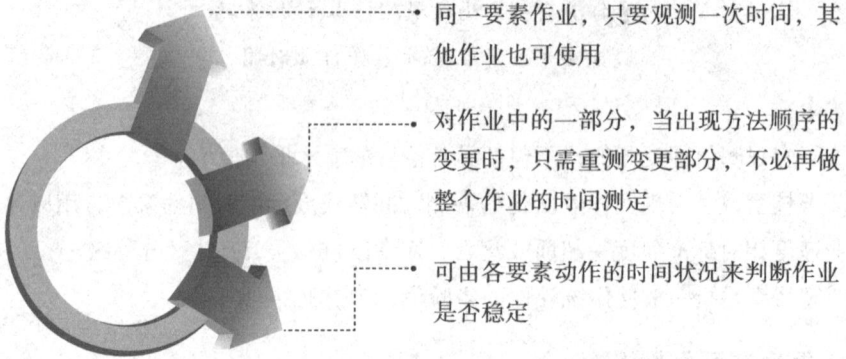

- 同一要素作业，只要观测一次时间，其他作业也可使用

- 对作业中的一部分，当出现方法顺序的变更时，只需重测变更部分，不必再做整个作业的时间测定

- 可由各要素动作的时间状况来判断作业是否稳定

图9-14　以要素作业进行分析的原因

（2）时间观测。除码表外，时间观测表是主要的工具。时间观测的要领及注意事项如图9-15所示。

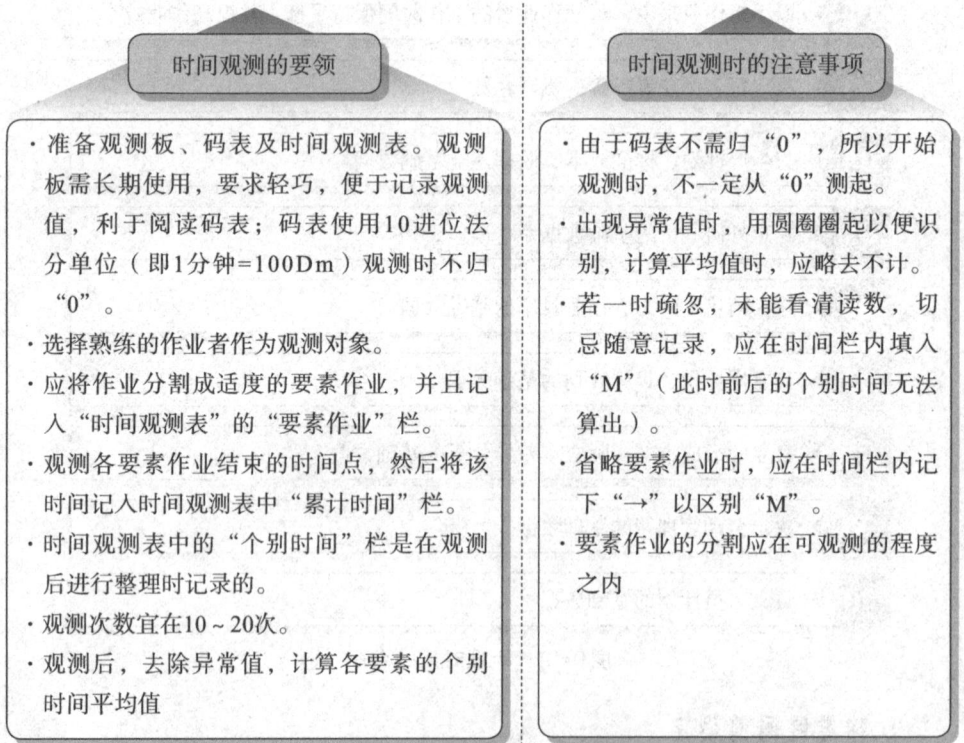

时间观测的要领	时间观测时的注意事项
·准备观测板、码表及时间观测表。观测板需长期使用，要求轻巧，便于记录观测值，利于阅读码表；码表使用10进位法分单位（即1分钟=100Dm）观测时不归"0"。 ·选择熟练的作业者作为观测对象。 ·应将作业分割成适度的要素作业，并且记入"时间观测表"的"要素作业"栏。 ·观测各要素作业结束的时间点，然后将该时间记入时间观测表中"累计时间"栏。 ·时间观测表中的"个别时间"栏是在观测后进行整理时记录的。 ·观测次数宜在10~20次。 ·观测后，去除异常值，计算各要素的个别时间平均值	·由于码表不需归"0"，所以开始观测时，不一定从"0"测起。 ·出现异常值时，用圆圈圈起以便识别，计算平均值时，应略去不计。 ·若一时疏忽，未能看清读数，切忌随意记录，应在时间栏内填入"M"（此时前后的个别时间无法算出）。 ·省略要素作业时，应在时间栏内记下"→"以区别"M"。 ·要素作业的分割应在可观测的程度之内

图9-15　时间观测的要领及注意事项

（3）标准时间设定。设定标准时间的基本方法是：以"时间观测表"上记录的观测值为基础，修正标准速度，而得出标准时间。设定时应注意图9-16所示的四点事项。

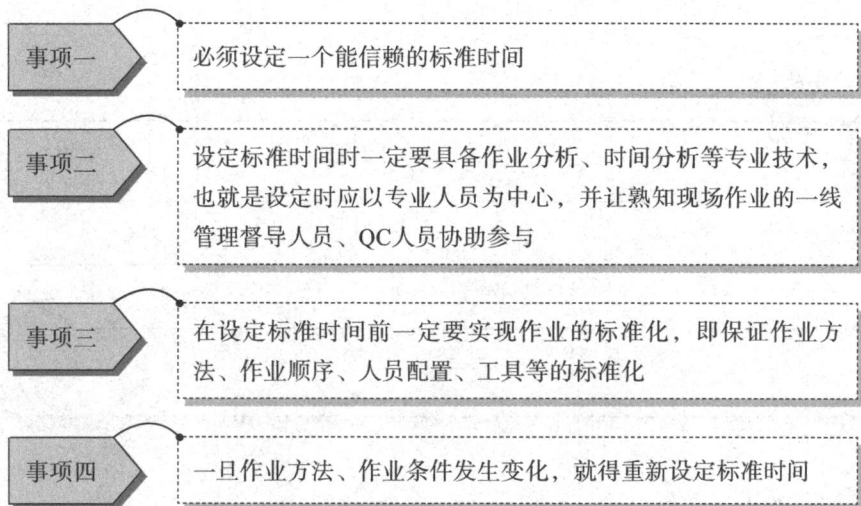

事项一	必须设定一个能信赖的标准时间
事项二	设定标准时间时一定要具备作业分析、时间分析等专业技术，也就是设定时应以专业人员为中心，并让熟知现场作业的一线管理督导人员、QC人员协助参与
事项三	在设定标准时间前一定要实现作业的标准化，即保证作业方法、作业顺序、人员配置、工具等的标准化
事项四	一旦作业方法、作业条件发生变化，就得重新设定标准时间

图9-16　标准时间设定注意事项

讲师提醒　企业必须根据作业目的按照正确的方法和步骤，合理、科学地设定标准时间。同时应就标准时间的设定，征求员工的意见和建议，使员工充分掌握相关要领。

四、实施以旧换新

为杜绝浪费、控制生产成本，要特别加强消耗品的使用管理，提高消耗品的有效使用效率。为此，可以采取以旧换新的方法来加以控制。而为使以旧换新能更好地执行，最好制定以旧换新制度，确定以旧换新的物品范围、责任人员、标准、工作流程及不执行的处罚规定。同时，可以将以旧换新品项明细用看板的形式公示出来。

五、开展修旧利废活动

修旧利废活动是加强企业管理，减少浪费、降低成本费用的有效途径。企业要鼓励各车间自主创新，修旧利废，小改小革，并做好记录。同时，为使这项工作有可持续性，企业要制定相应的实施细则，确定修旧利废管理标准的职责、内容、要求及奖励与考核标准。

学习小札

学 习 心 得

学习回顾

通过本章的学习，我有哪些收获？

1._____
2._____
3._____
4._____
5._____

自我反思

我还有哪些不足？

1._____
2._____
3._____
4._____
5._____

行动计划

我要做好以下几个方面的工作，来做好精益生产成本控制，减少公司的生产浪费。

1._____
2._____
3._____
4._____
5._____

第十章　精益生产之智能制造

杨老师："时间过得真快，转眼3天的培训就要结束了，其实我有点忐忑，不知道大家有没有收获？"

小刘："我们刚刚还在说，这次培训真是不虚此行，学到了很多东西。"

杨老师："真的吗，大家学到了知识，我就放心了，没有浪费大家的时间。"

小刘："我们真的是学到了很多东西。以前总觉得自己已经做得非常好了，但是经过这次培训才发现自己做得还很不够好，自己还能更好。特别是了解了精益生产的知识并学到了如何在企业实现精益生产，我现在充满干劲。"

杨老师为小刘竖起大拇指，说："很好，你能这样想，证明你真的是学进去了，我很欣慰呀。"

台下的学员都笑了。

杨老师："精益生产管理的内容就暂告一段落了。其实随着现代科技的发展，企业实行精益管理都是为了实现智能制造做准备的。"

小李："智能制造就是以机器人代替工人吗，完全智能化我们不就是失业了吗？"

杨老师："哈哈。小李同学的担心还是有点早。首先，从大部分的企业的情况来看，短时期内还没办法实现智能制造。其次，大家也都一直在学习，智能制造也不是完全不需要人的参与，大家总能找到最适合自己的岗位。"

小张："主要是我们都要努力，现在的发展真是日新月异，只有不断学习，不断充实自己才不会被淘汰。"

杨老师："说得对，我们都应该不断努力，以最好的自己来迎接智能制造时代的到来。今天我们就来一起学习智能制造。"

第一节　工业4.0与智能制造

讲师的话

> 德国所谓的工业四代（Industry4.0，第四次工业革命）是指利用信息物理系统（Cyber-Physical System，CPS）将生产中的供应、制造和销售信息数据化、智慧化，最后达到快速、有效、个人化的产品供应。

一、工业4.0认知

1.工业4.0的提出

工业4.0是德国政府提出的一个高科技战略计划。该计划由德国联邦教育局及研究部和联邦经济技术部联合资助，投资预计达2亿欧元，目的是提升制造业的智能化水平，建立具有适应性、资源效率及人机工程学的智慧工厂，在商业流程及价值流程中整合客户及商业伙伴，其技术基础是网络实体系统及物联网。

2.工业4.0重要意义

工业4.0已经成为中德合作的新内容。在中德双方签署的《中德合作行动纲要》中，有关工业4.0合作的内容共有四条，第一条就明确提出工业生产的数字化，进一步强调了工业4.0对于未来中德经济发展具有重大意义。双方认为，两国政府应为企业参与该进程提供政策支持。

3.工业4.0的概念

工业4.0概念包含了生产由集中式控制向分散式增强型控制的基本模式转变，目标是建立一个高度灵活的个性化和数字化的产品与服务的生产模式。在这种模式中，传统的行业界限将消失，并会产生各种新的活动领域和合作形式。在工业4.0时代，创造新价值的过程正在发生改变，产业链分工将被重组。

4.工业4.0三大主题

工业4.0项目主要分为三大主题，如图10-1所示。

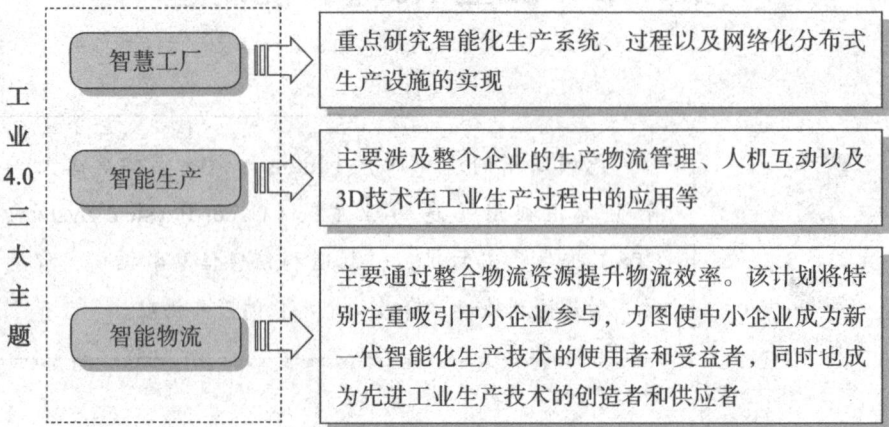

图10-1　工业4.0三大主题

二、智慧工厂认知

智慧工厂是工厂在设备智能化、管理现代化、信息计算机化的基础上达到的新的阶段，其内容不但包含上述的智能设备和自动化系统的集成，还涵盖了企业管理信息系统（MIS）的全部内容，包括人事系统、财务系统、销售系统、调度系统等方面。

智慧工厂可以清楚掌握产销流程、提高生产过程的可控性、减少生产线上人工的干预、即时正确地采集生产线数据，以及合理地编排生产计划与生产进度。

1.智慧工厂的三个要素

智慧工厂是现代工厂信息化发展的新阶段，是在数字化工厂的基础上，利用物联网的技术和设备监控技术加强信息管理和服务，并将绿色智能的手段和智能系统等新兴技术融为一体，构建一个高效节能的、绿色环保的、环境舒适的人性化工厂。智慧工厂的三个要素如图10-2所示。

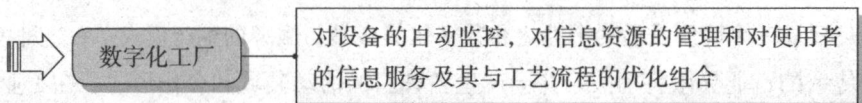

物联网	将物联网技术更广泛地和设备监控技术、信息管理和信息服务技术相结合
绿色智能	以信息化手段节能降耗。现代绿色工厂的建造应遵循生态学原理，体现可持续发展的原则

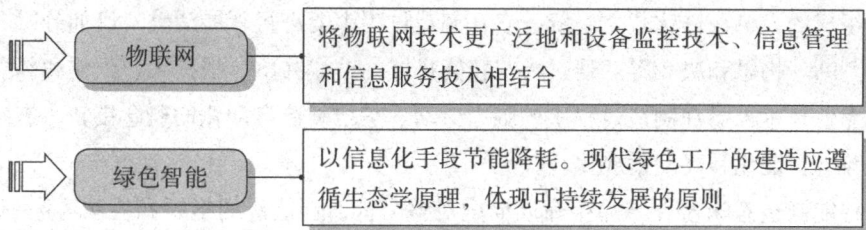

图10-2　智慧工厂三个要素

2.智慧工厂的特征

智慧工厂的发展，是智能工业发展的新方向。智慧工厂的特征体现在制造生产上，如图10-3所示。

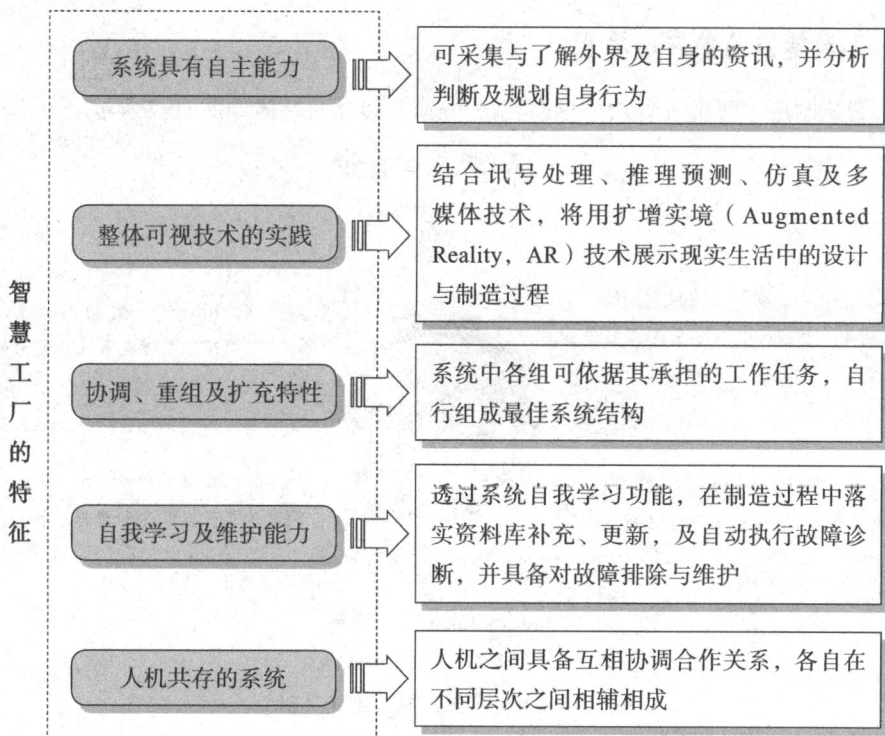

智慧工厂的特征	系统具有自主能力	可采集与了解外界及自身的资讯，并分析判断及规划自身行为
	整体可视技术的实践	结合讯号处理、推理预测、仿真及多媒体技术，将用扩增实境（Augmented Reality，AR）技术展示现实生活中的设计与制造过程
	协调、重组及扩充特性	系统中各组可依据其承担的工作任务，自行组成最佳系统结构
	自我学习及维护能力	透过系统自我学习功能，在制造过程中落实资料库补充、更新，及自动执行故障诊断，并具备对故障排除与维护
	人机共存的系统	人机之间具备互相协调合作关系，各自在不同层次之间相辅相成

图10-3　智慧工厂的特征

三、智能制造认知

智能制造（Intelligent Manufacturing，IM）是一种由智能机器和专业技术人员共同组成的人机一体化智能系统，它在制造过程中能进行智能活动，诸如分析、推理、判断、构思和决策等。通过人与智能机器的合作共事，去扩大、延伸和部分地取代专业技术人员在制造过程中的脑力劳动。它把制造自动化的概念更新，扩展到柔性化、智能化和高度集成化。

智能制造意味着在产品生命周期内对整个价值创造链的组织和控制再进一步，即意味着从创意、订单到研发、生产、终端客户产品交付，再到废物循环利用，包括与之紧密联系的各服务行业，在各个阶段都能更好地满足日益个性化的客户需求。所有参与价值创造的相关实体形成网络，获得随时从数据中创造最大价值流的能力，从而实现所有相关信息的实时共享。以此为基础，通过人、物和系统的连接，实现企业价值网络的动态建立、实时优化，根据不同的标准，对成本、效率和能耗进行优化。

1.智能制造的核心要素

智能制造主要围绕着六个核心要素（6M）展开，具体如图10-4所示。

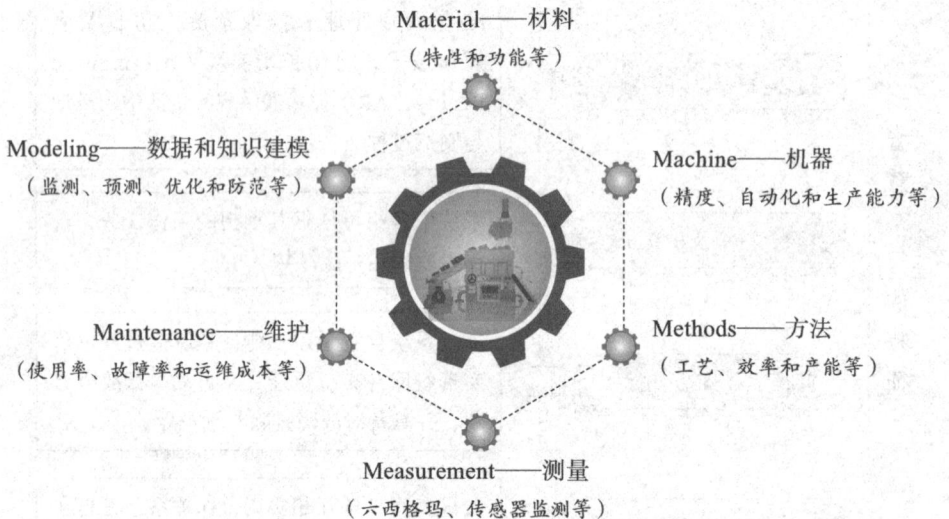

图10-4　智能制造的核心要素（6M）

智能制造最重要的要素是第6个"M"，即建模，并且通过建模来驱动其他5个"M"的要素，从而解决和避免制造系统的问题。

智能制造运行的逻辑是：发生问题→模型（或在人的帮助下）分析问题→模型调整5个要素→解决问题→模型积累经验，并分析问题的根源→模型调整5个要素→避免问题。智能制造所要解决的核心问题是知识的产生与传承过程。

2.对智能制造理解的三大误区

目前，一些企业对智能制造理解存在着误区，如图10-5所示。

误区一 智能制造就是自动化

自动化不是智能制造，自动化是制造领域里解决一次性和质量偏差的手段，其中包含标准化和合理化的观念，自动化是一个过滤器而不是一个目标

3D打印就是智能制造 **误区二**

智能制造必须满足三个特性，即可预测性（Predictability），可加工性（Producibility），生产力提升性（Productivity），所以说3D打印技术是一种新型制造技术，而不是智能制造

误区三 简单的加上物联网就是智能制造

一些企业对"互联网+"及云概念的认识存在误区，他们认为只要加上物联网，把机器在"云"上和互联网连接起来，就实现了数字化制造的目标，就是智能制造了，其实内在的核心制造能力并没有提升

图10-5 对智能制造理解的三大误区

3.智能制造的发展过程

智能制造不是一蹴而就的，其发展过程可以分为以下五个阶段，如图10-6所示。

第一阶段 全员生产系统

全员生产系统是日本提出来的，是20世纪七八十年代整个制造系统中的核心的标准。这个阶段，企业的思维固化在组织和对人的培训方面

图10-6

第二阶段 ▶ 精益生产与六西格玛

- - - - 它的核心价值是如何以数据作为标准建立管理体系，在这个
基础上，包括质量管理体系、产品全生命周期管理体系等。
这个时候数据真正在制造使用过程中发挥作用

第三阶段 ▶ 数据驱动的预测性建模分析

- - - - 当今的工业产业处于进入第三阶段的转型的重要时期。以数
据驱动的预测性建模分析，指如何把隐性的问题显性化，显
性化之后解决问题，避免问题的发生

第四阶段 ▶ 以预测为基础的资源有效性运营决策优化

- - - - 对于过去产生的关联性都能够在建模之后，根据系统生产、
环境、人员多方要素变化进行实时动态优化

第五阶段 ▶ "信息—物理"系统

- - - - 这个系统是建立在对于所有设备本身运行的环境、活动目标非
常精确建模的基础上，这个时候产生知识的应用和传承问题

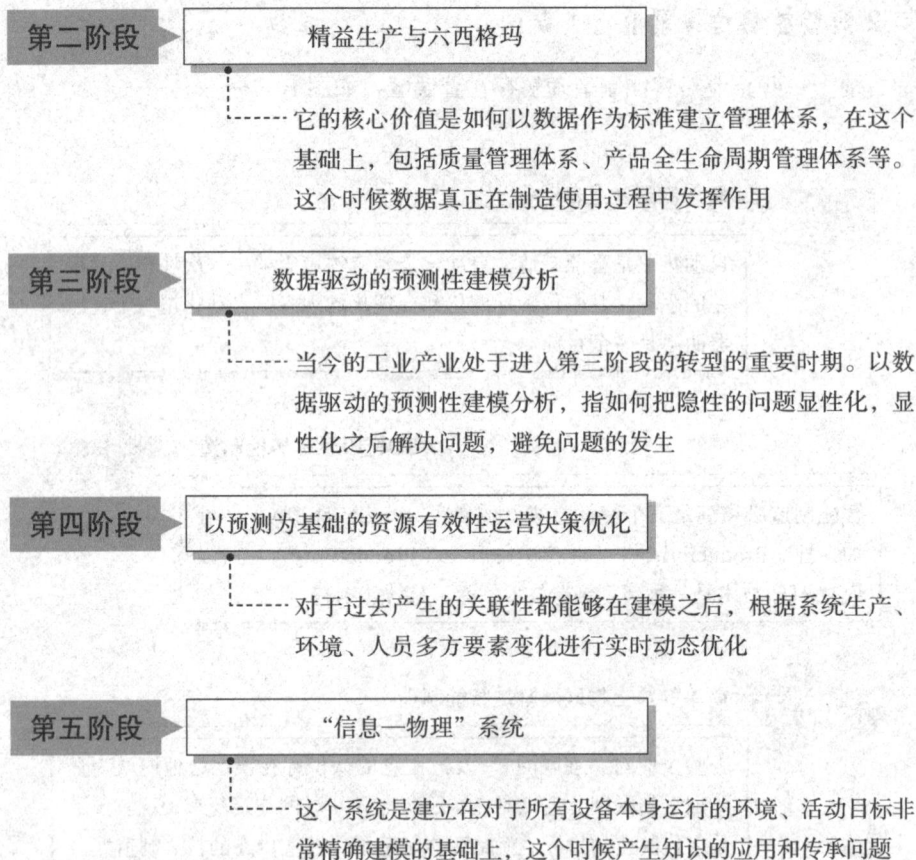

图 10-6　智能制造的发展过程

四、智能制造面临的难题

在全球产业竞争格局发生重大调整的今天，智能制造日益成为未来制造业发展
的重大趋势和核心内容，也是新常态下打造新的国际竞争优势的必然选择。当前中
国智能制造仍需破解思维落后、数字化低、产能过剩、人才紧缺等多重难题，须加
快产业升级。

1.数字化

推动智能制造的两个基础性技术是计算机芯片计算速度和网络传输速度，中国
目前已逐步拥有了这两项技术，接下来的关键就是数字化。数字化包括四个方面，
如图 10-7 所示。

工业软件和自动化结合　　　　　　　　　　工业通信

1　2

4　3

工业服务　　　　　　　　　　　　　　　工业安全

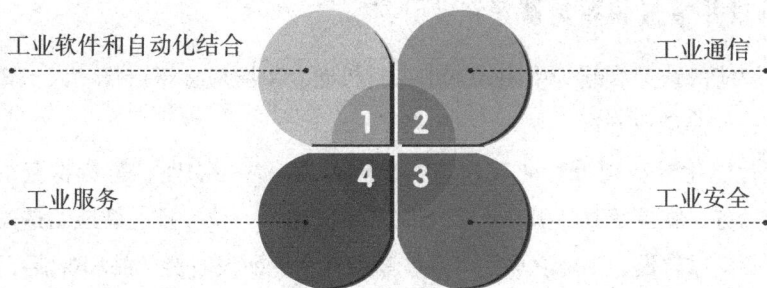

图10-7　"数字化"的四个方面

2.智能制造需破解的难题

智能制造要实现人工智能和实体经济深入融合，在人工智能产业如火如荼发展的同时，问题也随之而来，需予以警惕。具体如图10-8所示。

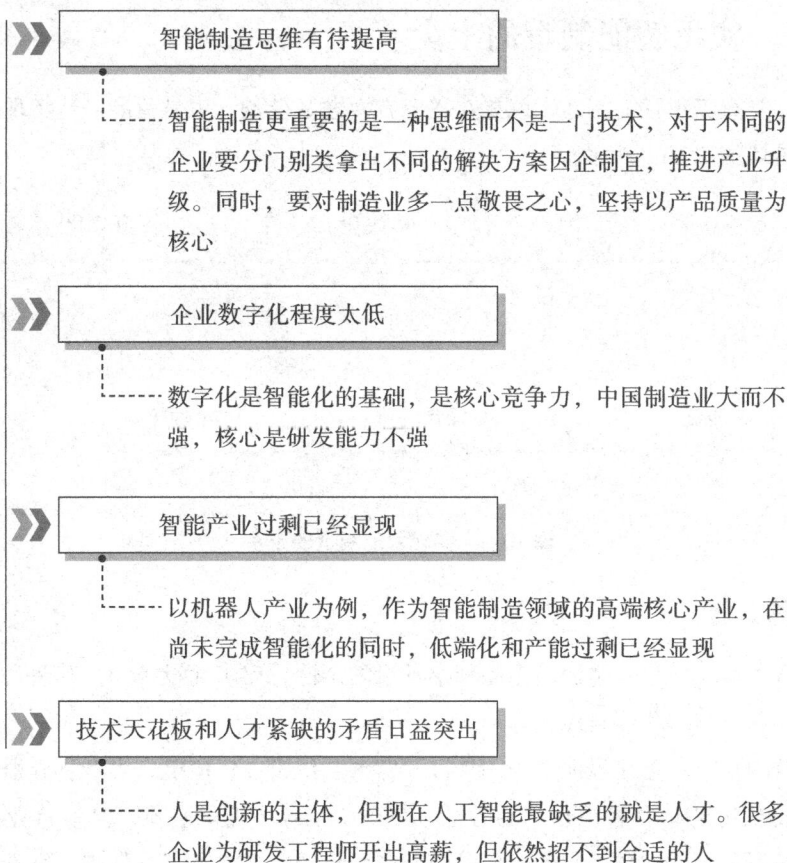

智能制造思维有待提高

智能制造更重要的是一种思维而不是一门技术，对于不同的企业要分门别类拿出不同的解决方案因企制宜，推进产业升级。同时，要对制造业多一点敬畏之心，坚持以产品质量为核心

企业数字化程度太低

数字化是智能化的基础，是核心竞争力，中国制造业大而不强，核心是研发能力不强

智能产业过剩已经显现

以机器人产业为例，作为智能制造领域的高端核心产业，在尚未完成智能化的同时，低端化和产能过剩已经显现

技术天花板和人才紧缺的矛盾日益突出

人是创新的主体，但现在人工智能最缺乏的就是人才。很多企业为研发工程师开出高薪，但依然招不到合适的人

图10-8　智能制造需破解的难题

3.多措并举加快智能制造产业升级

人工智能的快速崛起为中国经济带来新机遇。中国应多举措推动人工智能融入实体经济，加快产业升级。

产业智能化升级须分行业展开，如智能制造、智能农业、智能物流、智能金融、智能商务、智能家居。其中，智能制造要放在第一位，推进智能制造关键技术设备、核心支撑软件、工业互联网等系统集成应用，研发智能产品和智能互联产品，推广流程智能制造、离散智能制造、网络化携程智能制造、网络诊断运维服务等新型智能制造模式，建立智能制造标准体系，推进智能制造全生命周期活动智能化。

各企业应探索新型人才机制，充分利用工学结合、校企联合等方式，吸引中外著名企业、研发部门、教育研究机构，在高校设立分支机构，开设课程，联合开展人才培养。

五、实现智能制造的十步

企业要想实现智能制造，就要在各个方面做好准备，也是智能制造实现的十个步骤，具体如图10-9所示。

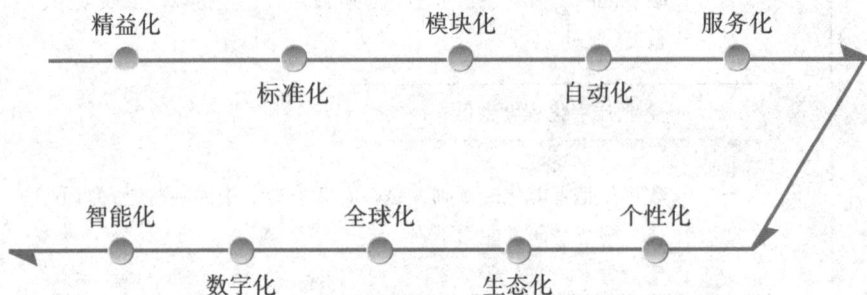

图10-9　实现智能制造的十步

1.精益化

精益生产，最早就是面向多品种小批量的个性化需求而设计的，其两大支柱就是"准时化"与"智能自动化"。

至今为止，精益已经演变为一种涉及营销、研发、供应链、生产、流程乃至创业的全价值链的精益管理理念和方法，带动了全球产业的转型。从制造业到服务业，精益所追求的"创造价值，消除浪费"的思想、方法和工具促进了生产资源的优化配置，获得质量、效率和反应速度的快速提升。

智能制造不可能建立在低效的生产模式之上，精益是必须要走的第一步，而且是投资回报最高的一条路径。因为精益几乎不需要企业做出额外的投资，只是在现有基础上重新配置生产资源，就可以获得超出想象的回报。

> 精益生产的成功实施并不难，关键在于领导的决心与管理层观念的转变。

讲师提醒

2.标准化

标准化是自动化的基础，也是智能制造的前提。国内企业不重视或者没有意识到标准化的重要性。标准化当然也还包括标准化的作业流程和作业方式，有了标准化，自动化才能据此开发出来，比如自动焊接，自动装配。假设零部件千变万化，作业方式也不固定，自动化将很难实现，即使实现成本也很高。

3.模块化

模块化降低了从设计、采购到生产的复杂程度。标准化的接口和连接方式提高了通用性，降低了制造成本与周期，自动化生产、物流与信息沟通更加容易实现。

模块化实施起来相对较难，涉及行业与企业标准，需要上下游企业共同参与。这是一项长期的工作，所以相互间构建精益的战略合作伙伴关系尤为重要。

4.自动化

自动化是智能制造中谈论得最多的，很多地方政府和企业形象地把其称之为"机器换人"，也做了不断的尝试，有成功也有失败。

企业可以通过自主创新，将原来原材料处理的离散型加工方式进行集成，把原来独立的工序通过自动化生产线连接在一起，实行精益化的连续生产，消除了中间环节的上下料、储存和搬运，生产速度和生产效率将大大提高。

5.服务化

移动互联网的蓬勃发展加速了中国制造业从制造向服务的转型。美国倡导的"工业互联网"将人、数据和机器连接起来，形成开放而全球化的工业网络，其内涵已经超越制造过程以及制造业本身，跨越产品生命周期的整个价值链，涵盖航空、能源、交通、医疗等更多工业领域。

此外，制造企业还可以通过设备的联网数据监测、分析和改善设备的设计与制造，提高产品可靠性和效率。当然"互联网+"模式下，传统企业需要不断创新商业模式，找到一款适合自己的服务方式来打动客户。

6.个性化

高品质、低成本的个性化实现首先取决于你的精益生产水平，也就是精益所倡导的"价值来自真正的顾客需求的拉动"。其次，个性化实现取决于你的标准化和模块化的设计。高速发展的互联网等信息技术为其提供了支持，使得个性化实现变得更容易。

每个企业需要根据自己的精益化水平、标准化、模块化水平以及信息化水平来决定自己的个性化模式，并不是越个性化越好，它建立在一定的实施条件基础之上。

7.生态化

企业的竞争正在从单个企业之间逐渐向供应链之间乃至生态系统之间的竞争转变。在信息和网络产业当中，大企业的关系从竞争、兼并变成结盟、共赢，以伙伴关系实现协同控制、人机混合控制，这是产业生态化的体现。

8.全球化

在世界互联互通的今天，当你的企业做到一定规模时，就需要考虑全球化来配置资源，以提高效率降低成本。全球化资源包括市场资源、设计资源、采购资源和生产资源。

我国的"一带一路"战略就是寻找全球化的市场资源，输出我们的富余产能包括高铁技术等。设计资源则是在国外设立研发技术中心，开发贴近本土的产品或者弥补国内设计能力的不足，还可以形成全球24小时不间断产品开发，以缩短研发周期。

9.数字化

数字化跟信息化密切相关，与自动化一样，这是智能制造转型投资最大的一块。随着信息技术的日新月异，一切皆可数字化，从人、产品到设备，实现万物相连。

这意味着在"工业4.0"时代，第一次有可能将资源、信息、物品和人通过数字化进行互联互通。这种沟通包括人与人、人与产品、人与机器、产品与机器、机器与机器之间的信息交换。

但是由于技术的不成熟与投资的巨大，每个企业需要权衡导入的时机，同自动化一样，须综合考虑投资回报、系统可靠性、信息安全风险、人才储备等问题。

10.智能化

智能化包含两个含义，一个是产品的智能化，另一个是制造过程的智能化，具体如图10-10所示。

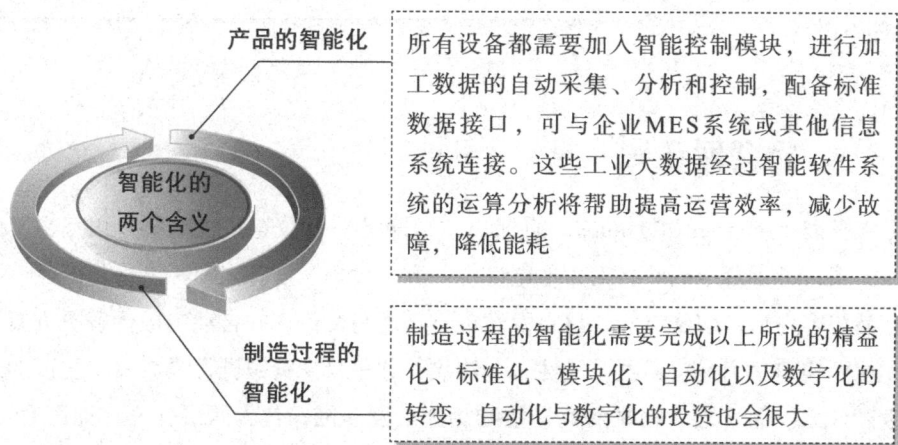

产品的智能化

智能化的两个含义

制造过程的智能化

所有设备都需要加入智能控制模块，进行加工数据的自动采集、分析和控制，配备标准数据接口，可与企业MES系统或其他信息系统连接。这些工业大数据经过智能软件系统的运算分析将帮助提高运营效率，减少故障，降低能耗

制造过程的智能化需要完成以上所说的精益化、标准化、模块化、自动化以及数字化的转变，自动化与数字化的投资也会很大

图10-10 智能化的两个含义

中国制造需要从重速度轻质量转变为重质量轻速度，需要在以上十大领域进行可持续创新，从商业模式、技术以及管理方面实现向中国智造的转型。

学习小札

第二节　物联网的应用

物联网是新一代信息技术的重要组成部分，也是"信息化"时代的重要发展阶段，被称为继计算机、互联网之后世界信息产业发展的第三次浪潮。

讲师的话

一、物联网认知

物联网（Internet of Things，简称IoT），即是一个物与互联网服务相互交叉的网络体系，可实时影响所有工业生产设备，人与设备、设备之间、设备与产品、乃至产品与客户/管理/物流等，可自发性进行连通与交流，并自动向最优解决方案调整，从而构建一个具有高度灵活性、个性化、利用最少资源进行最高效率生产的工业生产体系。简言之，物联网就是物物相连的互联网，包含两层含义，如图10-11所示。

含义一 物联网的核心和基础仍然是互联网

物联网是互联网应用的延伸和扩展，与其说物联网是网络，不如说物联网是业务和应用。因此，应用创新是物联网发展的核心，以用户体验为核心是物联网发展的灵魂

物物相连 含义二

物联网的用户端延伸和扩展到了任何物品与物品之间，进行信息交换和通信，通过智能感知、识别技术与普适计算等通信感知技术，广泛应用于网络的融合中

图10-11　物联网的两层含义

创新2.0就是创新1.0的升级，创新1.0是指工业时代的创新形态，创新2.0则是指信息时代、知识社会的创新形态。

讲师提醒

二、物联网的产业链

物联网产业链包含芯片提供商、传感器供应商、无线模组厂商、网络运营商、平台服务商、系统及软件开发商、智能硬件厂商、系统集成及应用服务提供商八大环节，具体如图10-12所示。

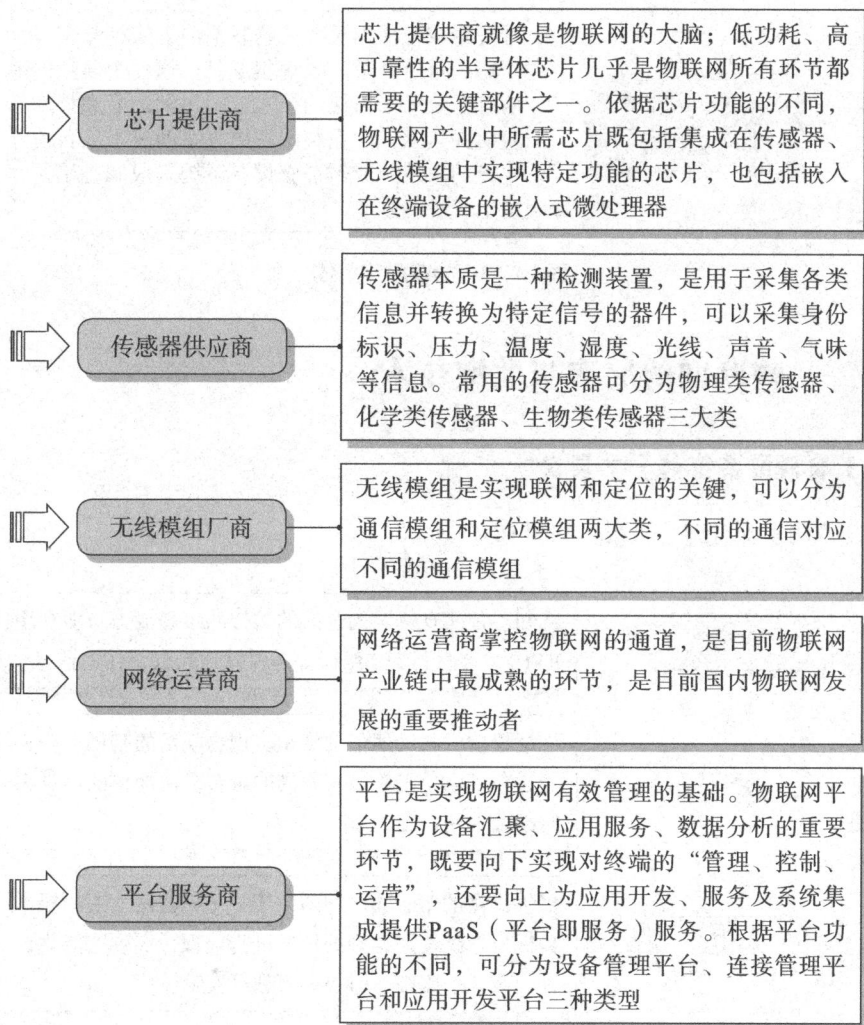

芯片提供商 — 芯片提供商就像是物联网的大脑；低功耗、高可靠性的半导体芯片几乎是物联网所有环节都需要的关键部件之一。依据芯片功能的不同，物联网产业中所需芯片既包括集成在传感器、无线模组中实现特定功能的芯片，也包括嵌入在终端设备的嵌入式微处理器

传感器供应商 — 传感器本质是一种检测装置，是用于采集各类信息并转换为特定信号的器件，可以采集身份标识、压力、温度、湿度、光线、声音、气味等信息。常用的传感器可分为物理类传感器、化学类传感器、生物类传感器三大类

无线模组厂商 — 无线模组是实现联网和定位的关键，可以分为通信模组和定位模组两大类，不同的通信对应不同的通信模组

网络运营商 — 网络运营商掌控物联网的通道，是目前物联网产业链中最成熟的环节，是目前国内物联网发展的重要推动者

平台服务商 — 平台是实现物联网有效管理的基础。物联网平台作为设备汇聚、应用服务、数据分析的重要环节，既要向下实现对终端的"管理、控制、运营"，还要向上为应用开发、服务及系统集成提供PaaS（平台即服务）服务。根据平台功能的不同，可分为设备管理平台、连接管理平台和应用开发平台三种类型

图10-12

系统及软件开发商 —— 系统及软件可以让物联网设备有效运行，物联网的系统及软件一般包括操作系统、应用软件等，可以让物联网设备有效运行。其中，操作系统（OS）是管理和控制物联网硬件和软件资源的程序，是最基本的系统软件。其他应用软件在操作系统的支持下才能正常运行

智能硬件厂商 —— 智能硬件是物联网的承载终端，是指集成了传感器件和通信功能，可接入物联网并实现特定功能或服务的设备。按照面向的购买客户来划分，可分为2B和2C类。2B类包括表计类，2C类主要指消费电子

系统集成及应用服务提供商 —— 系统集成及应用服务是物联网部署实施与实现应用的重要环节。系统集成是根据一个复杂的信息系统或子系统的要求，把多种产品和技术验明并接入一个完整的解决方案的过程。目前主流的系统集成做法有设备系统集成和应用系统集成两大类

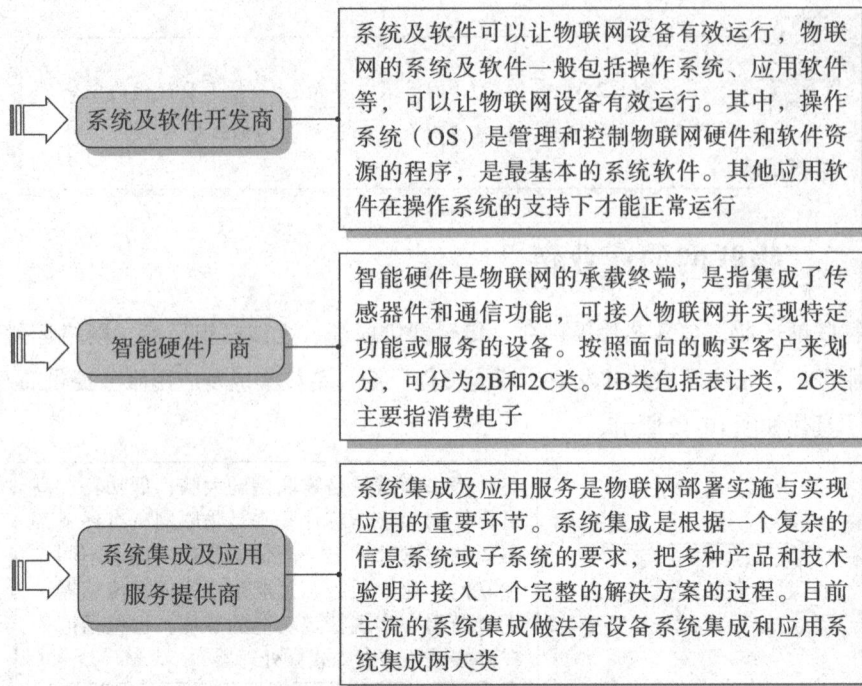

图 10-12　物联网产业链

三、物联网的层次与关键技术

1.物联网系统的三个层次

物联网系统有三个层次，如图10-13所示。

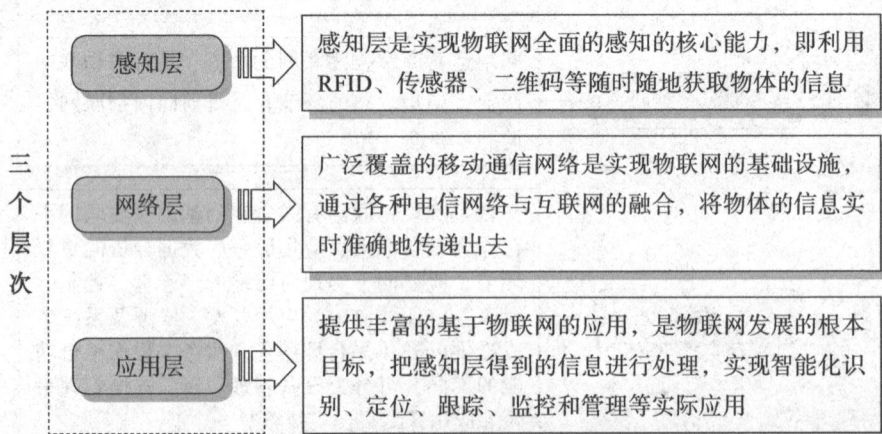

三个层次

感知层 —— 感知层是实现物联网全面的感知的核心能力，即利用RFID、传感器、二维码等随时随地获取物体的信息

网络层 —— 广泛覆盖的移动通信网络是实现物联网的基础设施，通过各种电信网络与互联网的融合，将物体的信息实时准确地传递出去

应用层 —— 提供丰富的基于物联网的应用，是物联网发展的根本目标，把感知层得到的信息进行处理，实现智能化识别、定位、跟踪、监控和管理等实际应用

图 10-13　物联网系统的三个层次

2.物联网应用的关键技术

在物联网应用中有五项关键技术，如图10-14所示。

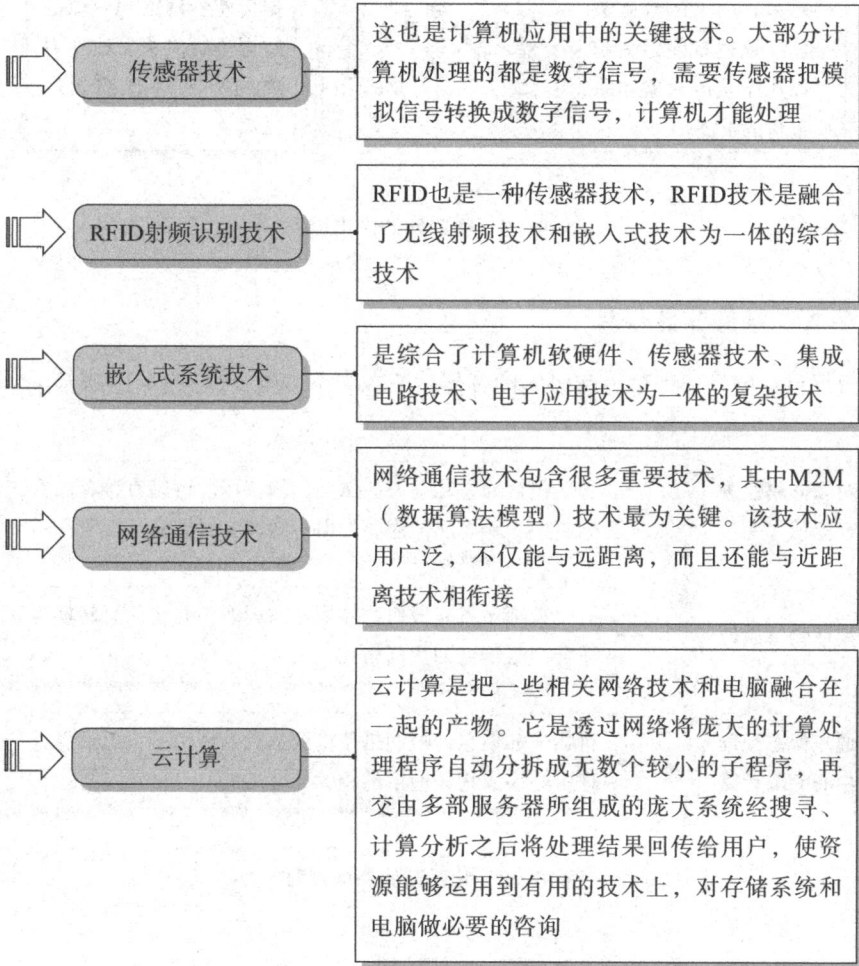

传感器技术	这也是计算机应用中的关键技术。大部分计算机处理的都是数字信号，需要传感器把模拟信号转换成数字信号，计算机才能处理
RFID射频识别技术	RFID也是一种传感器技术，RFID技术是融合了无线射频技术和嵌入式技术为一体的综合技术
嵌入式系统技术	是综合了计算机软硬件、传感器技术、集成电路技术、电子应用技术为一体的复杂技术
网络通信技术	网络通信技术包含很多重要技术，其中M2M（数据算法模型）技术最为关键。该技术应用广泛，不仅能与远距离，而且还能与近距离技术相衔接
云计算	云计算是把一些相关网络技术和电脑融合在一起的产物。它是透过网络将庞大的计算处理程序自动分拆成无数个较小的子程序，再交由多部服务器所组成的庞大系统经搜寻、计算分析之后将处理结果回传给用户，使资源能够运用到有用的技术上，对存储系统和电脑做必要的咨询

图10-14　物联网应用的关键技术

四、物联网的应用

1.物联网的应用模式

根据其实质用途，物联网的应用可以归结为两种基本应用模式，如图10-15所示。

通过NFC、二维码、RFID等技术标识特定的对象，用于区分对象个体，通过智能标签还可以用于获得对象物品所包含的扩展信息

对象的智能标签

应用模式

对象的智能控制

物联网基于云计算平台和智能网络，可以依据传感器网络用获取的数据进行决策，改变对象的行为进行控制和反馈

图10-15　物联网的应用模式

2.物联网的开展步骤

根据目前的发展形势，物联网的开展主要有三个步骤，如图10-16所示。

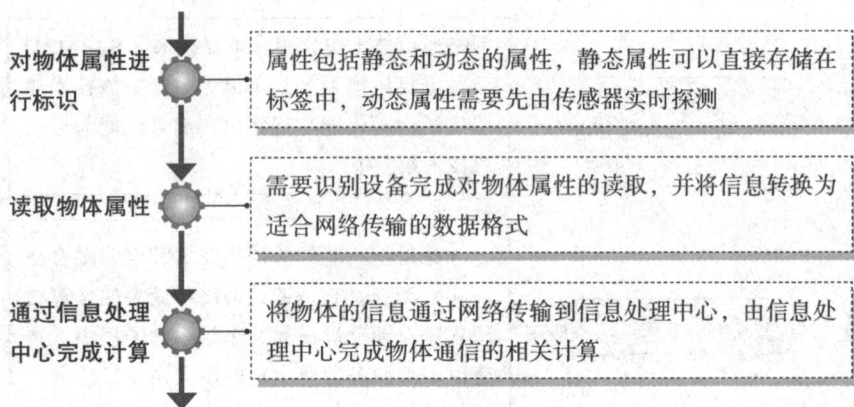

对物体属性进行标识

属性包括静态和动态的属性，静态属性可以直接存储在标签中，动态属性需要先由传感器实时探测

读取物体属性

需要识别设备完成对物体属性的读取，并将信息转换为适合网络传输的数据格式

通过信息处理中心完成计算

将物体的信息通过网络传输到信息处理中心，由信息处理中心完成物体通信的相关计算

图10-16　物联网的开展步骤

五、两化融合

两化融合是指电子信息技术广泛应用到工业生产的各个环节，信息化成为工业企业经营管理的常规手段。信息化进程和工业化进程不再相互独立进行，不再是单方的带动和促进关系，而是两者在技术、产品、管理等各个层面相互交融，彼此不可分割，并催生工业电子、工业软件、工业信息服务业等新产业。两化融合是工业化和信息化发展到一定阶段的必然产物，是信息化和工业化的高层次的深度结合，其核心就是信息化支撑，追求可持续发展模式。

2012年2月14日，中国的第一个物联网五年规划——《物联网"十二五"发展规划》由工信部颁布，其中明确指出要做到"企业信息化，信息条码化"。

物联网在制造业的两化融合可以从四个角度来理解，如图10-17所示。

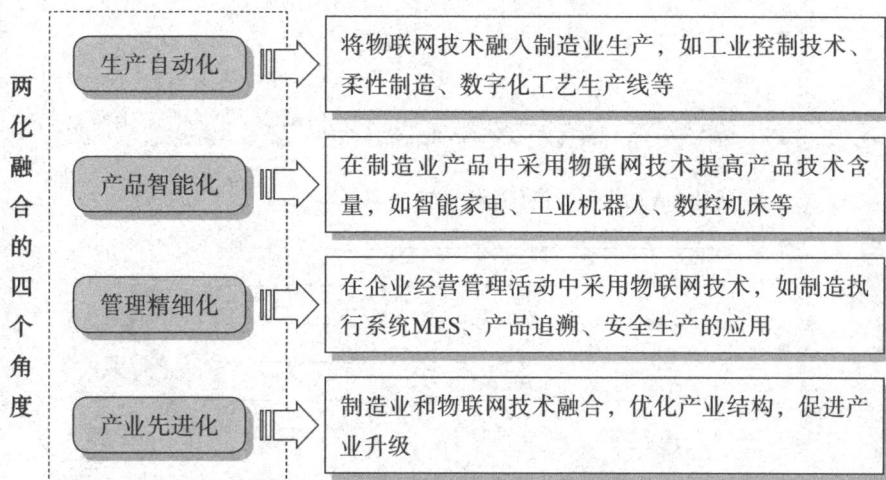

图10-17　物联网在制造业的两化融合

学习小札

学 习 心 得

学习回顾

通过本章的学习，我有哪些收获？

1._____
2._____
3._____
4._____
5._____

自我反思

我还有哪些不足？

1._____
2._____
3._____
4._____
5._____

行动计划

我要做好以下几个方面的工作，使公司在工业4.0的大背景下，通过物联网等来实现智能制造的转型。

1._____
2._____
3._____
4._____
5._____

第三部分

精益生产管理实战案例

第十一章　精益生产计划实战案例

对于精益生产计划管理，仅仅从理论上讲解，可能还是稍显单调。因此，在本节中，将通过一些案例，有针对性地分析生产计划管理中的一些问题。

讲师的话

精益案例01

××纺织厂该如何制订生产计划

××纺织厂生产5种不同的织物。相关部门对下个月的需求、售价、成本及购买价格做出了预测，如表11-1所示。工厂全天运营，下个月运营30天。

表11-1　××纺织厂次月产销预测表

织物	需求/m	售价/（元/m）	可变成本/元	购买价格/（元/m）
1	17 000	7.5	5.2	6.4
2	23 500	6.5	5.2	5.6
3	61 500	8.5	3.5	6.4
4	6 900	9.6	4.1	5.6
5	70 000	5.6	4.0	5.6

工厂有两种纺织机，即多用纺织机和常规纺织机。多用纺织机更加多样化，可用于生产5种织物。常规纺织机只能生产3种织物。工厂共有45台纺织机，包括13台多用纺织机和32常规纺织机。各种纺织机生产各种织物的生产率如表11-2所示。从生产一种织物转换生产另一种织物的时间可以忽略。

表11-2　××纺织厂的纺织机生产率

织物	纺织机生产率/（m/h）	
	多用纺织机	常规纺织机
1	10	—
2	10	—
3	12.5	12.5
4	12.5	12.5
5	9	9

由于纺织机性能有限制，无法由××纺织厂生产的织物将从另一家纺织厂购买。每种织物的采购价如表11-1所示。

请学员们根据所学知识为××纺织厂制订一份生产计划，并确定需要向另一纺织厂购买各种织物的数量及每种织物最终的生产计划和对纺织机的安排。

学员分析：

_____

_____

_____

讲师点评：

_____

_____

_____

精益案例02

××公司计划脱离实际生产能力

××公司可生产18种基本车型，215个品种，载重车、自卸车、半挂牵引车、全驱动车，具有年生产7000辆的能力，同时已开发了105种改装专用车底盘。目前已用于石油、化工、物流、铁路、公路、银行、港口、水电、林业、消防、农业等各行各业。

由于国内重车市场发展非常迅速，企业产品和产量进一步扩大，产量由初期2 000辆增加至5 000辆，品种更是增加到300余种。由于重车的制造个性化的特点，尽管设计的生产能力为7 000辆，而此时生产已经到了捉襟见肘的地步，一线人员疲于奔命，穷于应付，质量问题时有发生。

随着产量的增加，生产制造部门的矛盾日益突出，主要体现在如下几个方面：

（1）整车规格型号太多而导致其预测难度较大（目前的预测精度仅为20%），而且销售公司针对客户需求提出的特殊车型要求没有统一的规范格式。由于没有建立标准、规范车型配置数据管理，订单配置混乱，所以很难准确预测销售总量与型号，结果排产计划调整频繁，计划更改和配置变化指令有时候竟然多达一个月280条；

（2）生产计划的编制主要是依据销售公司的预测编制月度生产计划和上线作业计划等。各级物料计划由各分厂（车桥厂、冲压厂、总装厂及物料供应部门）根据生产计划自行编制，因此，计划的一致性难以保证，经常出现停工待料和紧急采购现象；

（3）生产与技术部门信息沟通滞缓，投产控制所需的基础数据资料——整车型谱、基础件明细表、特殊件手册、物料号等，由技术中心制定、维护，在需要时派人定期或不定期去技术中心拷贝，但明细表等信息的状态几乎每天都在变化；所以投产控制的相关文件资料与技术中心的在很多时候不统一不一致，造成各种计划的不准确，故而所产车型非用户所需，而需将成品整车返回车间重新改装以满足应急订单的情况时有发生。

（4）生产加工过程中缺乏详尽、准确的标准生产工时（或机时）消耗等工艺数据，使得制造部在制订相关计划时没有完整、准确的工艺基础数据支持，只能靠经验与估计来判断生产进度以及安排后续生产计划。

请学员根据所学知识分析××公司的生产计划存在的问题，并提出改善意见。

学员分析：

_____

_____

_____

_____

讲师点评：

_____

_____

_____

_____

学 习 心 得

学习回顾

通过本章的学习，我有哪些收获？

1.＿＿＿＿＿＿＿＿＿＿＿＿＿＿＿＿＿＿＿＿＿

2.＿＿＿＿＿＿＿＿＿＿＿＿＿＿＿＿＿＿＿＿＿

3.＿＿＿＿＿＿＿＿＿＿＿＿＿＿＿＿＿＿＿＿＿

4.＿＿＿＿＿＿＿＿＿＿＿＿＿＿＿＿＿＿＿＿＿

5.＿＿＿＿＿＿＿＿＿＿＿＿＿＿＿＿＿＿＿＿＿

自我反思

我还有哪些不足？

1.＿＿＿＿＿＿＿＿＿＿＿＿＿＿＿＿＿＿＿＿＿

2.＿＿＿＿＿＿＿＿＿＿＿＿＿＿＿＿＿＿＿＿＿

3.＿＿＿＿＿＿＿＿＿＿＿＿＿＿＿＿＿＿＿＿＿

4.＿＿＿＿＿＿＿＿＿＿＿＿＿＿＿＿＿＿＿＿＿

5.＿＿＿＿＿＿＿＿＿＿＿＿＿＿＿＿＿＿＿＿＿

行动计划

在以后的工作中我要怎么做？

1.＿＿＿＿＿＿＿＿＿＿＿＿＿＿＿＿＿＿＿＿＿

2.＿＿＿＿＿＿＿＿＿＿＿＿＿＿＿＿＿＿＿＿＿

3.＿＿＿＿＿＿＿＿＿＿＿＿＿＿＿＿＿＿＿＿＿

4.＿＿＿＿＿＿＿＿＿＿＿＿＿＿＿＿＿＿＿＿＿

5.＿＿＿＿＿＿＿＿＿＿＿＿＿＿＿＿＿＿＿＿＿

第十二章　精益生产控制实战案例

> 对于精益生产控制，仅仅从理论知识层面上讲还不够。因此在本节中，将通过一些案例，有针对性地分析生产控制中的一些问题。

讲师的话

精益案例03

成功推行精益生产

×× 公司是一家没有精益生产基础的制造工厂，组装车间一直按照多年实行的工时定额方式安排和实施生产。后来组织了掐表计步的工作，发现有百分之七十以上的等待、寻找、返工等现场浪费。先后曾经尝试了培训、改造工作工位、工具摆放合理化、流程文件可视化、工作岗位工作负荷表等各种方法，都无济于事。中间还曾推行过组装价值链改造，结果两个星期价值链主管就打了退堂鼓。

经过较长时间深入一线工人了解情况，公司管理者发现问题错综复杂，其中有一些的确属于公司整体管理水平低，过往公司领导者没有在工人中建立信任，使得工人认为公司领导连其他很多起码的问题都还没解决，却一直盯着员工干活。当然，还有其他问题。

于是，新上任的生产经理李×× 决定不急于推行精益生产，而是优先在公司战略、组织、人力资源薪酬考核体系、质量、市场体系、销售体系、新产品引进等方面提高公司整体水平，并在大约两年的准备时间里，一方面持续进行精益生产宣传，一方面加强企业和员工的信任关系，直到一切都快要水到渠成时，再打响最后的攻坚战。

李×× 向员工宣布，进行组装竞赛。在质量合格的前提下，组装速度有提高就有最少1 000元奖金，而且第一名的奖金是1万元。同时，李××还给了大家提示：可以在比赛前在现场进行除直接组装之外的任何准备工作。

比赛那天，车间里人人兴奋。大家发现，工人们其实完全知道怎么做精益生产！他们把零部件事先摆放到现场就近的工作架上，零部件都做了事先的检查和处理，工具全部放在可手的工作台上，摆放整齐。各种辅料、易耗品一应俱全。

最后，比赛的结果超过所有人的意料，第一名的速度比工时定额数快将近2倍。其他人的速度也平均提高1倍！有2名工人拿到了1万元奖金！

赛后，李××趁热打铁，向大家宣布，从现在起，在有客户充足订单和保证质量的前提下，组装工组装速度比原来工时定额超过多少倍，工资就增加多少倍。员工都非常兴奋，愉快地接受了。

请学员根据所学知识对××公司推行精益生产的过程进行分析，并请分享通过案例学习你获得了什么启发。

学员分析：

_____

_____

_____

讲师点评：

_____

_____

_____

精益案例04

隐藏在低效率后的五大问题

××机电制造公司的生产主要是以客户订单作为其生产驱动，产品系列化，如：刷杆支架、顶杆支架、摇轴、转轴等。同类型的产品其相关结构是比较相似的，其生产组织过程具有多品种小批量的特点。以刷杆支架为例，年订货量为3 500件，要求每月交付160件。但是，按照公司现有生产能力根本无法满足需求。一方面，由于生产管理比较粗放，生产组织流程不尽合理，致使其生产效率低、周期长、不能按期交货等缺点十分突出，企业每月有30%～50%的订单不能按时出货；另一方面，工人长期加班，生产能力严重不足，使企业在快速响应市场、满足客户需求方面，表现得越来越力不从心。

经理张××通过对该企业生产情况进行相关的考察后发现五个问题：

（1）每月批量投放制定不合理。无法按顺序组织生产，在制品占用时间长，生产周期长（生产周期大约一个月）缺之灵活的处理能力，市场响应能力差。

（2）工序作业缺乏标准化。工序设备及人员配置不尽合理，经常出现多处设备闲置及人员等待时间，且同道工序的作业方法、作业时间相差悬殊，产品质量、生产进度控制困难。并且不能建立有效的工时考核标准，生产能力存在较大的不确定性。

（3）缺乏基本的市场预测机制，按订单生产。临时订单的插单生产，经常引起整体生产过程的混乱，不能按时交货的情况经常发生。

（4）由于工序设备及人员配置不尽合理。出现多处设备闲置及人员等待现象，造成生产能力的浪费。

（5）生产现场布局混乱。没有安全可靠的工位器具用来存、放保护和运输零件，造成零件的碰伤和划痕，导致零件返修甚至报废。

请学员根据所学知识分析××机电制造公司存在的问题并帮忙提出精益生产方案。

学员分析：

_____

_____

_____

讲师点评：

_____

_____

_____

学 习 心 得

学习回顾

通过本章的学习，我有哪些收获？

1._____
2._____
3._____
4._____
5._____

自我反思

我还有哪些不足？

1._____
2._____
3._____
4._____
5._____

行动计划

在以后的工作中我要怎么做？

1._____
2._____
3._____
4._____
5._____

第十三章　精益生产品质管理案例

讲师的话

> 对于精益生产品质管理，仅从理论上讲解，可能还是稍显枯燥，让人略感生硬，不易理解。因此，在本节，通过一些案例，有针对性地分析品质管理中的一些问题，以便更好地运用于实际工作中。

精益案例05

从精益生产角度改善品质不良

××公司是一家电子生产型企业，他们在组装设备时由于需要装配的螺钉数量多，操作工经常会有遗忘，导致品质不良。后来，公司就从精益生产的角度进行考虑，降低人的因素。他们专门设计了一种机械手，机械手末端有磁铁。如果这个部位需要装5颗螺钉，机械手就自动抓起5颗螺钉，如果需要装16颗螺钉，机械手就自动抓起16颗螺钉。操作工只要看清机械手上有没有剩余的螺钉就可以了。这样就减少了品质不良的发生。

精益生产追求的目标是零切换、零库存、零浪费、零不良、零故障、零停滞、零事故。本案例中从精益生产的角度，对设备进行改良，且降低了品质不良。请学员分析从中得到的启发。

学员分析：

_____

_____

_____

讲师点评：

_____

_____

_____

_____

精益案例06

如何提高复印机的合格率

　　××公司是一家生产复印机的工厂，他们的复印机里面有一个小风扇，这个小风扇非常重要，一旦装反了，就会导致机械损坏。但由于是流水线作业，操作工在装配时，由于疲劳、遗忘等多种原因，可能会出错。主管就要求操作工装好后要进行检查，用手摸一下，试下风向。但是每天生产数千台复印机，操作工人可能就会产生错觉，有风？没风？不开心了，走神了，还是会产生装反的现象。后来，就通过发掘员工潜能，在复印机旁边装一个小风车，如果装配正确就会有风，风车会转，因此只要风车会转，装配就是完好的，否则，就是错误的。这样这家公司复印机的合格率就大大提高了。

　　小小的改良，就降低了错误率，提升了工作效率，请问你从中获得了什么呢？

学员分析：

_____

_____

_____

_____

讲师点评：

_____

_____

_____

_____

学习心得

学习回顾

通过本章的学习，我有哪些收获？

1._____
2._____
3._____
4._____
5._____

自我反思

我还有哪些不足？

1._____
2._____
3._____
4._____
5._____

行动计划

在以后的工作中我要怎么做？

1._____
2._____
3._____
4._____
5._____

第十四章　精益生产设备管理案例

对于精益生产设备管理，仅从理论上讲解，可能还是稍显枯燥。因此在本节中特通过一些案例，有针对性地分析生产设备管理中的一些问题。

讲师的话

精益案例07

启动TPM互动小组活动

××公司为了提高维修人员与操作工端对端、实现零距离服务的意识，提出由现场维修工和操作工共同成立TPM互动小组。要求各支持处所有人员必须面对市场，主动与操作工沟通，从完好、节拍等项着手抓好存在停机隐患设备的维护及预防工作；通过与产品事业部的沟通，进一步了解其需求；对互动小组提出的各种问题都进行有效改进，更好地满足了生产需要。通过小组活动解决了很多设备节拍及产品质量等方面的问题，涌现了很多较好的小组，如电子部的波峰焊TPM互动小组、中一的发泡吸附小组、住宅设施、中二的钣金小组等。

设备部通过实施"设备例保市场链"，重点抓设备现场工作，主要抓设备完好率和设备的润滑、维护。按照TPM思路，从设备部、设备处、维修工到产品部、分厂管理员、操作工，全员开展设备场工作，分别从横向和纵向制定标准平台并检查考评。

设备部对各产品部制定"××公司设备维护保养9A评价平台"，每周由审核队对集团所有产品事业部进行设备例保检查。结果在公司内部网上公布；设备事业部对各设备处制定"设备完好维保9A评价标准平台"，每周由审核队对13个设备处进行设备完好、维保检查及优劣考评；设备处组织产品事业部的各个分厂每周一次进行现场联检，在事业部范围内排序，并制定考核平台进行优劣考评；设备处根据每台设备的完好标准进行检查，将红黄牌挂在设备上。依据红黄牌机台考核平台激励操作工和班长、车间主任。

公司以人均30%的工资作为设备现场状况考核的奖励基金。设备处根据每台设备的考评结果对维修工打分，再以得分乘以工资的30%，作为设备完好率的考核结果。同时维修工对操作工继续通过索赔培训单进行考核。

请学员根据所学知识分析××公司的TPM互动小组活动，你从中得到了什么启发？

学员分析：

_____

_____

_____

_____

讲师点评：

_____

_____

_____

_____

精益案例08

改进机床实现省时、省力的结果

××制板厂的印刷滚筒的工作原理如下：

对于长套筒类零件的内孔加工，常规工艺大都采用扩孔和镗孔。因工件固定，刀具运动不易排屑和散热。尤其当工件要求粗、精加工在一道工序完成，或加工一定直径范围内的孔，常规工艺扩孔需要不同规格的扩刀相对应，刀具数量多、费用高、换刀时间长。而镗孔需要多次对刀，辅助时间长，效率低。

若要提高效率，需定制专用设备，投资大、柔性差、生产准备时间长，产品更新时，财力物力耗费大。

经过长期的观察分析，××制板厂对车床进行改进：加上镗深孔装置。改进后，加工长套筒类零件时，不需多次装卸工件，更换刀具、辅具，实现了精加工或一定直径范围内孔的加工。改进后的车床操作省时、省力，调刀速度快，工件旋转，排屑方便，易散切削热，柔性大，产品更新也方便多了。

请学员根据所学知识分析××制板厂的设备改进是否符合精益生产的理念，你从中得到了什么启发？

学员分析：

_____

_____

_____

_____

讲师点评：

_____

_____

_____

_____

学习心得

学习回顾

通过本章的学习,我有哪些收获?

1._____
2._____
3._____
4._____
5._____

自我反思

我还有哪些不足?

1._____
2._____
3._____
4._____
5._____

行动计划

在以后的工作中我要怎么做?

1._____
2._____
3._____
4._____
5._____

第十五章　精益生产采购与仓储案例

对于采购与仓储的精益管理，仅从理论上讲解，可能还是稍显枯燥。因此，在本节，特通过一些案例，有针对性地分析采购与仓储精益管理中的一些问题。

讲师的话

精益案例09

采购到料不及时导致缺件问题

××公司经常因采购物料到料不及时导致缺件问题。相关负责人在对总装生产效率提升项目的缺件问题分析时发现，上装对装配缺件率有一定考核，但底盘装配线仍无缺件统计数据。交货期管理不力造成缺件频发，生产基本靠库存，造成安全库存基数大，风险大。

××公司对7月份的交货期管理数据进行了简单分析，结果如表15-1所示。

表15-1　××年××月份交货期数据统计结果

交期迟滞率	采购件迟滞率	84.8％
	自制件迟滞率	49.20％
平均迟滞天数	采购件	6.2天
	自制件	13.4天

根据分析结果，××公司出台了计划固化的方针，但皆因缺件问题，计划仍然会频繁调整。为彻底解决缺件问题，实现交货期管理，××公司决定定期召开缺件会议，将缺件管理纳入日常管控。

请学员根据所学知识分析××公司缺件问题产生的原因，并请帮忙提出交货期管理的意见。

学员分析：

_____

_____

_____

_____

讲师点评：

_____

_____

_____

_____

精益案例10

××公司仓库的U形路线

××公司的仓库，原包材、结构件货架摆放为纵排横向放置，人员取料在货架中折返多次才能配套一个工序，不但重复劳动过多，而且配套效率低下，工作不流畅。

改善目标：

① 物料在库内流转环节减少20%；

② 单台单工序物料配套时间减少20%。

改善措施：

① 依照"精益生产管理"对减少浪费的要求，将"连续流模式"运用到物料的管理之中。首先对物料托盘化管理，物料到货后拆解包装后，不再从托盘取下，利用原物料托盘放置，降低物料在库内的流转次数；减少配套人重复搬运动作；同时增加物料目视化管理的可视性。

② 货架摆放变更为纵排单列放置，人员在工序配套取料时行走路线由多次往返，更改为U形路线行走。

改善前实际效果展示：

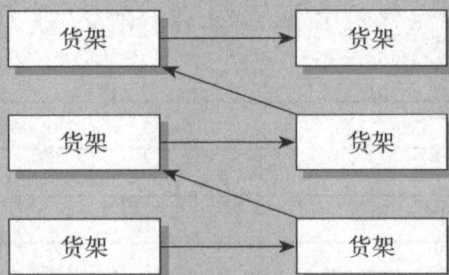

改善后实际效果展示：

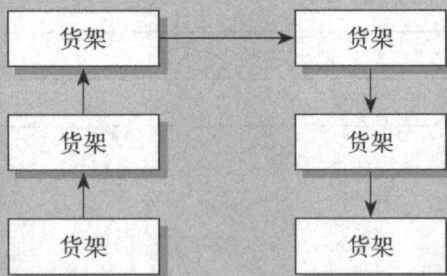

请学员根据所学知识分析××公司仓库改进的优缺点。

学员分析：

_____

_____

_____

_____

讲师点评：

_____

_____

_____

_____

学习心得

学习回顾

通过本章的学习，我有哪些收获？

1._____
2._____
3._____
4._____
5._____

自我反思

我还有哪些不足？

1._____
2._____
3._____
4._____
5._____

行动计划

在以后的工作中我要怎么做？

1._____
2._____
3._____
4._____
5._____

第十六章 精益生产安全管理案例

对于精益生产安全管理，仅从理论上讲解，可能还是稍显枯燥且缺乏实际指导意义。因此，在本节，特通过一些案例，有针对性地分析安全管理中的一些问题。

讲师的话

精益案例11

清理配电柜触电事故

××年××月××日，××工具制造厂为了迎接市安全检查，全厂打扫卫生，搞安全文明生产。按照工厂的安排，电工李××负责清扫所有配电室、配电柜和配电箱的卫生，准备迎接安全检查。上班后，李××清扫了车间的配电室的配电柜和配电箱，然后拿起毛刷到$号配电柜后面，清扫空气开关三相铝排母线间的尘土，在清扫中只听"砰"的一声，全厂顿时停电。厂长以为供电局停电，忙到配电室查看，只见屋里烟雾弥漫，配电室$号配电柜的铝排被烧断，李××上身穿的化纤衬衣烧得卷缩在一起，衣服烧焦了一半，右手、右臂、右胸、右腋下和脖子大面积烧伤。厂长立刻派人将他送进医院，医生诊断为2度烧伤。

造成这起事故的直接原因，是电工李××使用的毛刷绑有金属护套，在清扫尘土时，由于母线间的空间小，金属护套碰到了三相电源中的一相，发生了短路。造成事故的另一个重要原因，是电工李××在清扫时，既没有拉闸断电，也没有安全监护人，又没有正确穿戴好电工应穿的劳动防护用品，以致造成这起烧伤事故。

请学员根据所学知识分析这起事故，并请为××工具制造厂提出改善意见。

学员分析：

_____

_____

_____

_____

讲师点评：

_____

_____

_____

_____

精益案例12

机械伤害事故

　　××年××月××日，××公司印刷部一车间A班员工共20人上班生产纸箱。员工张××负责操作3号自动水性印刷开槽模切机（以下简称开槽机）。15时，张××发现有纸箱板滞留在开槽机与纸板输送机的连接处，便在未停机的情况下，站立在纸板输送机下废料池的边上，伸手去清理滞留物时，被开槽机旋转的辊轴卷入导致其死亡。

　　经调查发现，

　　（1）员工张××违反安全作业规程，在设备运行的情况下擅自清理印刷机旋转部位的滞留物，导致其被卷入印刷机。

　　（2）××公司未对员工进行足够的安全教育和培训，员工安全意识淡薄，违章作业。

　　（3）企业作业现场安全管理不到位，未教育和督促从业人员严格遵守安全生产规章制度和安全操作规程。

　　请学员结合所学知识，就如何开展公司员工的安全教育和培训工作，给××公司提出一些安全意见。

学员分析：

_____

_____

_____

_____

讲师点评：

_____

_____

_____

_____

学习心得

学习回顾

通过本章的学习，我有哪些收获？

1.＿＿＿＿＿＿＿＿＿＿＿＿＿＿＿＿＿＿＿＿＿＿＿＿＿＿
2.＿＿＿＿＿＿＿＿＿＿＿＿＿＿＿＿＿＿＿＿＿＿＿＿＿＿
3.＿＿＿＿＿＿＿＿＿＿＿＿＿＿＿＿＿＿＿＿＿＿＿＿＿＿
4.＿＿＿＿＿＿＿＿＿＿＿＿＿＿＿＿＿＿＿＿＿＿＿＿＿＿
5.＿＿＿＿＿＿＿＿＿＿＿＿＿＿＿＿＿＿＿＿＿＿＿＿＿＿

自我反思

我还有哪些不足？

1.＿＿＿＿＿＿＿＿＿＿＿＿＿＿＿＿＿＿＿＿＿＿＿＿＿＿
2.＿＿＿＿＿＿＿＿＿＿＿＿＿＿＿＿＿＿＿＿＿＿＿＿＿＿
3.＿＿＿＿＿＿＿＿＿＿＿＿＿＿＿＿＿＿＿＿＿＿＿＿＿＿
4.＿＿＿＿＿＿＿＿＿＿＿＿＿＿＿＿＿＿＿＿＿＿＿＿＿＿
5.＿＿＿＿＿＿＿＿＿＿＿＿＿＿＿＿＿＿＿＿＿＿＿＿＿＿

行动计划

在以后的工作中我要怎么做？

1.＿＿＿＿＿＿＿＿＿＿＿＿＿＿＿＿＿＿＿＿＿＿＿＿＿＿
2.＿＿＿＿＿＿＿＿＿＿＿＿＿＿＿＿＿＿＿＿＿＿＿＿＿＿
3.＿＿＿＿＿＿＿＿＿＿＿＿＿＿＿＿＿＿＿＿＿＿＿＿＿＿
4.＿＿＿＿＿＿＿＿＿＿＿＿＿＿＿＿＿＿＿＿＿＿＿＿＿＿
5.＿＿＿＿＿＿＿＿＿＿＿＿＿＿＿＿＿＿＿＿＿＿＿＿＿＿

第十七章　精益生产成本控制案例

对于精益生产成本控制，仅从理论上讲解，可能还是稍显枯燥且无实际意义。因此在本节中特通过一些案例，有针对性地分析成本控制中的一些问题。

讲师的话

精益案例13

××公司的精益成本管理

××公司是一家钢铁企业，通过对精益成本管理的有效建设和应用，已经初步形成了创新的价值链，将低成本优势和创新管理有机地结合起来，使××公司初步处于价值链的顶端。

××年，××公司着眼于未来发展的持续竞争力，融合现代在国际上成功实施的先进生产经验，设计出精益成本管理系统，融合了以"六西格玛"为特征的精益生产、敏捷制造、质量管理、信息化和供应链管理的精髓，并把这些先进的管理方法与成本管理相结合，形成了一种融合标准成本管理、质量成本管理、作业成本管理、战略成本管理等一系列先进成本管理方法的精益成本管理体系，达到了成本最优。

第二年开始，××公司在完成了系统的准备工作后正式归集质量成本，出具质量成本报告。通过将"六西格玛"精益运营与质量成本管理紧密结合、改进产品质量设计和产品质量、关注隐性质量损失等方法，实现了质量成本的持续稳定下降。

××公司对成本管理的应用是与战略成本管理相结合的。通过选择和分析企业内部实物链和价值链各环节的成本动因（成本动因指决定成本发生的重要活动或事项），揭示作业中心的潜在问题，确定增值作业和不增值作业，消除不增值作业，并准确衡量作业中心的成本绩效，从而达到改善成本、提高效率的目的。

第三年，××公司开始在主作业生产线上选择合适的项目开展作业成本管理，并陆续以点带面在全公司范围内推进作业成本管理，取得了良好的效果。××公司在推进成本管理的过程中，并不是大张旗鼓地全面铺开，而是针对标准成本管理的薄弱环节，在案例分析、试点推进的基础上稳步、有序地进行。在各部门进行成本管理试点选择时，××公司明确了重要性原则、有效性原则、可借鉴性原则和信息技术处理原则这四大原则。

钢铁生产过程复杂，工序多，要面面俱到不仅浪费资源，而且也加大了工作的难度。××公司将各部门、各工序的重点成本，如维修费用、服务费用、能源、轧辊、锌、锡、涂料、包装等列入重要关注对象，将强化成本管理与业务管理相结合，寻找影响成本发生的主要动因，科学制定成本标准，完善标准成本管理。

请学员根据所学知识分析××公司的成本管理的推行，你从中得到了什么启发？

学员分析：

_____

_____

_____

_____

讲师点评：

_____

_____

_____

_____

精益案例14

改善过度加工的浪费

××公司主要生产面板，一直以来，都对面板的两面有同等品质要求，进行打磨。后来经过调查发现一般客户在使用中只用到面板的一面，而另一面被挡在里面，根本看不到，更用不着。

于是，公司领导决定改变策略，对非使用面只进行初磨，有的甚至不需要打磨。更改之后，并没有发生质量问题的投诉。在这种情况下，对另一面打磨就是过度加工了，就是成本的浪费。

请学员根据所学知识分析××公司这种改善的优缺点，你从中得到了什么启示。

学员分析：

_____

_____

_____

_____

讲师点评：

_____

_____

_____

_____

学习心得

学习回顾

通过本章的学习，我有哪些收获？

1.＿＿＿＿＿＿＿＿＿＿＿＿＿＿＿＿＿＿＿＿＿＿＿＿＿＿＿＿＿＿

2.＿＿＿＿＿＿＿＿＿＿＿＿＿＿＿＿＿＿＿＿＿＿＿＿＿＿＿＿＿＿

3.＿＿＿＿＿＿＿＿＿＿＿＿＿＿＿＿＿＿＿＿＿＿＿＿＿＿＿＿＿＿

4.＿＿＿＿＿＿＿＿＿＿＿＿＿＿＿＿＿＿＿＿＿＿＿＿＿＿＿＿＿＿

5.＿＿＿＿＿＿＿＿＿＿＿＿＿＿＿＿＿＿＿＿＿＿＿＿＿＿＿＿＿＿

自我反思

我还有哪些不足？

1.＿＿＿＿＿＿＿＿＿＿＿＿＿＿＿＿＿＿＿＿＿＿＿＿＿＿＿＿＿＿

2.＿＿＿＿＿＿＿＿＿＿＿＿＿＿＿＿＿＿＿＿＿＿＿＿＿＿＿＿＿＿

3.＿＿＿＿＿＿＿＿＿＿＿＿＿＿＿＿＿＿＿＿＿＿＿＿＿＿＿＿＿＿

4.＿＿＿＿＿＿＿＿＿＿＿＿＿＿＿＿＿＿＿＿＿＿＿＿＿＿＿＿＿＿

5.＿＿＿＿＿＿＿＿＿＿＿＿＿＿＿＿＿＿＿＿＿＿＿＿＿＿＿＿＿＿

行动计划

在以后的工作中我要怎么做？

1.＿＿＿＿＿＿＿＿＿＿＿＿＿＿＿＿＿＿＿＿＿＿＿＿＿＿＿＿＿＿

2.＿＿＿＿＿＿＿＿＿＿＿＿＿＿＿＿＿＿＿＿＿＿＿＿＿＿＿＿＿＿

3.＿＿＿＿＿＿＿＿＿＿＿＿＿＿＿＿＿＿＿＿＿＿＿＿＿＿＿＿＿＿

4.＿＿＿＿＿＿＿＿＿＿＿＿＿＿＿＿＿＿＿＿＿＿＿＿＿＿＿＿＿＿

5.＿＿＿＿＿＿＿＿＿＿＿＿＿＿＿＿＿＿＿＿＿＿＿＿＿＿＿＿＿＿

第十八章　智能制造实战案例

> 对于智能制造，仅从理论上讲解，可能还是稍显枯燥，让人略感生硬，不易理解。因此，在本节，特通过一些案例，有针对性地分析智能制造的现状，以便更好地运用于实际工作中。

精益案例15

互联工厂

近年来，××公司顺应全球新工业革命以及互联网时代的发展潮流，在中国制造2025战略指引下，逐步探索出一条以互联工厂为核心的智能制造发展路线，对整个企业的产品制造体系进行了模块化改造，同时在虚拟设计、实体制造方面进行了系统的建设。从模块化到自动化再到黑灯工厂[1]的建设，到现在建成互联工厂，不断持续地探索试错，取得了显著的实践成果。

××公司互联工厂的探索实践将业务模式由大规模制造颠覆为大规模定制，对外企业从生产产品硬件到提供智慧解决方案转型；对内整合用户碎片化需求，通过互联工厂实现个性化定制。

如天铂空调，就是通过用户众创的方式产生的。传统的空调都是方形的，天铂空调是圆形的，结构像鸟巢一样。用户在网上提出创意，希望空调能达到这样一个效果，最后吸引了1 700多个用户参与投票，并形成了天铂空调方案；通过虚拟设计系统、制造系统等能够支持用户创意方案快速变成产品模型，并进行测试直到最后生产出来。这款产品已在2015年家博会上发布，已经有近万名的用户来咨询、预约，实现了用户追捧。

平台能力是业务模式达成的保障，××公司的制造转型最终是建立起一

---

[1] 黑灯工厂，生产全部自动化，由机器人完成，不需要工人。

个互联工厂生态系统，把整个工厂变成了并联的平台，从用户交互到开放式创新、智能服务，构建七大全流程平台，全流程打通，支撑用户全流程参与下的最佳体验；从产品的创意开始，一直到用户的使用，再到不断迭代，提供产品全生命周期的最佳体验。

颠覆传统的管理体系。组织转型是首要条件，××公司从原来封闭的正三角组织变成了创业平台。具体来说，从整个供应链，包括生产、制造、物流、采购等各环节都已转型，由传统串联的科层组织变成了共同面向用户的一个个小微。这样整个企业组织转型成一个平台型的企业。

流程方面从串联到并联。原来信息通过串联的组织一步步传递，周期长。现在实时用户的信息可以同步传递到××公司的设计资源、模块商资源、物流资源以及全流程的小微，大家事先参与交互，通过提供引领的解决方案，实现各方利益的最大化。

机制方面也进行了颠覆。从企业付薪到用户付薪，以用户为中心，各方基于不同的市场目标结成小微，风险共担，超利共享，共同创造用户需求；只有创造出用户价值才能分享，否则就要退出，或者优化。

经过多年的探索和实践，××公司目前已经初步建立起互联工厂体系，实现了六个互联工厂的引领样板，四个整机工厂，两个前工序工厂，初步实现了向互联工厂的转型，可实时、同步响应全球用户需求，并快速交付智慧化、个性化的方案。

通过对本案例的学习，你对智能制造有何认识？

学员分析：

_____

_____

讲师点评：

_____

_____

_____

精益案例16

智能制造引领下的互联网定制新模式

××公司原是经营西装、衬衫等正装系列产品的传统企业。早在互联网时代和定制消费潮流来临之前，敏锐把握市场需求变化，预先判断制造企业演变趋势，在没有成功的经验可循的情况下，主动自我颠覆、摸索前行，最终实现了"互联网＋个性化定制"的转型，品牌升级为××智能。

××智能以3000多人的西装生产工厂为试验室，打造了大规模个性化定制供应链生态体系，用工业化的效率和手段进行定制生产和服务。打造了C2M生态管理平台（Customer-to-Manufactory），实现多品类产品在线定制、企业资源共享、源点组织管理和商业大数据管理等功能。

围绕新需求创造新供给是制造业供给侧结构性改革的着力点。个性化需求增强，传统的产品开发和生产模式已无法适应。在工业互联网、移动互联网、云计算、大数据等新技术的应用支撑下，××智能大规模个性化定制工厂运作成熟，对外向多个行业的企业输出方法论，取得立竿见影的转型效果。

1.服装等传统行业面临供给和需求压力，亟待转型

服装业的同质化产品产能过剩，"先产后销"模式下企业库存压力巨大，市场竞争激励，低质低价低附加值的产品充斥市场。劳动力成本增加等因素也对企业经营带来新的问题。传统方式比如扩大规模、控制产业链、提效降成本，对企业发展没有根本性的效果，只会导致更多库存。

××智能以个性化服装量身定制为切入点，历经10多年的实践，通过信息化使生产过程更加灵活、柔性，形成定制产品的大规模生产模式。同时发展新的商业模式，即"用户个性化需求驱动，制造业各相关方来直接满足"的定制直销生态。

2.颠覆性创新，形成新业态新模式

个性化定制全过程应用大数据和物联网等技术。经过多年积累，××智能平台分析超过百万平台客户数据，建成了款式数据库、工艺数据库、版型数据库、BOM数据库，满足了国内外客户个性化西装设计需求。利用平台可以进行自主设计、系统自动排产，颠覆了人工制版、人工排产的传统方式；研发了将客户服装需求变成产品数据模型的关键技术，订单数据进入互联网流动，为集

成设计、柔性生产提供了可能，制成品库存为"零"。

以云计算技术和3D打印逻辑，实现数据驱动的智能制造模式。客户需求提交后，就在××智能平台上形成其数字模型，数据流贯穿设计、生产、营销、配送、管理过程，员工从云端上获取信息数据，全员在互联网端点上工作。在没有裁员的情况下，生产周期由传统的20天以上，缩短为7天，打破了"智能工厂＝无人化"的传统思想，建立了"智能工厂＝企业每个流程都是数据驱动"的概念和模式，这也是传统企业转型的正确逻辑。

3.升级迭代服装大规模个性化定制模式

在建总投资3亿元以上的××智能大数据平台、双创中心、智能物流中心项目，与中国互联网协会共同成立了"中国产业互联网研究院"，更专业、实际地为各行业企业转型升级提供解决方案。联合多所高校成立"××智能工学院"，提供解决方案培训、咨询、辅导、工程改造。

进一步丰富××智能平台功能。在平台已有定制产品品类基础上，后续开发和加载家具等其他品类，基本建成多行业的CPS平台，面向国内外的传统制造业和消费者服务。

4.输出企业升级改造彻底解决方案

解决方案包括：将客户服装需求变成产品数据模型的关键技术；不同行业数据驱动的智能工厂解决方案；对企业管理与生产控制进行全流程改造计划；为客户企业提供升级方向和工程改造实施的路径规划等。

"M端"大数据项目工程模块的设计，分别是为了解决客户在企业经营过程中、在从传统企业向大数据智能工厂转变的过程中出现的实际问题。比如，设计工程模块：解决"产品风格多样、物料多类少量"等问题。产品工程模块：解决"设计频率高、设计元素众多、产品完全个性化、生产图纸转化量大"等问题。工业工程模块：解决"线平衡率低、单件流生产、产品报价无规律、生产流程差异大、生产工艺差异大、工艺组合复杂无规律"等问题。M端大数据中心模块包括了工时数据、款式数据、面料数据、体型数据、工艺数据、版型数据、BOM数据、运营数据等，是大规模个性化定制的关键环节。

通过案例的分析，你有什么启发，对智能制造有什么新的认识。

学员分析：

_____

_____

_____

_____

讲师点评：

_____

_____

_____

_____

学 习 心 得

学习回顾

通过本章的学习，我有哪些收获？

1.＿＿＿＿＿＿＿＿＿＿＿＿＿＿＿＿＿＿＿＿＿

2.＿＿＿＿＿＿＿＿＿＿＿＿＿＿＿＿＿＿＿＿＿

3.＿＿＿＿＿＿＿＿＿＿＿＿＿＿＿＿＿＿＿＿＿

4.＿＿＿＿＿＿＿＿＿＿＿＿＿＿＿＿＿＿

5.＿＿＿＿＿＿＿＿＿＿＿＿＿＿＿＿＿＿

自我反思

我还有哪些不足？

1.＿＿＿＿＿＿＿＿＿＿＿＿＿＿＿＿＿＿＿＿＿

2.＿＿＿＿＿＿＿＿＿＿＿＿＿＿＿＿＿＿＿＿＿

3.＿＿＿＿＿＿＿＿＿＿＿＿＿＿＿＿＿＿＿＿＿

4.＿＿＿＿＿＿＿＿＿＿＿＿＿＿＿＿＿

5.＿＿＿＿＿＿＿＿＿＿＿＿＿＿＿＿＿

行动计划

在以后的工作中我要怎么做？

1.＿＿＿＿＿＿＿＿＿＿＿＿＿＿＿＿＿＿＿＿＿

2.＿＿＿＿＿＿＿＿＿＿＿＿＿＿＿＿＿＿＿＿＿

3.＿＿＿＿＿＿＿＿＿＿＿＿＿＿＿＿＿＿＿＿＿

4.＿＿＿＿＿＿＿＿＿＿＿＿＿＿＿＿＿

5.＿＿＿＿＿＿＿＿＿＿＿＿＿＿＿＿＿

参考文献

[1] 田均平，石保庆. 9S管理简单讲. 广州：广东经济出版社，2005.

[2] 易新. 工厂管理（三）目视管理与6S. 海口：海南出版社，2001.

[3] 陈元. 生产计划与物料控制实战精解. 广州：广东经济出版社，2002.

[4]〔日〕名古屋QS研究会. 改变经营管理6S必胜技巧. 台北：世界商业文库，2003.

[5]（台湾）傅和彦. 生产计划与管制. 厦门：厦门大学出版社，2007.

[6] 李家林，林岳儒. 目视精细化管理. 深圳：海天出版社. 2011.

[7]〔美〕帕特里克·格劳普，罗伯特·J. 朗纳. 精益培训方式：TWL现场管理培训手册. 刘海林，林秀芬译. 广州：广东经济出版社. 2009.

[8] 周永兴. 卓越之路——上海电力精益化管理实践. 北京：中国电力出版社. 2010.

[9]〔法〕伯乐等. 金矿：白金版/精益管理. 赵克强译. 挖掘利润北京：机械工业出版社，2010.

[10]〔美〕菲利浦·克劳士比. 削减质量成本. 杨钢，林海译. 北京：中国人民大学出版社，2006.

[11] 梁国明，李广田. 制造业过程质量控制与检验基础. 北京：中国标准出版社，2006.

[12] 王秀伦. 现代工艺管理技术. 北京：中国铁道出版社，2004.

[13] 潘林岭. 新现场管理实战. 广州：广东经济出版社，2004.

[14] 张晓俭，张睿鹏编著. 现场管理实操细节. 广州：广东经济出版社，2005.

[15] 李广泰. 物料部主管跟我学. 广州：广东经济出版社，2003.

[16] 郑时勇. 优良生产管理技术. 广州：广东经济出版社，2006.

[17] 顾孝锋. 现场改善实务. 广州：广东经济出版社，2006.

[18] 郝惠文. 生产现场技工必读手册. 深圳：海天出版社，2007.

[19] 史长银. 全面现场改善. 深圳：海天出版社，2006.

[20] 李广泰. 杰出班组长现场篇. 深圳：海天出版社，2005.

[21] 徐明达. 现场管理十大利器. 北京：北京大学出版社，2007.

[22] 邱绍军. 现场管理36招. 杭州：浙江大学出版社，2006.

[23] 尔东升. 制造业生产现场管理课程. 北京：中华工商联合出版社，2006.

[24] 范爱民. 精细化管理. 北京：中国纺织出版社，2005.